SIMONE PANDOLFI

CORTI AL VETRIOLO

VELENI E MEDICI NEL RINASCIMENTO ITALIANO

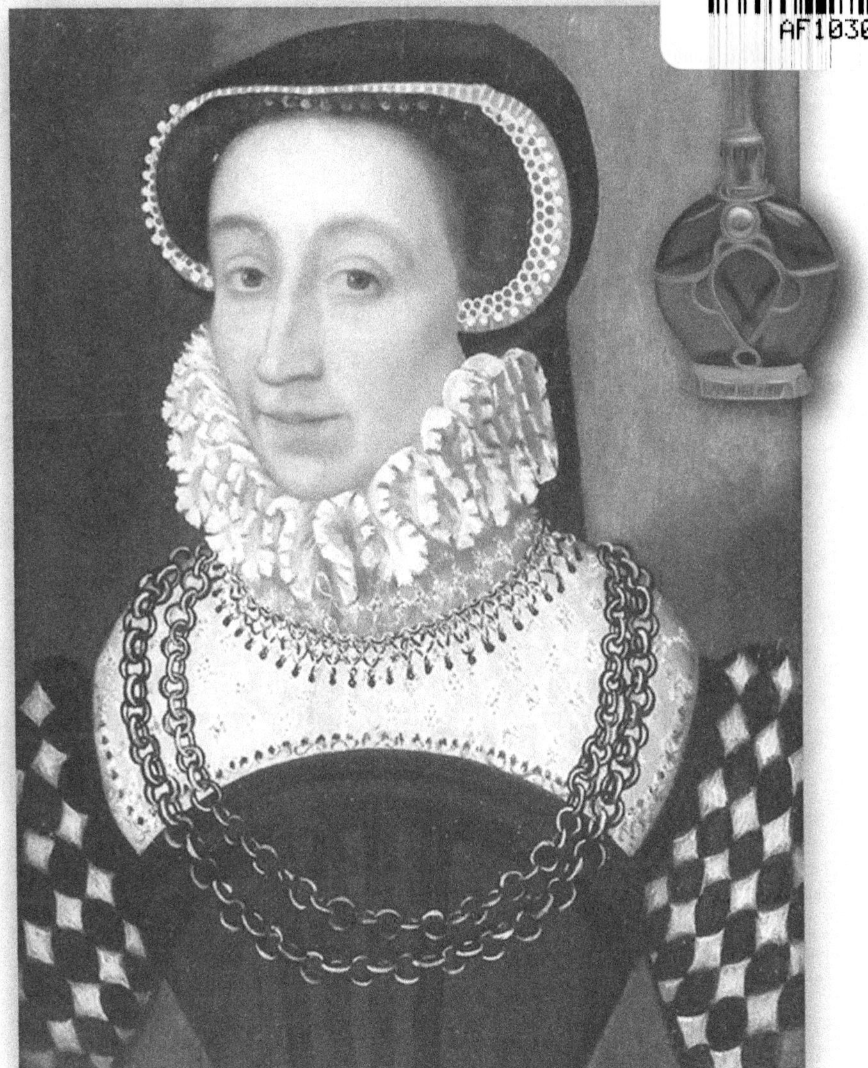

SPS 028

SOLDIERSHOP PUBLISHING

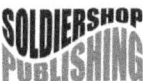

AUTORE

Simone Pandolfi Bergamasco, laureato in Filosofia e Scienze Storiche, interessato alla Storia della Medicina nelle sue diverse implicazioni con le altre branche della Storia.

NOTE AI LETTORI - PUBLISHING NOTE

Tutto il contenuto dei nostri libri, in qualsiasi forma prodotti (cartacei, elettronici o altro) è copyright Soldiershop.com. I diritti di traduzione, riproduzione, memorizzazione con qualsiasi mezzo, digitale, fotografico, fotocopie ecc. sono riservati per tutti i Paesi. Nessuna delle immagini presenti nei nostri libri può essere riprodotta senza il permesso scritto di Soldiershop.com. L'Editore rimane a disposizione degli eventuali aventi diritto per tutte le fonti iconografiche dubbie o non identificate. I marchi Soldiershop Publishing ©, e i nomi delle nostre collane - Soldiers&Weapons, Battlefield e War in Colour sono di proprietà di Soldiershop.com; di conseguenza qualsiasi uso esterno non è consentito.

None of images or text of our book may be reproduced in any format without the expressed written permission of Soldiershop.com. The publisher remains to disposition of the possible having right for all the doubtful sources images or not identifies. Our trademark: Soldiershop Publishing ©, The names of our series: Soldiers&Weapons, Battlefield, War in colour, PaperSoldiers, Soldiershop e-book etc. are herein © by Soldiershop.com.

STORIA

ISBN: 9788893271783   1st edition Ebook edition ISBN: 9788893270366

Title: - **Corti al vetriolo - veleni e medici nel rinascimento italiano** (SPS-028)
di Simone Pandolfi. Editor: Soldiershop publishing. Cover & Art Design: Luca S. Cristini. DTP Matteo Radaelli

Cover: Ritratto di Caterina de' Medici opera di Maestro di scuola francese

▲ Dipinto risalente al XVII secolo e ritraente un medico al lavoro, conservato al Rijksmuseum di Amsterdam

INDICE:

Introduzione .... Pag. 5
Fra vita accademica e vita di corte .... Pag. 11
La tossicologia fra paure e rimedi .... Pag. 69
Conclusione .... Pag. 105
Bibliografia .... Pag. 107

INTRODUZIONE

Spogliata dei fatti controversi, delle leggende create ad hoc, degli aneddoti dovuti all'immaginazione di autori poveri di documenti, delle menzogne introdotte da cortigiani desiderosi di piacere ai Signori, la Storia [...] sarebbe ridotta a un volume alquanto scarno, forse anche a una cronologia arida e secca. [...] Le memorie dei contemporanei [...] sono, per la maggior parte, dei plagi poco sinceri. [...] Se l'anno stesso della scomparsa di potenti Imperi ha potuto dar vita a delle controversie, s'intravede quanti errori debbano sussistere ancora in dettagli di minor importanza, malgrado gli sforzi di tutti i ricercatori [di qualunque epoca], che scartabellano gli archivi, alla ricerca di documenti inediti. [...] [Tanto più che] delle constatazioni che, prese separatamente, sembrano non avere che un interesse ristretto, specifico e limitato alla medicina, correlati a certi misteri politici rimasti impenetrabili, prendono bruscamente l'importanza di documenti di rilievo[1].

Gli eventi passati, grandi e piccoli che siano, lasciano irrimediabilmente tracce di sé al proprio passaggio; allo stesso modo, i protagonisti di questi avvenimenti, con le loro vite, le loro gesta, i loro pensieri, hanno lasciato un ricordo della loro esistenza sulla terra. Di alcuni di costoro la memoria storica conserva una grande quantità di elementi, di tal altri rimane solo un flebile simulacro, di molti non rimane più nulla. Assieme ai singoli protagonisti, l'incedere del tempo trascina via anche le epoche storiche, con le loro abitudini, le loro convinzioni, le loro credenze. Anche il Rinascimento ha dovuto lasciar spazio all'incombente futuro. Questo lavoro di tesi, nei limiti delle sue possibilità, cerca di ricomporre un frammento di Rinascimento, un'infinitesimale parte di XVI secolo. Il *focus* cronologico di questo lavoro di tesi si può collocare fra il 1462 (anno di nascita di Giovanni Manardo) e il 1587 (anno di morte di Leonardo Botallo). Queste date specifiche hanno un significato soltanto fortuito e forniscono solo due limiti indicativi all'interno dei quali le pagine seguenti si mantengono, senza troppa rigidità. Le date, per quanto possano sembrare certe e assolutamente riscontrabili, quante volte si sono dimostrate inattendibili e inaffidabili. All'interno di alcune pagine di questo lavoro di tesi si disquisirà più approfonditamente di come le più diverse fonti abbiano attribuito i significati più svariati alle più differenti date. Porre, quindi, ora dei limiti cronologici ha la sola intenzione di rimandare, da subito, l'argomento della trattazione nell'alveo del periodo rinascimentale, con la piena consapevolezza che questa etichetta non corrisponda propriamente a un'epoca storica, quanto più a una temperie culturale, a una mentalità dominante, a uno scarto di rinnovamento rispetto al trascorso precedente.

Per la storia della medicina, nel senso più ampio che questo termine può assumere, il Rinascimento ha coinciso con un primo, ancora timido ma significativo, momento di rinnovamento. Qualunque cambiamento, seppur piccolo, necessita di un più o meno ampio periodo in cui permettere alle novità di sedimentare negli animi e negli usi dei più; la fine del Quattrocento e l'inizio del secolo successivo sono caratterizzati da una commistione di elementi di carattere tradizionale e di altri di matrice senza dubbio più innovativa. Innegabilmente, l'individuazione di settori d'interesse all'interno della disciplina storica ha una sua ragion d'essere nella possibilità di individuare con maggior facilità processi e conseguenze, che altrimenti andrebbero perdute nel *mare magnum* dello scorrere dei secoli; parimenti, però, in questo modo si corre il rischio di dimenticare o sottovalutare quadri di più ampio respiro, specifiche *liaison* sottese e correlazioni particolari capaci di donare all'insieme una tinta maggiormente definita e più chiara. In questo lavoro di tesi, si è preso in esame il ruolo e lo *status* specifici del *physicus*, all'interno della corte signorile rinascimentale italiana. Se le innovazioni, le scoperte, le nuove cure hanno, nella storia della medicina, un'importanza senza pari, non

---

[1] MASSON Albert, *La sorcellerie et la Science des Poisons au XVIème siècle*, Libraire Hachette, Paris 1903, pp. 3-10:«Débarrassée des faits controuvés, des légendes créées après coup, des anecdotes dues à l'imagination d'auteurs pauvres en documents, des mensonges introduits par des courtisans désireux de plaire aux Maîtres, l'Histoire en général et l'Histoire de France en particulier, seraient réduites à un bien mince volume, peut-être même à une sèche et aride chronologie. [...] Les mémoires des contemporains, sont, pour la plupart, des plaidoyers peu sincères. [...] Quand l'année même de la disparition de puissants Empires a pu donner naissance à des controverses, on devine combien d'erreurs doivent subsister encore dans des détails de moindre importance, malgré les efforts de tous les chercheurs, qui fouillent les archives, en quête de documents inédits. [...] Des constatations qui, prises séparément, semblent n'avoir qu'un intérêt restreint, spécial et limité à la médecine, rapprochées de certains mystères politiques restés impénétrables, prennent brusquement l'importance de documents graves».

di meno, i casi biografici, i singolari accadimenti delle vite dei medici possono fornire preziose indicazioni nel tracciare i confini di un'epoca. La presenza di un cosiddetto medico di corte è spesso sottintesa, la sua figura rimane quasi sempre nell'ombra, schiacciata sovente da arti e interessi signorili di maggiore peso e fama. Il particolare ambiente della corte signorile, le sue norme, le sue consuetudini obbligano il *physicus* a confrontarsi con diversi ruoli non prettamente attinenti alla sua formazione medico-accademica. Nel corso di questo lavoro di tesi, si cercherà di approfondire l'intricata rete di rapporti interpersonali che caratterizzavano, durante il Rinascimento, lo *status* sociale e professionale del cosiddetto medico di corte. Per fare ciò, si sono prese in considerazione le vite, le biografie, le opere di nove medici italiani con vicende a tratti similari, ma ciascuna specificatamente singolare. La scelta della rosa di nomi ha prediletto, sugli altri, il criterio di un rapporto prolungato e documentato con gli ambienti di corte, così da poter testificare sulle fonti atteggiamenti e comportamenti spesso deliberatamente sottaciuti.

L'interesse storiografico attorno alla storia della medicina, fiorito a partire dalla seconda metà del secolo XVIII ed esploso nel corso del secolo successivo, ha prodotto una quantità significativa di opere erudite, enciclopediche e compilatorie inerenti alle biografie di medici vissuti durante il Rinascimento e considerati antesignani e precursori di una pratica medica finalmente disceverata da credenze e convinzioni magico-superstiziose in precedenza così ampiamente diffuse. Queste opere, scritte per la maggior parte da letterati eruditi locali e da medici di professione appassionati di storia, si pongono spesso come obbiettivo l'esaltazione nazional-patriottica o campanilistica di *physici* più o meno celebri e considerati rinnovatori geniali della pratica e delle conoscenze mediche. Se, almeno in parte, questa lettura storiografica trova fondamento nei documenti cinquecenteschi, perlopiù si lascia andare a esagerazioni e interpretazioni teleologico-finalistiche *a posteriori*, miranti ad attribuire *ante tempus* scoperte e pratiche che solo l'affinazione dei secoli rese fondamentali ed efficaci. Nel corso di questo lavoro di tesi, non si è potuto, né si è voluto, discriminare queste opere storiografiche non considerandole, ma le si è confrontate e, laddove necessario, confutate con opere coeve ai medici di cui si tratta, spesso da quelli stessi scritte. Nel procedere all'analisi di queste compilazioni sette-ottocentesche si è dato maggior risalto alle opere cronologicamente anteriori, nella consapevolezza che, spesso, le differenti compilazioni si limitino a trascrivere – abbellendo la forma ed edulcorando i contenuti – quanto già riportato da un altro biografo, che a sua volta, sovente, ha operato nello stesso modo con un'opera a lui precedente. Il rinvenimento di quella che potrebbe considerarsi la fonte primigenia delle copiature successive permette di individuare quale materiale appartenga, con ogni probabilità, a una tradizione biografica originale e quanto, invece, sia stato aggiunto in un secondo o terzo momento. Il confronto, poi, di queste informazioni di partenza con le opere, le cronache, le fonti in genere del secolo XVI (là quando possibile) ha permesso di discernere gli elementi dotati di un certo grado di certezza, da quelli poco fondati e frutto di supposizioni. Attribuire un valore di verità assoluto, però, alle fonti coeve rischia comunque di non prendere in considerazione la dissimulazione e i silenzi sottesi alle contingenze del vissuto. La ricostruzione, dunque, delle vite dei medici prese in esame ha dovuto inevitabilmente soppesare la qualità, la natura, l'affidabilità delle svariate informazioni disponibili per cercare di riferire soltanto quelle che apparivano maggiormente fondate su elementi dotati di un certo grado di certezza.

La tesi che la prima parte di questo lavoro cercherà di mettere a fuoco si muove entro queste coordinate. L'alone ideologico di forzato rinnovamento, in contrapposizione con l'immagine semplicistica di un Medioevo oscuro e retrivo, si scontra nei fatti con le testimonianze *in primis* biografiche che il secolo XVI consegna ai posteri. Nella fattispecie, l'attenzione alle vicende biografiche di medici rinascimentali all'interno di corti signorili italiane mostra come, tralasciando le capacità professionali di ciascheduno, l'appartenenza all'ambiente di corte spingesse ad assumersi compiti e ruoli distanti dalla propria professione, con incarichi delicati e specificatamente politico-diplomatici. Le differenti carriere dei nove medici presi qui in considerazione, mostrano poi, nelle numerose sfaccettature, i diversi percorsi con cui essi raggiunsero una situazione di agiatezza economica e di riconoscimento professionale all'interno e fuori della corte rinascimentale. In aggiunta a ciò, si cercherà tangenzialmente di mostrare il difficile meccanismo di funzionamento delle corti signorili rinascimentali, all'interno delle quali criteri quali il merito personale, la preparazione accademica o la capacità professionale dovevano fronteggiare favoritismi parentali, piaggerie continue e antipatie di ogni sorta. Il migrare da una corte all'altra di medici più o meno capaci non era sovente legato soltanto ai meriti o demeriti del *physicus*, bensì contemplava interessi sommersi di natura economica, politica o diplomatica. Forse può risultare esagerato considerare, in alcuni casi, lo spostamento di un medico come la cessione di un signore a un altro a cui si voleva fare un gradito dono; tuttavia, le implicazioni sottese a questi trasferimenti avevano un peso non indifferente. All'interno della complessa rete di legami che interconnettevano le corti signorili italiane nel corso del Rinascimento, anche la possibilità di fruire delle conoscenze di un medico capace e famoso poteva appianare screzi o rinsaldare alleanze.

La disomogenea realtà delle corti italiane nel corso del XVI secolo non permette di poter pensare alla rete

▲ Dipinto risalente al XVII secolo e ritraente un medico al lavoro, conservato al Rijksmuseum di Amsterdam

▲ Il medico Jacopo da Forlì in una stampa del XV secolo conservata al Rijksmuseum

politica della penisola come a un ente unitario e con le stesse leggi di funzionamento.

Ogni corte, ogni famiglia nobiliare, ogni città, ogni signore aveva mentalità, abitudini, usi differenti tali da rendere difficile il riconoscimento di norme e prescrizioni universalmente valide. Questo non esclude che si possano individuare delle regolarità di comportamento nei funzionamenti generali delle corti. Pertanto, pur nelle abbondanti differenze, ogni biografia denuncia alcune peculiari ricorrenze che lasciano intravvedere i meccanismi più reconditi del muoversi di una corte rinascimentale.

Con un procedimento di matrice induttiva, si è voluto, allora, procedere giustapponendo le nove diverse biografie senza sovrastrutture teoriche prefissate che potessero indirizzare l'esposizione in un senso piuttosto che in un altro.

L'ordine con il quale sono state organizzate le biografie dei medici è stato costruito prendendo in considerazione la data di nascita dei singoli medici, in un modo, forse, privo di una pregnanza specifica (dal momento che non considera altre coordinate di sicuro maggior interesse), ma che evita di suggerire letture preconfezionate. L'aspetto di capitoli slegati l'un dall'altro e la parcellizzazione in riflessioni che si legano fra loro soltanto per scarni rimandi interni, hanno l'intenzione di facilitare l'emergere quasi spontaneo di regolarità di comportamento che, accumulandosi, permettono di tracciare delle norme di funzionamento abbastanza diffuse. In aggiunta, l'orizzonte geografico di riferimento che si è preso in considerazione non va oltre i confini della penisola italica. Questa scelta operata non in senso esclusivo, bensì con chiare motivazioni di ordine specifico, è stata dettata dall'assoluta peculiarità che caratterizza le corti signorili dell'Italia cinquecentesca, in confronto con le corti e le monarchie coeve del resto d'Europa. La frammentazione del potere politico e del controllo territoriale in Italia sviluppò una rete di corti dalle variabili dimensioni, diversamente influenti e con possibilità economiche variegate, ma indissolubilmente legate fra loro da politiche matrimoniali di ampio raggio, da necessità funzionali comuni e da comportamenti generali simili. Nel corso dell'esposizione, non mancheranno i riferimenti – quando necessari – a corti europee (nella fattispecie, a quella di Caterina de' Medici in Francia o dei re d'Ungheria a Buda), ma essi saranno impiegati soltanto come cenni con l'intenzione di fornire il naturale completamento di una vicenda biografica, con l'attenzione a mostrare comportamenti identici fra corti, per molti versi, distanti fra loro.

La riflessione sulla posizione che il medico ricopriva a corte non deve far obliare che la presenza di un medico abile e capace fra i propri servitori era agognata dai più svariati signori soprattutto in relazione ai servigi professionali che quegli poteva offrire al proprio mecenate. I malanni, i morbi e i malesseri in genere potevano mietere molte vittime all'interno dell'ambiente di corte e la salvaguardia della salute era, per il *princeps*, una preoccupazione di primo piano. Tanto più che il Rinascimento presenta una nuova temibile minaccia da dover fronteggiare con il massimo delle forze: la comparsa di nuovi pericolosissimi veleni. Il secolo XVI rappresenta, nel lungo percorso della storia della medicina, la tappa in cui compare un rinnovato interesse per i tossici, il loro utilizzo, la loro eventuale cura, il loro svelamento. L'approfondimento sullo *status* prettamente sociale della figura del *physicus* di corte, nella seconda parte di questo lavoro di tesi, si connetterà a una particolare attenzione sui progressi (o sui primi passi) della tossicologia rinascimentale.

Uno degli scarti di rinnovamento che caratterizza la dimensione medica di quest'epoca è la necessità di una sempre maggiore conoscenza delle sostanze tossiche che si stanno sempre più diffondendo nell'uso.

Se nel corso del Medioevo, la capacità di avvelenare era ascritta pressoché esclusivamente a maghi, fattucchiere o stregoni posti ai limiti della società, i quali proponevano filtri, pozioni o intrugli dalla più che dubbia efficacia, con l'avvento del Rinascimento si assiste a una maggiore scientificità applicata alla materia tossicologica, che porta la conoscenza dei veleni sempre più all'interno del campo medico. Anche la tipologia dei veleni impiegati muta radicalmente (e di ciò si dirà nel prosieguo dell'esposizione) incorporando nella tossicologia anche saperi in grande evoluzione come le prime nozioni di chimica o la botanica scientifica.

Il rapporto profondo che intercorre fra tossicologia e ambiente di corte si evince dalle rinnovate finalità attribuite al sapere antico: la nuova straordinaria pericolosità dei veleni si colloca nel loro impiego per chiare finalità omicide. Se le conoscenze del mondo classico relative ai tossici non erano andate perdute nel Medioevo e se esse erano utilizzate, anche solo tangenzialmente, con un atteggiamento superstizioso, nel corso del Rinascimento, invece, il recupero umanistico e l'attenzione filologica dedicata pure a queste nozioni, pose in essere la possibilità di sfruttare queste nozioni con un'attitudine senz'altro maggiormente razionalistica e più propriamente funzionale. L'interesse per questa antica e al contempo nuova disciplina moltiplicò velocemente gli adepti che se ne occuparono, permettendo a nuove scoperte, nuove ricette, nuove sostanze di far ingresso nel cumulo delle conoscenze a disposizione. Inevitabilmente, il medico di corte dovette adeguarsi e interessarsi anche di questa materia. Con la comparsa di sempre nuovi veleni dagli effetti deleteri, la professionalità del *physicus*, talora misconosciuta o sprezzata a corte, si rendeva sempre più necessaria.

Colui che fece fare il più gran progresso, nel sedicesimo secolo, alla scienza tossicologica, fu Girolamo Mercuriale, che insegnò a Padova e che continuò l'opera di Arnaldo da Villanova, di *Santis* [Ardoini], di Ponzetti e di Cardano. Mercuriale dà del veleno questa definizione, sufficientemente esplicita nella sua concisione: *Venena sunt medicamenta mortalia*. Tra le medicine e i tossici, c'è, in effetti, qualche differenza, a parte la questione delle dosi? L'azione dei veleni, dice ancora questo precursore, è un mistero: […].
La scienza attuale ne sa forse molto di più?[2]

Nella seconda parte di questo lavoro di tesi, l'attenzione si focalizzerà maggiormente sulla tossicologia, non nella *summa* del suo sapere, bensì nell'interrelazione necessaria fra un accademico sapere teorico e una quotidiana pratica medica. La tossicologia applicata alla consuetudine medica ha prodotto opere, conoscenze, usi specifici che, all'interno della corte, diventavano vieppiù irrinunciabili. Seguendo le succitate indicazioni di Cabanès e Nass, emerge chiaramente che i primi a occuparsi diffusamente di veleni e tossicologia nella prima metà del XVI secolo furono Santo Ardoini, Ferdinando Ponzetti, e Girolamo Cardano.

L'interesse delle rispettive opere dei tre autori, prima che nei contenuti specifici, si manifesta esplicito nel destinatario a cui esse si rivolgono: chi più pianamente, chi meno esplicitamente, ma tutte tre mirano a fornire consigli e nozioni utili, anzitutto, a dei medici fondamentalmente attivi presso una corte signorile.

La decisione di non fondare l'elaborazione di questa tesi a partire dalla *summa* di Mercuriale è da ricercare nel fatto che la qualifica di docente universitario, che egli ricoperse per molti anni, lo spinse a scrivere un'opera enciclopedica di grandissimo interesse, ma al contempo, lontana dalla possibilità di una lettura finalizzata a un pronto utilizzo da parte di *physici* desiderosi di apprendere metodi e nozioni utili primariamente alla salvaguardia del proprio mecenate. La scelta di escludere dalla trattazione che qui segue l'opera di Mercuriale

---

2 CABANÈS Augustin – NASS Lucien, *Les poisons employés au seizième siècle*, in *La Revue Scientifique*, Anno XL-2, Bureaux de la Revue Bleue et de la Revue Scientifique, Paris 1903, Tomo XX, p. 560: «Celui qui fit faire le plus de progrès, au seizième siècle, à la science toxicologique, fut Jérôme Mercurialis, qui professa à Padoue et qui continua l'œuvre d'Arnaud de Villeneuve, de Santis [Ardoyni], de Ponzetti et de Cardan. Mercurialis donne du poison cette définition, suffisamment explicite dans sa concision : *Venena sunt medicamenta mortalia*. Entre les médicaments et les toxiques, y-a-il, en effet, quelque différence, à part la question des doses ? L'action des poisons, dit encore ce précurseur, est un mystère : […]. La science actuelle en sait-elle beaucoup plus ?».

è, dunque, esclusivamente metodologica e in nessun modo contenutistica. Allo stesso modo, sebbene nel loro interessante articolo Cabanès e Nass non lo citino, l'apporto di Pietro Andrea Mattioli alla materia non è punto trascurabile. Questi, negli anni Quaranta del Sedicesimo secolo, pubblica un'opera (*Il Dioscoride*) nella quale, partendo dalle indicazioni contenute nelle opere antiche del medico greco Dioscoride e mediante ricchi commenti e allusioni alla propria esperienza personale, compila un prezioso sunto del sapere tossicologico rinascimentale. Al *corpus* originale dell'opera in cinque libri, ben presto, lo stesso Mattioli ne aggiunge un sesto all'interno del quale si sofferma diffusamente sui tossici e sui rimedi che a essi avrebbero potuto eventualmente contrapporsi. Nel corso di questo lavoro di tesi, là quando le informazioni riferite da costui sono state ritenute vantaggiosamente integranti, sono state inserite nella trattazione con l'intento di fornire un quadro maggiormente cesellato del *focus* a cui ci si è attenuti, vale a dire quello del rapporto fra le nozioni medico-tossicologiche e il loro impiego concreto nella vita di corte.

La storiografia che, in passato, ha avuto come interesse la tossicologia rinascimentale ha rischiato, talora, di porre la propria attenzione eccessivamente soltanto su temi e argomenti, per un certo verso, folkloristici o inessenziali. In questo filone si possono collocare i molti saggi, articoli e scritti che, in un modo o in un altro, cercano di gettare luce sul sapere tossicologico del secolo XVI solo in relazione alle vicende biografiche, politiche e sociali della dinastia dei Borgia. È innegabile che papa Alessandro VI (al secolo, Rodrigo Borgia) utilizzasse conoscenze tossicologiche approfondite per preparazioni complesse da impiegare con il fine di eliminare gli avversari più agguerriti. Certo non si può acriticamente accettare quanto riportato dalle cronache a lui coeve, spesso ostili, in cui il pontefice *valenciano* è rappresentato come un truce assassino assetato di sangue. Ma nello stesso tempo non si può sottostimarne la figura, soprattutto nel momento in cui l'utilizzo di veleni come l'arsenico conobbe una diffusione affatto nuova. Detto ciò, pensare di poter ridurre il sapere e le competenze tossicologiche alle sole informazioni ruotanti attorno alla figura di papa Borgia (come taluni saggi tendono a fare) non è solo riduttivo, ma anche fuorviante. La cattiva fama che papa Alessandro VI acquisì in vita e che crebbe esponenzialmente dopo la sua morte, colpì irrimediabilmente anche i suoi figli più famosi: Cesare e Lucrezia. Soprattutto nel caso della seconda, i numerosi matrimoni e la fine violenta di alcuni di questi contribuirono a facilitare l'attribuzione delle paterne capacità assassine anche alla figlia. La storiografia ottocentesca, e talora anche successiva, ha ricostruito attorno alla figura della duchessa di Ferrara un immaginario ricco e composito, sebbene spesso infondato o non comprovato. Nel corso di questo lavoro di tesi, non si disdegnerà di citare i nomi e le vicende della famiglia Borgia (tanto più che si parlerà diffusamente anche di Ludovico Bonaccioli, ostetrico di corte di Lucrezia) laddove necessario, ma non si partirà da essi per una trattazione che ha come riferimento il sapere medico-professionale attorno ai veleni. La copiosa letteratura su Alessandro VI e Lucrezia è stata selezionata e analizzata per individuare quei passi che potevano attenere in maniera completa e adeguata al tema di questo lavoro di tesi, evitando così digressioni che avrebbero potuto allontanare dagli argomenti specifici, quelli cioè dei medici a corte e della tossicologia come scienza medica nel Rinascimento.

FRA VITA ACCADEMICA E VITA DI CORTE

GIOVANNI DA VIGO

Giovanni da Rapallo[3], Giannettino Rapalligena[4], Giovanni de Vigo[5]: tanti nomi per un solo medico. A dispetto della molteplicità di nomi con cui, nei secoli a venire, Giovanni da Vigo sarà ricordato, i diversi autori che si sono occupati della sua vita, del suo lavoro, delle sue opere sono concordi nel riconoscergli copiosi meriti. Non fosse altro che egli elevò «a grande altezza [...] l'italiana Chirurgia, togliendola di mano a quanti barbitonsori l'aveano ignorantemente sino a quei giorni maneggiata»[6].
Della vita di Giovanni da Vigo si sa poco e alquanto esigue sono le informazioni reperibili nelle stesse opere del medico ligure. Egli consegna ai posteri soltanto alcuni aneddoti e pochi ricordi relativi alla sua vita, soltanto quando essi gli sono utili per spiegare al meglio la sua attività professionale o le cure fornite. Dal canto loro, le biografie settecentesche e ottocentesche dedicano ampio risalto solo a un periodo della sua vita, quello romano, forse per la maggiore disponibilità di informazioni provenienti anche da altre fonti, o forse semplicemente per un interesse specifico rivolto maggiormente alla sua carriera, piuttosto che alla sua biografia. Relativamente alla sua vita giovanile, l'unica fonte, a cui tutti i biografi attingono, è una cronaca di Bernardino Orsello da Saluzzo[7], che testimonia la presenza di da Vigo a Saluzzo nel 1487[8]. Riprendendo e ricopiando continuamente le notizie date da Orsello, i diversi biografi si lanciano spesso in colorite descrizioni e ipotesi suffragate solamente da frammentari riferimenti, fondate su interpretazioni tanto copiose quanto fantasiose delle parole del cronista coevo. Fino al 1495, tutte le biografie si allineano nel collocare il chirurgo a Saluzzo. Durante il soggiorno saluzzese, secondo Giovanni Giacomo Bonino, è «credibile che, sotto gli auspici di un tanto padre, Giannettino [...] abbia ricevuto colà i primi elementi della letteraria e scientifica educazione»[9]. In effetti, il padre fu il «celebre litotomo maestro Battista» che seppe profondere nel «giovinetto [...] elettissima scienza dell'animale economia e somma perizia nella medicina operatoria»[10]. Della sua formazione professionale non è dato sapere altro sennonché, attorno al 1495, prima di recarsi a Savona, lavorò forse per qualche anno all'Ospedale Pammattone di Genova, dove esercitò «la pratica dell'arte medico-chirurgica con lode grandissima di tutti i Genovesi»[11]. Quest'ultima informazione, riportata soltanto dallo storico ottocentesco Giovanni Battista Pescetto, si appoggia su un riferimento alquanto ambiguo che da Vigo fa, relativamente ai suoi anni giovanili: «e non fu comune che mi fu concesso in età giovanile [di apprendere a curare] la contrizione del petto o l'asma dal maestro Giovanni Rubeo, eccellentissimo medico [...] della nostra città»[12]. Traendo ampie conclusioni da queste brevi note autobiografiche, Pescetto, convinto da non meglio identificati riferimenti interni alle opere di da Vigo stesso, appoggia la permanenza

---

3   Cfr. PESCETTO Giovanni Battista, *Biografia medica ligure*, Tipografia del Regio Istituto Sordo-Muti, Genova 1846, volume I, p. 69.
4   Cfr. MALACARNE Vincenzo, *Delle opere de' medici e de' cerusici che nacquero o fiorirono prima del secolo XVI negli Stati della Real Casa di Savoia*, nella Stamperia Reale, Torino 1786, p. 187.
5   Cfr. MARINI Gaetano, *Degli archiatri pontificj*, nella Stamperia Pagliarini, Roma 1784, Volume I, p. 300.
6   PESCETTO Giovanni Battista, *Biografia medica ligure*, cit., pp. 69-70.
7   Cfr. ORSELLO Bernardino, *L'assedio di Saluzzo dell'anno 1487 descritto da Bernardino Orsello, cittadino saluzzese*, Tipografia Lobetti-Bodoni, Saluzzo 1831.
8   Cfr. ivi, pp. 21-22: «l'assenza [di maestro Battista, il padre del da Vigo] è alla patria nostra da cotant'anni troppo grave e prejudiciale, eziandio che debba rassomigliarci risarcita dalla possessione in la quale siamo di Giannettino suo figlio, nell'arte già cotanto ben esperto».
9   BONINO Giovanni Giacomo, *Biografia medica piemontese*, dalla Tipografia Bianco, Torino 1824, Volume I, pp. 108-109.
10 PESCETTO Giovanni Battista, *Biografia medica ligure*, cit., pp. 69-70.
11 Ivi, pp. 70-71.
12 VIGO Giovanni (da), *Practica in arte chirurgica copiosa*, Vincentius de Portonariis de Tridino de Monte Ferrato, Lyon 1516[2], p. 155: «Et fuit secretum mihi concessum in aetate juvanili pro strictura pectoris sive asthmate a magistro Joanne Rubeo [...] excellentissimo medico nostrae civitatis».

▲ Immagine ritraente il medico ligure Giovanni da Vigo

del medico di Rapallo nel capoluogo ligure semplicemente asserendo che «[l]'epoca in cui esercitò in Genova il Davigo non sapremmo ad altra rapportarla se non se tra il 1487 e il 1495, giacché se riflettiamo che prima del 1487 ebbe stanza sempre col padre in Saluzzo, e dopo il 1495 sempre in Roma dove morì»[13].

Se della gioventù e della formazione di da Vigo le informazioni sono alquanto scarne e spesso imprecise, dal 1495 sino alla morte, intercorsa nel 1517, egli visse a Roma, lasciando ai posteri non soltanto diverse opere[14] di qualità, «tradotte dal Latino in Italiano, in Francese, in Tedesco ed in Spagnolo»[15], ma altresì una serie d'informazioni, talora alquanto dettagliate, in merito ai suoi rapporti con la corte romana. Verso il 1495 «trasferivasi il nostro Giovanni in Savona [...], ove incontrava il favore del famoso Cardinale Giuliano Della Rovere (stato poi Giulio II), il quale seco a Roma il condusse»[16]. Dopo tale trasferimento, egli non si allontanerà più dalla capitale pontificia, se non per periodi molto brevi. Se la presenza a Roma, alla corte papale, del medico ligure è da considerarsi certa, la questione diventa più complessa e di difficile soluzione quando si cerca di individuare il ruolo da quegli ricoperto. Da Vigo nei frontespizi e nelle pagine delle sue opere si definì sempre, secondo l'uso dei tempi, *magister*[17]. Questo titolo, chiaramente di valore, non fornisce, tuttavia, un'idea chiara e univoca sull'effettivo ruolo che il medico ligure ricopriva alla corte romana. Vincenzo Malacarne, ad esempio, afferma che da Vigo avesse la qualifica di «cerusico»[18] del Sommo Pontefice. Nel passo in cui il biografo settecentesco affronta la materia, egli non sembra attribuire a questo titolo grande rilievo, per lui si tratta semplicemente del chirurgo e medico del Papa, e quindi non entra nel merito dei compiti specifici o del ruolo particolare che da Vigo si trovava a ricoprire. Dal canto suo, Benedetto Mojon preferisce utilizzare il termine, a prima vista più preciso, di «chirurgo»[19]. Senonché qualche riga dopo, lo definisce «nostro accurato patologo» mostrando così di non utilizzare questi termini con piena valenza tecnica; la necessità stilistica della *variatio* verbale e dell'utilizzo di sinonimi sembra qui prevalere sul valore tecnico dei termini. In conseguenza di ciò, la questione della professione svolta dal medico ligure a Roma rimane insolvibile. Fra i diversi autori che compongono una biografia di Giovanni da Vigo, colui che mostra un interesse convinto a questo particolare tema è Giovanni

---

13 PESCETTO Giovanni Battista, *Biografia medica ligure*, cit., n. 1, p. 71.
14 Cfr. HALLER Albrecht (von), *Bibliotheca chirurgica qua scripta ad artem chirurgicam facientia. A rerum initiis recensetur*, apud Johannes Schweighauser - apud Emilius Haller, Basel-Bern 1774, Tomo I.
15 MARINI Gaetano, *Degli archiatri pontificj*, cit., p. 300.
16 PESCETTO Giovanni Battista, *Biografia medica ligure*, cit., p. 71.
17 Cfr. VIGO Giovanni (da), *Practica in arte chirurgica copiosa*, cit., pp. 129.193.
18 MALACARNE Vincenzo, *Delle opere de' medici e de' cerusici*, cit., p. 188.
19 MOJON Benedetto, *Giovanni da Vigo*, in GRILLO Luigi, *Elogi di liguri illustri*, Tipografia dei Fratelli Ponthenier, Genova 1846², Tomo I, p. 312.

Battista Pescetto. Dopo aver riportato che da Vigo era stato condotto a Roma alla corte di papa Giulio II, egli asserisce che quest'ultimo lo elevò «alla carica di suo archiatro»[20]. Il termine *archiatro,* di per sé, non è meno ambiguo di quelli già ricordati nelle righe immediatamente precedenti; tuttavia, lo storico-medico genovese aggiunge, a questa scarna informazione, una nota di grandissimo rilievo, che pone la questione in un'ottica quantomeno più definita:

Vi fu chi scrisse non competere al Davigo il titolo di archiatro, ma soltanto quello di chirurgo del Papa, e ciò sull'osservazione che archiatro significa primo medico di un regnante: perciò, essendo noto che tale carica presso Giulio II era occupata da altri medici, non poteva il Davigo esserne insignito. Né forse quest'osservazione è fuori di proposito qualora si rifletta che lo stesso Davigo, descrivendo il cerotto col quale avea guarito il Papa da certi dolori alle giunture, dichiara di averlo praticato col consenso ed avviso dei medici di S. S. Che se poi col vocabolo archiatro si voglia generalmente intendere qualunque medico che trovasi al servizio d'un principe, in tal caso questo titolo potrebbe competere pure al Davigo siccome quegli che si mostrò più volte non meno abile chirurgo che medico eccellente[21].

Sia Prospero Mandosio[22] che Gaetano Marini[23], i quali trattano abbondantemente di archiatri pontifici nelle rispettive opere, pare attribuiscano al termine *archiatra* l'ultima accezione a cui Pescetto fa riferimento. Tutta questa discussione avviene curiosamente senza porsi il problema di ricorrere in maniera rigorosa alle fonti coeve, e nessuno dei compilatori mette in relazione l'attività effettiva di da Vigo, visionando, leggendo, analizzando le sue opere, che riportano con precisione la professione a lui attribuibile. Ogni biografo utilizza termini diversi, talora anche con un vocabolario variegato, semplicemente citando, copiando e riproponendo espressioni e riflessioni già da altri utilizzate. In ogni caso, al di là della possibilità effettiva di attribuire a da Vigo il titolo di *archiatra*, le informazioni riferite mettono in luce una posizione di netta subalternità rispetto ad altri, non meglio identificati, archiatri pontifici. Questa situazione può forse spiegarsi con il fatto che la preparazione teorica e accademica di da Vigo fosse insufficiente o manchevole. L'aver appreso le conoscenze anatomiche e l'aver praticato, sin dalla giovane età, solo ed esclusivamente in contesti periferici (Saluzzo) e familiari (il padre fu, per quel che riferiscono le fonti, la sola scuola che da Vigo mai frequentò e nelle opere a stampa egli non dice mai di aver frequentato una qualche Università o una scuola specifica), probabilmente lo portò a essere un ottimo chirurgo, un tecnico che opera con successo, senza però avere il riconoscimento accademico e la preparazione teorica per poter esser chiamato *fisico* o *proto-fisico*. La brevità e la scarsezza delle fonti inerenti alla sua giovinezza e alla sua istruzione non permettono di poter asserire o escludere con certezza nessuna ipotesi. Certo è che, nonostante le oscillazioni terminologiche che i diversi autori tendono a utilizzare con fini prevalentemente stilistici e non contenutistici, doveroso è riconoscere a Giovanni da Vigo un innegabile *status* di grande chirurgo. Marini, ad esempio, nella frase con cui introduce il capitolo riguardante il medico ligure, afferma che «niuno degli Archiatri di Giulio [II] lasciò a'Posteri tanta fama di sé, quanta il suo Chirurgo Giovanni de Vigo Genovese, originario di Rapallo»[24]. L'utilizzo nella stessa frase dei termini *archiatri* e *chirurgo*, riferendosi alla medesima persona, ribadisce il concetto che, pur sottostando a direttive mediche impartite da altri, anche un chirurgo, probabilmente privo di titoli accademici di rilievo, avesse un peso non indifferente all'interno della corte pontificia e nella relazione di cura con il pontefice.

La *querelle*, relativa al titolo da attribuire alla professione e al ruolo svolto da da Vigo, non sembra interferire con il tema altrettanto illuminante della retribuzione riconosciuta al medico ligure. Marini, che consulta i rotoli dei registri della Cancelleria pontificia coeva, informa che da Vigo «[d]al Papa avea otto ducati al Mese»[25], per tutto il pontificato di Giulio II, cioè dal 1504 al 1513. In realtà, un apparentemente così basso salario non sembrerebbe essere all'altezza di un professionista celebre e molto ben considerato; tuttavia, dal

---

20 PESCETTO Giovanni Battista, *Biografia medica ligure,* cit., p. 71.
21 Ivi, n. 3, pp. 71-72.
22 Cfr. MANDOSIO Prospero, *Theatron in quo maximorum Christiani orbis Pontificum archiatros*, in Typographio Paleariniano, Roma 1784³.
23 Cfr. MARINI Gaetano, *Degli archiatri pontificj,* cit.
24 Ivi, p. 300.
25 Ivi, p. 301.

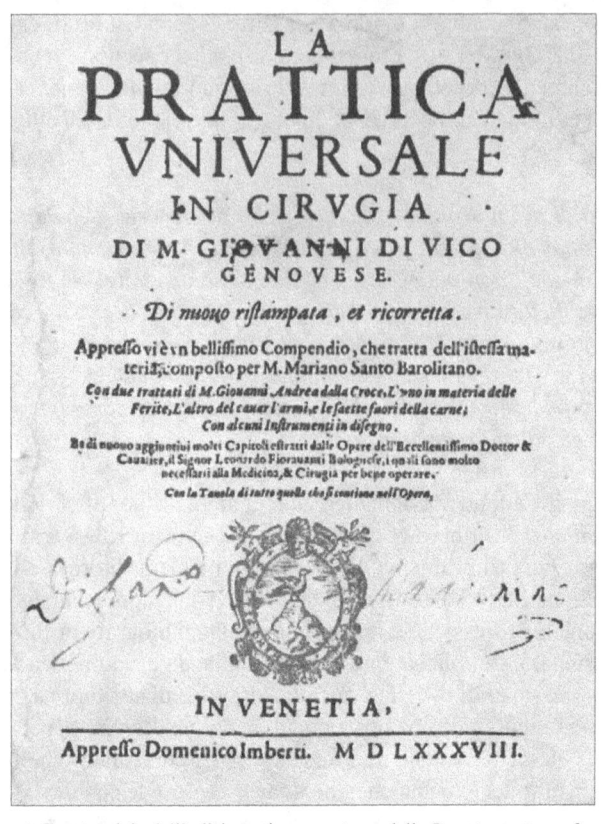

▲ Frontespizio dell'edizione cinquecentesca della *Prattica universale in chirurgia* di Giovanni da Vigo

Papa, da Vigo otterrà alcuni importanti benefizi, che lo ricompenseranno ampiamente per i servigi resi alla Santa Sede. Tutti i biografi sono concordi nel riconoscere che, prima di ottenere tali benefici, il «cardinale Sisto Gara Della Rovere[26], nipote del [...] ligure Pontefice, fecegli assegnamento di ducati d'oro 300 di pensione»[27]. Di questa circostanza (che tutte le biografie tarde ripropongono) diede ampio riscontro Giovanni Antracino, collega e intimo amico del medico ligure, di cui si parlerà a breve. Marini suppone che, con ogni probabilità, questo importante supplemento del salario gli venisse riconosciuto anche durante il Pontificato di Giulio II[28]. Sia che questi trecento ducati fossero corrisposti *Iulio Regnante*, sia che essi fossero semplicemente la ricompensa per i servigi resi a un principe della Chiesa, in sostituzione del mancato versamento del salario da parte della Cancelleria Pontificia a seguito della morte del Papa, questa somma «rilevantissima»[29] testimonia il prestigio in cui da Vigo era tenuto. Marini, riferendo una situazione medico-fisica del cardinal della Rovere particolarmente complessa, ribadisce che il detto cardinale ricompensasse l'archiatra di Giulio II «perché l'assistesse nelle sue necessità, ch'erano ben molte»[30], limitando in maniera abbastanza assolutoria i compiti di da Vigo all'ambito prettamente medico-curativo. Antoine Portal, nella sua *Histoire de l'anatomie et de la chirurgie*, afferma, invece, che

Sisto di Gara di Ravere (sic!), Cardinale, [...] gli donava tutti gli anni, e fino alla sua morte, trecento scudi d'oro come ricompensa dei servigi che rendeva al pubblico, sia con la pratica della Chirurgia che con le opere che uscivano dalla sua piuma[31].

Pur senza esulare dal modello puramente teorico e specifico del *fisico*, Portal sembra pensare, a distanza di due secoli, che da Vigo avesse un ruolo più ampio rispetto a quello, precedentemente ipotizzato, di semplice medico curante: egli operava diverse persone e, soprattutto, pubblicava libri. Con ogni probabilità, il medico francese, fors'anche nella temperie stilistica dell'erudizione settecentesca, dà una descrizione del collega rinascimentale forgiata su un'immagine del medico successiva, con obbiettivi e interessi completamente differenti. Di diverso orientamento, almeno in parte, sembra essere, invece, Charles Hugh Talbot che, sulla

---

26 Vincenzo Malacarne asserisce con maggior precisione che Sisto Gara, cardinale di S. Pietro in Vincoli, fu vicecancelliere di S. Chiesa e, dopo la morte di Giulio II, fu nominato Vescovo di Saluzzo. Cfr. MALACARNE Vincenzo, *Delle opere de' medici e de' cerusici*, cit., pp. 188-189.
27 PESCETTO Giovanni Battista, *Biografia medica ligure*, cit., p. 72.
28 Cfr. MARINI Gaetano, *Degli archiatri pontificj*, cit., p. 301.
29 BONINO Giovanni Giacomo, *Biografia medica piemontese*, cit., p. 109.
30 MARINI Gaetano, *Degli archiatri pontificj*, cit., p. 301. Marini riporta le parole del cardinale Paride Grassi relativamente alle precarie e complesse problematiche mediche del cardinal-nepote, tratte dai diari da questi compilati, durante il suo soggiorno romano dal 1504 al 1521 (Tomo XVI e Tomo XXIII).
31 PORTAL Antoine, *Histoire de l'anatomie et de la chirurgie*, chez Pierre François Didot le jeune, Paris 1770, Tome premier, p. 257: «Sixte de Gara de Ravere (sic!), Cardinal, [...] lui donna tous les ans, et jusqu'à sa mort, trois cents écus d'or en récompense des services qu'il rendoit au public, tant par la pratique de la Chirurgie que par les ouvrages qui sortoient de sa plume».

scorta di quanto rinviene nelle opere dello stesso medico ligure[32], offre l'immagine di un da Vigo «timido chirurgo [che] lasciò le operazioni per l'ernia e d'estrazione dei calcoli e delle cataratte ai chirurghi itineranti e [...] [che] compì poche operazioni»[33]. A differenza dello studioso statunitense, partendo dagli stessi passi testuali, Malacarne e Bonino riportano questa circostanza senza, però, avanzare nessun giudizio di merito[34]. Quale che fosse la realtà fattuale della situazione, questa serie d'informazioni fornisce un quadro alquanto variegato relativo alla professione prettamente medica. Di più ampio interesse sono, invece, al di là del rapporto di scambio economico fra il nipote del Papa e il medico ligure, i servigi per altre personalità che da Vigo ebbe modo di offrire all'interno della corte papale.

In aggiunta al rapporto di «familiare di Giulio Secondo Sommo Pontefice, e dopo la di lui morte del Card. Sisto Gara della Rovere»[35], da Vigo ebbe rapporti senz'altro stretti, certamente, con almeno un altro porporato, il «Cardinale Bendinello Sauli del titolo di S. Sabina»[36]. Malacarne, aggiunge che il cardinale era «suo protettore, fautore, e già da lungo tempo suo famigliare, ed amico»[37]. Da Vigo dedicava, infatti, a questo porporato la sua opera magistrale, la *Practica copiosa in arte Chirurgica*, e affermava nella lettera dedicatoria di «[aver] ricevuto molti benefici da [quello]»[38]. Questo particolare della dedica sembra suggerire che non appena arrivato a Roma, stante il salario probabilmente non pienamente soddisfacente corrisposto dalla Cancelleria Apostolica, da Vigo fosse entrato nell'*entourage* del cardinale di S. Sabina. Col tempo, poi, la vastità del suo sapere, «i suoi prosperi successi nella professione che con applauso esercitava, l'eccellenza delle opere ch'egli diede alla luce, e le sue morali virtù»[39], lo portarono non solo a essere tenuto in alta considerazione dal Sommo Pontefice, ma anche a diventare gradito ospite del cardinal Gara della Rovere a Tivoli[40]. Nonostante la già accennata subalternità rispetto ad altri medici della corte romana, la professionalità e la fama del *physicus* ligure non dovettero mai scemare, perlomeno se si presta fede allo stesso da Vigo, che come cita Malacarne, «[e]spone la cura d'un grave edema alle coscie, ed alle gambe, fatta da lui al cardinale Alessandrino non dimenticando l'onore, e l'utilità grande, che ne ricavò»[41]. Infatti, «questa cura valse con onore e buon esito ottocento ducati d'oro dalla Camera [Apostolica;] [o]ltre a ciò [...] [ottenne] da questa cura molto denaro e onore»[42]. L'attività di da Vigo non si limitò soltanto alla cura di mali di natura non traumatica, ma ebbe modo di guarire anche ferite e acciacchi intercorsi a seguito di cadute e colpi d'arma bianca e da fuoco. A titolo d'esempio, si possono citare il «fanciullino di quattro anni circa, al quartiere di

---

32 Cfr. VIGO Giovanni (da), *Practica*, apud haeredes Iacobi Iuntae, Lyon 1564[6], p. 414: «Si vero curatione antedicta ungula evelli non possit: tunc pro ultimo remedio ad manualem operationem descendere licet; quamvis huiusmodi curatio non fine maximo oculorum periculo eruptionis corneae et pupillae [...] efficiatur; tamen si patiens fuerit valde cupidus hanc ultimam curationem experiri, [...], dico quod curatio ista per manualem operationem facienda pertinet ad virum diutius in arte exercitatum. [...] [P]eregrinantibus hincinde curatio ista est reliquanda».

33 TALBOT Charles Hugh, *Vigo, Giovanni da*, in *Complete Dictionary of Scientific Biography*, Charles Scribner's Sons, Detroit 2008, Volume 14, pp. 27-28: «timid surgeon: he left the operation for hernia and extraction of stones and cataracts to itinerant surgeons and [...] performed few operations».

34 Cfr. MALACARNE Vincenzo, *Delle opere de' medici e de' cerusici*, cit., pp. 197-198: Da Vigo «[n]on fece mai le operazioni necessarie per togliere l'*ungula*, ossia il *panno*, né la *catarata* dagli occhi, anzi consiglia di lasciare fare a coloro, che vanno quà e là per le ville ed i borghi operando: tuttavia siccome ne à veduti parecchi, ed anche vari dottori, ad eseguirle, così ce le descrive con que' miglioramenti, che l'ingegno suo fecondo gli suggerisce. Lo stesso partito e consigliò, e prese per se stesso a proposito dell'ernie o incarcerate, o soverchio moleste, quando si trattò di fare l'operazione, che esigono». Cfr. BONINO Giovanni Giacomo, *Biografia medica piemontese*, cit., p. 115: Da Vigo «[n]on praticò mai l'operazione della cataratta e altre simili, che il Da-Vigo abbandonava a coloro, che delle medesime si occupano *ex professo*».

35 GIUSTINIANI Michele, *Gli scrittori liguri*, appresso di Nicol'Angelo Tinassi, Roma 1667, Volume I, p. 404.

36 BONINO Giovanni Giacomo, *Biografia medica piemontese*, cit., p. 111.

37 MALACARNE Vincenzo, *Delle opere de' medici e de' cerusici*, cit., p. 192.

38 VIGO Giovanni (da), *Practica*, cit., Lyon 1564[6], lettera dedicatoria al cardinal Bendinello Sauli: «multa in me beneficia abs te collata». Al di là di questo breve riferimento, tutta la lettera è ricca di elogi e rimandi a benefici ed elargizioni che il cardinale ha profuso su da Vigo. Certo è che lo stile e il fine di una lettera di *captatio benevolentiae* utilizzano espressioni e strutture topiche e idealizzate che celano, talora, i reali rapporti concreti intercorrenti fra le parti.

39 MOJON Benedetto, *Giovanni da Vigo*, cit., p. 312.

40 Cfr. PESCETTO Giovanni Battista, *Biografia medica ligure*, cit., p. 72. Cfr. MARINI Gaetano, *Degli archiatri pontificj*, cit., n. b, p. 301. Marini, per ribadire questa notizia, cita il fitto carteggio intercorrente fra il medico ligure e il suo amico Giovanni Antracino.

41 MALACARNE Vincenzo, *Delle opere de' medici e de' cerusici*, cit., p. 193: In nota, si riporta che «[i]l cardinale Alessandrino qui nominato era Gio. Antonio Sangiorgio vescovo d'Alessandria, morto in Roma lì 25 di marzo l'anno 1509. Era pure stato vescovo Sabinense».

42 VIGO Giovanni (da), *Practica*, cit., Lyon 1564[6], p. 104: «haec curatio fuit cum honore et utilitate solutionis centum octuaginta ducatorum aureorum de camera. Et insuper (ut superius diximus) plerumque ex hac curatione et lucrum et honorem reportavimus».

Genova detto il Marasso»[43], vittima di una brutta caduta: in realtà, Malacarne, leggendo probabilmente con eccessiva celerità e mancanza di attenzione l'opera di da Vigo, non si accorge che padre e figlio «caddero dal muro a terra, con il più gran danno per il padre» e che il medico ligure poté «[restituire] l'antica salute per dono di Dio allo stesso uomo ancorché già in età avanzata»[44]. Questo *lapsus* fa capire come tutte queste biografie, anche le più affidabili, vadano utilizzate sempre con molta cautela, e come sia sempre necessario, dove è possibile, consultare direttamente i testi degli autori. In seguito vengono ancora citati «un compagno del duca d'Urbino, guerito (sic!) contro la credenza di tutti i cerusici della corte Romana»[45], già ferito al capo, e «quel tedesco, famigliare di Giulio II, stato con una grossa lancia ferito nell'anguinaia sinistra, di modo che n'era stata offesa la vescica»[46]. Questa particolare destrezza nella cura delle ferite da armi, dovette essere particolarmente apprezzate da Giulio II, un pontefice che certo non si risparmiò per quanto concerne battaglie e campagne militari. Innumerevoli sono poi gli interventi piccoli o complessi che, come riferisce Malacarne, da Vigo compì sulla persona del Papa[47]: «un nodo carnoso ulcerato alla mano destra tra anulare e mignolo, nell'anno in cui la città di Bologna fu ridotta alla devozione della chiesa per mezzo di sua santità»[48], «una certa ferita causata da un piccolo ascesso nella parte interiore dell'orecchio destro»[49], o ancora «tutte le specie di emorroidi [...]: e soprattutto per papa Giulio II, che a lungo fu vessato da codesta malattia»[50]. Nessun biografo, in effetti, tace la sua capacità professionale e chirurgica, ma tutti i riferimenti qui riportati, confermano indirettamente anche il grado di coinvolgimento del medico ligure nelle trame di una corte importante e ricca come quella romana. A testimonianza di ciò, sono altrettanto interessanti le notizie relative ai benefizi ottenuti da da Vigo per sé e per i suoi figli.

In diverse sue opere, Giovanni da Vigo inserì delle lettere indirizzate a un medico suo amico: Giovanni Antracino da Macerata[51]. Bonino facendo riferimento a queste lettere, con il chiaro ed esplicitato intento di lodare la presunta umiltà del medico ligure, rimarca che «niuna delle opere di lui [da Vigo] [vedeva] la luce colle stampe, che prima non fosse stata esaminata dal prelodato Gioanni Antracino suo compadre»[52]. Probabilmente, questa nota di giudizio è stata suggerita al biografo ottocentesco dall'intimo e stretto rapporto che intercorreva fra i due. Queste lettere sono infatti una fonte preziosa per la biografia del medico ligure, soprattutto per i periodi successivi alla morte di Giulio II. Di particolare interesse è una lettera inviata dall'Antracino in risposta alla dedica fattagli dal medico ligure in apertura della sua opera più importante, lettera che Malacarne riporta in parte nella sua biografia. Essa, in dettaglio, asserisce che

quegli infatti (il divino Giulio II pontefice massimo) ti onorò con i più grandi onori e cariche e con quanti più benefizi: infatti in tale circostanza, il reverendissimo Sisto cardinale con il titolo di S. Pietro in Vincoli e vicecancelliere della Sacrosanta Romana Chiesa, ché mai, come io penso, a nessun chirurgo toccarono trecento monete d'oro per il lavoro, ti dava generosamente ogni anno... etc.[53]

---

43   MALACARNE Vincenzo, *Delle opere de' medici e de' cerusici*, cit., p. 195.

44   VIGO Giovanni (da), *Practica*, cit., Lyon 1564[6], pp. 193-194: «ambo [...] e muro in terra ceciderunt, cum maxima patris iactura»; «Dei munere eidem viro licet in aetate senili constituto pristinam sanitatem restitui».

45   MALACARNE Vincenzo, *Delle opere de' medici e de' cerusici*, cit., p. 195. Cfr. VIGO Giovanni (da), *Practica*, cit., p. 266: «in tempore nostro in urbe Romana anno secundo S. B. N. D. Iulii Liguris Papae II. Cuiusdam incliti comitis Illustrissimi Ducis Urbinatis curam assumpsimus, qui dum per potestatem sancti Angeli equitaret: ex equo in terram cecidit, ex quo casu magnam in capite percussionem suscepit super lapide marmoreo».

46   MALACARNE Vincenzo, *Delle opere de' medici e de' cerusici*, cit., p. 195. Cfr. VIGO Giovanni (da), *Practica*, cit., p. 302: «in curia Romana in quodam Theutonico Iulij Papae secundo familiarissimo: qui ex uno [...] lanzono vulneratus in sinistro latere supra inguen et ipsius femur: quae vulneratio tendebat versus vesicam. [...] vocatis de eius salute desolati fuimus: qui omnes a summo Pontifice interrogati quid de eius salute sperabamus ; eidem Pontifici malum fecimus prognosticum, non tamen a rationabili cura desistendo. Tandem Dei munere [...] usque in hodiernum cum humanis vitam ducit».

47   Cfr. MALACARNE Vincenzo, *Delle opere de' medici e de' cerusici*, cit., pp. 193-198.

48   VIGO Giovanni (da), *Practica*, cit., Lyon 1564[6], p. 108: «nodo carnoso et ulcerato in manu dextera [...] inter annullarem et auricularem digitum: quo anno civitas Bononiensis ad devotionem ecclesiae per sanctitatem suam reducta fuit».

49   Ivi, p. 166: «quadam ulceratione causata ab uno paruo apostemate in parte interiori auris dextrae».

50   Ivi, p. 471: «in omnibus fere hemorrhoidarum speciebus [...]: et maxime in Iulio Papa secundo, qui diutius morbo isto laboravit».

51   Cfr. VIGO Giovanni (da), *Practica in arte chirurgica copiosa*, cit., p. 1: «Joannes Anthracinus Macerathen. Artium et Medicinae doctor Lectori felicitatem».

52   BONINO Giovanni Giacomo, *Biografia medica piemontese*, cit., p. 120.

53   MALACARNE Vincenzo, *Delle opere de' medici e de' cerusici*, cit., p. 188: «ille enim (divus Iulius II pont. max.) summis honoribus, officiis, et benficiis quam plurimis te honestavit: hic vero reverendissimus Sixtus titulo S. Petri ad vincula cardinalis ac

Per quanto concerne i trecento ducati d'oro e il loro effettivo peso economico e di prestigio, se n'è già sufficientemente parlato in precedenza; più interessante per noi è, invece, il risalto dato da Antracino in questo stralcio di lettera, ai benefizi che da Vigo ottenne *Iulio vivente*. Sinora si è detto che il medico ligure riceveva dal Papa uno stipendio mensile pari a otto ducati, e che spesso egli aveva ottenuto ricchi donativi per cure prestate a vari personaggi influenti dell'epoca. Niente poteva far sospettare l'esistenza di altre entrate straordinarie. Marini ora suggerisce che Antracino avrebbe fatto riferimento, nel passo sopra citato, a «due Figliuoli del Vigo, Luigi ed Ambrogio»[54]. Nonostante il nome del primo varii nelle diverse fonti (fra Luigi e Ludovico), tutti i biografi sono concordi nell'asserire che questi si sia dedicato alla professione chirurgica paterna, sebbene di lui «non ci rimase che il nome»[55].

Marini consultando gli archivi pontifici ha rinvenuto nei registri[56] il nome del secondo figlio, Ambrogio, il quale

▲ Ritratto del Pontefice Giulio II dipinto da Raffaello Sanzio

si applicò alle cose ecclesiastiche, ed il Papa gli fu perciò assai cortese, e liberale: perché con un suo motu proprio ordinò, che non avesse dovuto pagar nulla per la provvista di un Beneficio nella Diocesi di Albenga; poi diedegli la Prevostura della Chiesa di Santa Maria Maddalena in Genova, ed in fine lo creò Notaro Apostolico alli 20 di Febbrajo dell'anno 1513 poche ora prima di morire, essendo morto alle dieci della notte di tal giorno[57].

Con ogni probabilità la liberalità di cui Antracino discorreva, non sarebbe legata esclusivamente alla persona di da Vigo, ma potrebbe essere anche un velato riferimento ai benefizi elargiti al figlio prelato. Senz'altro la presenza a Roma, alla corte papale, del padre non può che aver giovato alla carriera e alla situazione di vita del figlio. È innegabile, poi, che i particolari atti e i momenti in cui essi furono emanati invitino a ritenere queste scelte come dettate da una volontà ricompensatrice. Il prestigio, l'onore, la posizione, lo *status* del

---

sacrosancte Rom. ecclesie vicecancellarius quod nunquam ut reo ulli chirurgo contigit trecentis aureis pro opere singulis annis te liberaliter donabat… etc.».
54 MARINI Gaetano, *Degli archiatri pontificj*, cit., p. 302.
55 PESCETTO Giovanni Battista, *Biografia medica ligure*, cit., p. 73.
56 Cfr. MARINI Gaetano, *Degli archiatri pontificj*, cit., n. c-d, p. 302.
57 Ivi, p. 302.

medico ligure a Roma erano tali da riuscire a ottenere grandi benefizi e privilegi, non soltanto per sé, ma soprattutto per il figlio.

Il quadro fin qui delineato, non certo esaustivo per quanto concerne la vita e l'opera di Giovanni da Vigo, presenta un'immagine chiara e vivida di un medico operante nello specifico *milieu* della corte romana.

Le scarne informazioni che i biografi di da Vigo riportano sono spesso soltanto aneddotiche e ancor più sovente tratte da un'unica matrice antica, non supportata di volta in volta da una consultazione sistematica e costante delle opere dell'autore e delle altre fonti coeve. In ogni caso, fra le diverse informazioni più volte riproposte, talora si può ravvisare qualche riferimento più preciso alle fonti suddette e ai testi. Malacarne[58] e Marini sono i più attenti a fornire riferimenti a passi precisi. Gli altri biografi invece, pur riportando qualche prova di quanto asseriscono nel testo, lo fanno in maniera assai meno puntuale, con un'evidente mancanza di sistematicità nei rimandi ai testi utilizzati. In questo modo, i dubbi e le perplessità che avvolgono la figura del medico ligure, scaturenti dalla lettura di biografie fra loro discordanti, rimangono insoluti. La figura di da Vigo, malgrado i limiti della tradizione biografica ora ricordata, risulta comunque abbastanza definita: abbiamo a che fare con un rinomato medico di corte, sicuramente non operante in posizione di rilievo. Ricompensato con un salario particolarmente elevato, egli è comunque in grado, attraverso le relazioni esistenti nella corte, di incrementare sensibilmente i suoi guadagni e di garantire ai propri familiari entrate dai beni ecclesiastici. Alcuni dei meccanismi e delle convenzioni che regolano e strutturano la quotidiana vita di corte sono qui già in atto, e in parte lasciano intuire le vicende in cui da Vigo si trova implicato.

GIOVANNI MANARDO

Se la biografia di Giovanni da Vigo ruota intorno a due grandi luoghi della sua vita (la natia Liguria con la propaggine saluzzese e il Lazio), la vicenda biografica di Giovanni Manardo è legata a doppio filo con la sua città natale, Ferrara. In realtà, i Mainardi (antica forma del nome del casato che Manardo stesso non utilizzava)[59] sono già, da diversi secoli, una famiglia in vista nella città emiliana, in quanto notai[60]. L'agiata situazione economica della casata permise a Manardo, anche dopo la morte del padre, di poter frequentare l'ateneo cittadino.

L'Università di Ferrara ricoperse un ruolo di primo piano nella carriera del medico emiliano. In giovane età, come nota Giannandrea Barotti, storico ferrarese del XVIII secolo, consultando le *Epistolae Medicinales* di Manardo, egli «[n]elle Lingue Greca, e Latina ebbe Maestro Battista Guarino[61], nelle quali riuscì eccellente; [...] nella Filosofia, e Medicina Francesco d'Ugon Benzi[62], e in ambedue divenne sommo»[63]. Oltre a Greco e Latino, Barotti afferma con certezza che egli studiò con profitto anche la lingua «Arabica»[64], senza però menzionare il nome del suo eventuale *praeceptor*. Fonte di tale notizia sarebbe ancora una volta Manardo stesso, che nell'Epistola terza del libro tredicesimo delle *Epistolae Medicinales* sembra offrire una traduzione diversa, rispetto alla vulgata latina, di un passo di Avicenna relativo ai calcoli renali. Senza approfondire qui la questione, va comunque notato, che nelle opere di Manardo non sembra potersi individuare un ricorso

---

58 Vincenzo Malacarne cita con molta precisione i passi esatti che suffragano l'idea che sta, in quel momento, esponendo. A volte, quando il caso lo richiede, non disdegna di riportare in calce le parole stesse che egli ha rinvenuto nell'opera di da Vigo di cui si sta occupando. Questo, si è visto, non gli impedisce di commettere, talora, qualche importante errore.

59 Cfr. OSTOJA Andrea, *Notizie inedite sulla vita del medico e umanista ferrarese Giovanni Manardo*, in Atti del Convegno internazionale per la celebrazione del V centenario della nascita di Giovanni Manardo (1462-1536). Ferrara, 8-9 dicembre 1962, Università degli Studi di Ferrara, Ferrara 1963, p. 100.

60 Cfr. ivi, p. 101. Andrea Ostoja, direttore della Sezione dell'Archivio di Staro di Ferrara, ricostruisce, a partire dai documenti lì conservati, l'albero genealogico del medico, notando come tutti i suoi principali parenti fossero attivi in Ferrara come notai.

61 Cfr. MANARDO Giovanni, *Epistolarum medicinalium libri viginti*, apud Michaelem Isingrinium, Basel 1549[4], p. 373: «Baptistam [Guarinum], morum integritate, incomparabili gravitate, bonarumque literarum peritia, nemini secundum, praeceptore habuer[a] m». Cfr. MUGNAI CARRARA Daniela, *Mainardi, Giovanni*, in Dizionario Biografico degli Italiani, Treccani, Roma 2006, Volume 67, pp. 561-564. Esistono due distinte voci del *Dizionario Biografico degli Italiani* relative al medico ferrarese: la prima a cura di Daniela Mugnai Carrara sotto *Mainardi, Giovanni*, qui citata; una seconda a cura di Margherita Palumbo sotto *Manardi, Giovanni*, Treccani, Roma 2007, volume 68, pp. 420-421.

62 Cfr. MANARDO Giovanni, *Epistolarum medicinalium libri viginti*, cit., p. 23: «Franciscus Bencius, Ugonis Senensis filius, praeceptor olim in medicina meus (aliorum pace dixerim) medicorum in Italia, nostra aetate facile princeps».

63 BAROTTI Giannandrea, *Memorie istoriche di letterati ferraresi*, nella Stamperia Camerale, Ferrara 1777, Volume I, p. 247.

64 Ibidem.

frequente ai testi originali scritti in lingua araba. Questo interesse per le lingue fu in seguito alla base dell'analisi attenta e puntuale delle opere della classicità greca e della tradizione araba. Queste ultime, tradotte in latino in epoca medievale, davano luogo a non pochi problemi d'interpretazione, poiché spesso i termini utilizzati in esse per indicare malattie e sostanze medicinali difficilmente potevano essere ricondotti al vocabolario medico greco. Barotti, nel passo prima citato, non ricorda Niccolò da Lonigo (chiamato Leoniceno)[65] tra i maestri del medico ferrarese, forse perché, nella prima Epistola del libro nono della sua opera, Manardo scrive che egli semplicemente «[...] [lo] consider[ò] sempre come un maestro»[66], senza che lo fosse accademicamente. Questa circostanza chiarirebbe la grande deferenza di Manardo nei confronti del collega nella disputa[67] occasionata dalle «discordi versioni (tra le quali entrava la traduzione del Leoniceno) del duodecimo Aforismo nel libro terzo d'Ippocrate, discordi in nulla più che in una parola»[68]. Si tratterebbe quindi della profonda stima che un giovane medico nei confronti di una grande personalità quale il Leoniceno, che lo trattenne dal polemizzare. Certo è che il medico veneto, comunque, rimarrà sempre presente, pur se *in absentia*, nella vita di Manardo; soprattutto quando, nel 1524, quest'ultimo sostituirà il primo (morto in quello stesso anno) alla cattedra di Medicina dell'Università di Ferrara[69].

▲ Ritratto del medico Giovanni Manardo

Il rapporto di Giovanni Manardo con l'Università di Ferrara non si esaurì con il conseguimento del titolo dottorale (1482)[70]. Egli rimase nello Studio ferrarese per circa dieci anni, come lettore di medicina[71].

---

65   Cfr. PALUMBO Margherita, *Manardi, Giovanni*, cit., p. 420. Cfr. HILL COTTON Juliana, *Manardo, Giovanni*, in *Complete Dictionary of Scientific Biography*, Charles Scribner's Sons, Detroit 2008, Volume 9, p. 74.

66   MANARDO Giovanni, *Epistolarum medicinalium libri viginti*, cit., p. 249: «Etsi ego [...] a Leoniceni viri extra omnem aleam clarissimi placitis, in multis discesserim, quod eum tamen praeceptoris loco semper habui, nihil unquam nec publice, nec privatim quidem, nisi coactus vel scribere, vel docere volui».

67   Cfr. ibidem. L'intera prima lettera del libro nono dell'*opera magna* di Manardo è una giustificazione della posizione assunta dal medico ferrarese all'interno della disputa.

68   BAROTTI Giannandrea, *Memorie istoriche di letterati ferraresi*, cit., p. 250.

69   Cfr. PALUMBO Margherita, *Manardi, Giovanni*, cit., p. 420.

70   Cfr. PARDI Giuseppe, *Titoli dottorali conferiti dallo Studio di Ferrara nei secoli XV e XVI*, A. Marchi Editore, Lucca 1901, p. 172 [Ristampa Anastatica: Forni Editore, Bologna 1970]. Cfr. MUGNAI CARRARA Daniela, *Mainardi, Giovanni*, cit., p.561.

71   Cfr. PALUMBO Margherita, *Manardi, Giovanni*, cit., p. 420. Cfr. OSTOJA Andrea, *Notizie inedite*, cit., 103. Ambedue gli studiosi sostengono una permanenza di Manardo allo Studio di Ferrara, facendo riferimento a BORSETTI Ferrante, *Historia Almi Ferrariae Gymnasii*, Typis Bernardini Pomatelli, Ferrara 1735, Volume II, p. 80. Tuttavia, non c'è alcun riferimento nel testo di Borsetti che possa permettere di reperire i registri da cui lo storico settecentesco abbia tratto le informazioni riferite. Ostoja aggiunge anche altri particolari di diversa natura che comprovano la presenza di Manardo a Ferrara fino al 1492. Cfr. MUGNAI CARRARA Daniela,

Di questo primo periodo universitario, immediatamente successivo alla fine dei suoi studi, le fonti coeve non riportano nulla di rilevante; sennonché, in un periodo di «estrema indigenza generale di un ambiente cittadino estenuato da lunghe guerre e carestie»[72], «il Manardo, pur essendo proprietario di cospicui beni immobili, [si trovò] in difficoltà quanto a denaro contante»[73]. Di questa situazione nelle opere di Manardo non c'è alcuna traccia, ma Ostoja, consultando atti dell'Archivio di Ferrara (fondo notaio Milani), ha creduto di poter accertare questo fatto. Egli ha rinvenuto un contratto stipulato fra Manardo e un dottore in medicina modenese, relativo alla compravendita di una veste dottorale, in cui il pagamento della somma, di per sé non eccessiva, sarebbe dovuto avvenire con modalità dilazionate nel tempo[74]. Questo però prova soltanto la sua volontà di non saldare immediatamente l'acquisto e non necessariamente una situazione di difficoltà.

Fra il 1493 e il 1495, su invito dei Pico signori di Mirandola, Manardo si trasferì presso la loro corte. Seguendo la cronologia indicata da Barotti, bisognerebbe attendere il 1495, cioè l'anno della «morte del famoso Giovanni Pico»[75] per vedere il medico ferrarese a Mirandola[76], ma recenti ricerche archivistiche hanno invece confermato la sua presenza alla corte dei Pico già a partire dal 1493[77]. Egli fu là chiamato «a' servigi di Giovanfrancesco Pico in qualità di suo Medico, e di suo Maestro in Filosofia»[78]. La fama e la conoscenza delle capacità del medico ferrarese avevano già varcato i confini della città natale, ed egli fu ritenuto degno di diventare precettore di Giovanni Francesco, un posto in precedenza ricoperto dal famoso suo zio Giovanni Pico[79]. A proposito del suo trasferimento a Mirandola, Juliana Hill Cotton sostiene che esso forse ebbe luogo perché «la sua promozione accademica, o una carriera a corte, poteva essere stata ostacolata dalla sua riluttanza ad accettare le basi prevalentemente teoretiche e astrologiche assegnate alla medicina»[80]. La partenza per Mirandola si giustificherebbe perciò, proprio in relazione allo sforzo «di separare la medicina dall'astrologia, riconoscendo l'astronomia come una scienza distinta»[81]. La vicinanza di vedute fra il medico ferrarese e Giovanni Pico della Mirandola può trovare conferma anche nell'incarico che il giovane Giovanni Francesco assegnò al suo medico e precettore: egli gli affidò l'edizione e la pubblicazione dell'«[o]pera maggiore [del Pico] contro all'Astrologia giudiciaria»[82]. Da questo suo soggiorno mirandolese emerge un'immagine di Manardo dotata di connotazioni precise: egli presso la corte di Giovanni Francesco fu un letterato umanista, attento alla filosofia e alle scienze mediche, un oculato filologo e medico apprezzato. In realtà, dei servigi resi a Mirandola in qualità di medico, le fonti biografiche non riferiscono nulla. Certo è che Giovanni Manardo fu tenuto in alta considerazione presso la corte dei Pico. Ciò risulta in modo chiaro dal testo di una lettera che nel luglio 1501 Giovanni Francesco Pico della Mirandola inviò a Ercole d'Este:

Illustrissime Princeps et Excellentissime Domine [...]. Ho ricevuto le lettere de la Excellentia Vostra per le quali recercha ch'io vogli andare a Carpi per respecto de quelle zoglie, la qual cosa essendomi piaciuta per esser stata non solamente desiderata ma sollecitata da me. Ritrovandomi impedito ad non potere trasferirmi al presente là, gli ho subito mandato magistro Ioanne Mainardo mio medico con amplo mandato de exequire quanto se ha ad fare come se io gli fussi in propria persona. Et tanto maggiormente ho sollecitata la andata

---

Mainardi, Giovanni, cit., p. 562.
72   OSTOJA Andrea, *Notizie inedite*, cit., p. 106.
73   Ibidem, n. 21.
74   Cfr. ivi, p. 104, n. 18. Questo accadimento si colloca nell'anno 1490. Sulla base anche di altri documenti notarili rogati a Ferrara negli anni immediatamente precedenti, Ostoja può affermare con sicurezza che Manardo sia rimasto, dopo il conseguimento del titolo dottorale, presso lo Studio ferrarese per circa dieci anni.
75   Ibidem.
76   Cfr. BAROTTI Giannandrea, *Memorie istoriche di letterati ferraresi*, cit., p. 251.
77   Cfr. OSTOJA Andrea, *Notizie inedite*, cit., p. 106.
78   BAROTTI Giannandrea, *Memorie istoriche di letterati ferraresi*, cit., p. 251. Cfr. PICO Giovanni Francesco, *Examen vanitatis doctrinae gentium, et veritatis Christianae Disciplinae*, Ioannes Maciochius Bundenius, Mirandola 1520, p. 148: «Io. Manardus [...], noster olim praeceptor et medicus».
79   Cfr. BAROTTI Giannandrea, *Memorie istoriche di letterati ferraresi*, cit., pp. 251-252.
80   HILL COTTON Juliana, *Manardo, Giovanni*, cit., p. 74: «his academic promotion, or a career at court, may have been obviated by his unwillingness to accept the prevalent theoretical and astrological basis assigned to medicine».
81   Ibidem: «on separating medicine from astrology, while recognizing astronomy as a discrete science».
82   BAROTTI Giannandrea, *Memorie istoriche di letterati ferraresi*, cit., p. 252. Cfr. MANARDO Giovanni, *Epistolarum medicinalium libri viginti*, cit., p. 18: «[...] quemadmodum Ioannes Picus, aevi nostri splendor et gloria, in superhumano illo contra astrologos libro, quem a tenebris ad lucem magnis laboribus revocavimus, [...]».

▲ Altro ritratto del medico Giovanni Manardo

sua, [...]. Et ala bona gratia sua di continuo me racommando. Miranduale die 16 iulii 1501. Servitor Io. Franciscus Picus Mirandulae[83].

Manardo viene incaricato dal suo signore di recarsi a Carpi a gestire un negozio di un certo rilievo, e questo ci mostra che, oltre a un ruolo culturale ed educativo, egli avesse anche compiti di carattere più propriamente politico. Da quanto emerge, la separazione dei ruoli e delle funzioni era un'esigenza poco presente in una corte signorile rinascimentale. Alla professione prettamente medica, senz'altro preminente, si potevano affiancare tanti altri compiti di tutt'altra natura. La corte rinascimentale, composta da umanisti eclettici impegnati nei più diversi rami del sapere, non mostrava quelle limitazioni disciplinari rigide e consolidate tipiche dell'università, e veniva così a favorire la crescita culturale e il proliferare di interessi universali, di cui Manardo è un degno esempio[84].

La fine del soggiorno mirandolese si colloca per Barotti nel 1502, «al cominciar della guerra, che Lodovico Pico mosse a Giovanfrancesco suo fratello per cacciarlo di Dominio; [...] allora il Manardo si licenzi[ò] per mettersi in sicuro, e in luogo di pace»[85]. Ma nessun biografo, fra quanti si sono occupati della vita del medico ferrarese, ha mai rinvenuto alcun documento attestante con certezza la sua partenza da Mirandola. Non è stata ritrovata alcuna prova neanche del suo ritorno a Ferrara, che, considerato il corso degli eventi, sarebbe avvenuto più o meno nello stesso momento in cui Giovanni Francesco Pico si rifugiava in Carpi. La corte del signore di Mirandola si sfaldava, e persa la protezione assicurata, nulla l'avrebbe più trattenuto nel piccolo centro emiliano.

Se Manardo rientrasse immediatamente a Ferrara, non è dato sapere; la sua presenza in città è documentata tra il 1507 e il 1509, e ancora nel 1512. Gli anni passati a Mirandola, i servigi (culturali e cortigiani, oltre quelli puramente medici) resi ai Pico e l'esperienza accumulata avevano reso il medico ferrarese un personaggio di alta levatura, ma nonostante questo il rientro in patria non dovette essere facile. Secondo Ostoja «la lunga assenza del Manardo da Ferrara deve aver pregiudicato in qualche modo il riconoscimento del suo alto valore nella città natale»[86]. Se a ciò s'aggiunge la terribile peste che nel 1505 provocò la morte di numerose persone in città, si possono allora capire le ragioni che potrebbero stare alla base di quanto riferito da Ferrante Borsetti, secondo cui le più celebri Università d'Italia (oltre a quella ferrarese, Padova, Pavia e Perugia) rimasero meravigliate per il suo insegnamento[87]. Hill Cotton mette in relazione l'abbandono di Mirandola da parte di Manardo con «degli studi che lo portarono a compiere viaggi scientifici in Italia e a brevi docenze a lui attribuite a Perugia, Padova e Pavia»[88]. Di questi brevi periodi d'insegnamento rimane traccia solo in queste biografie di molto successive alla sua morte. Manardo aveva senz'altro la caratura intellettuale e professionale per poter ricoprire il ruolo di docente sia per le materie più propriamente mediche, sia per quelle filosofiche, ma egli nelle sue opere non accenna mai, escludendo Ferrara e Mirandola, a soggiorni di rilievo in altre città d'Italia.

Il legame molto forte che si era instaurato fra Manardo e Giovanni Francesco Pico trova invece un'ulteriore conferma nella visita che egli fece a Mirandola in un periodo compreso fra il 1509 e il 1512. Ostoja, a proposito di questo accadimento, afferma che la Mirandola dei Pico «[è stata] la Corte in cui egli si è trovato a suo agio per congenialità di idee e di studi con quei Signori, da loro sempre altamente stimato e onorato»[89]. In questi stessi anni Manardo ottenne un importante insegnamento allo Studio di Ferrara, accanto a nomi quali

---

83 Archivio di Stato di Modena. Carteggio con Principi Esteri: Mirandola, busta I. Lettera di Giovan Francesco Pico duca della Mirandola al Duca di Modena Ercole I d'Este. Trascritta in BUSACCHI Vincenzo, *Giovanni Manardo, maestro e medico di Gianfrancesco Pico della Mirandola*, in *Atti del Convegno internazionale per la celebrazione del V centenario della nascita di Giovanni Manardo (1462-1536). Ferrara, 8-9 dicembre 1962*, Università degli Studi di Ferrara, Ferrara 1963, p. 98.

84 Cfr. OSTOJA Andrea, *Notizie inedite*, cit., p. 108: «Nel luglio 1501 il Manardo è ancora in piena attività alla Mirandola, utilizzato dal Pico non solo come medico ma in affari di una certa importanza, secondo gli usi del tempo, per cui i medici di Corte a conoscenza di molti segreti, esercitavano spesso funzioni proprie ai diplomatici e ai cortigiani».

85 BAROTTI Giannandrea, *Memorie istoriche di letterati ferraresi*, cit., p. 253.

86 OSTOJA Andrea, *Notizie inedite*, cit., p. 109.

87 Cfr. BORSETTI Ferrante, *Historia Almi Ferrariae Gymnasii*, cit., p. 81: «[C]elebriores Italiae Universitates, ultra Ferrariensem, Patavii, Ticini, ac Perusii praesertim docentem sunt admiratae».

88 HILL COTTON Juliana, *Manardo, Giovanni*, cit., p. 74: «studies led to his scientific travels in Italy and brief lectureships attributed to him at Perugia, Padua, and Pavia».

89 OSTOJA Andrea, *Notizie inedite*, cit., p. 110.

quelli di «Nicolò Leoniceno [...], Ludovico Bonacciolo, Soccino Benzo et Girolamo Lardi»[90].

Il 1513, nella vita di Manardo, rappresentò un anno di svolta. Egli fu infatti chiamato alla corte di Buda da Ladislao II Jagellone re d'Ungheria. Non fu solo la sua fama di grande medico a garantirgli l'entrata in una delle più splendide corti rinascimentali (tale era lo stato della corte ungherese anche dopo la morte di Mattia Corvino). Come ha fatto giustamente notare Ostoja, si può certo riconoscere al medico ferrarese «vastità di dottrina, [...] grande esperienza, valore e impegno professionali»[91], ma non dobbiamo dimenticare come alla chiamata di Manardo in Ungheria non fosse estraneo il card. Ippolito [d'Este], il quale nel 1513 era rientrato dalla sua sede episcopale di Agria (Erlau), in seguito alla morte di papa Giulio II, e si trovava a Roma. Il cardinale Ippolito rientrato dall'Ungheria, nei pochi giorni di permanenza a Ferrara dalla fine di aprile al 6 maggio 1513, in attesa di proseguire per Roma ad ossequiare il nuovo papa, si era certo accordato col Manardo, predisponendo il suo viaggio in quella nazione[92].

Manardo arrivò a Buda carico di un nome già celebre, di anni di esperienza sia nella medicina pratica che nell'insegnamento accademico, forte di una raccomandazione importante di un principe della Chiesa. Ma questo non bastò a farlo entrare nei complessi meccanismi di questa corte lontana. Come ci dice lo stesso Ostoja:

[i]l Manardo a quanto risulta non è mai stato molto introdotto a corte, forse per la gelosia dei medici, che erano riusciti a conquistare tale ambiente e cercavano di difendere i privilegi della loro posizione da un eventuale temibile concorrente[93].

Senza dubbio, sia la raccomandazione dell'Estense, sia le presunte gelosie dei medici ungheresi mostrano un quadro di rapporti e relazioni complessi, che lasciano intravedere sullo sfondo la corte rinascimentale con le sue regole e i suoi meccanismi. Sebbene Palumbo utilizzi il termine *archiatra*[94] riferendosi all'operato del medico ferrarese a Buda, assegnandogli così un ruolo di primo piano, non si può assolutamente escludere che egli fosse soltanto uno dei molti medici della corte ungherese[95]. Il soggiorno in Ungheria di Manardo è paradigmatico di un sistema di relazioni specifico e peculiare, caratteristico della corte rinascimentale: una rete più o meno informale di amicizie e influenze, con gelosie e posizioni acquisite, dalla quale, talora con molta fatica, emerge l'individualità di una *mens* superiore, che comunque non può mai slegarsi completamente dall'insieme dei rapporti che la sovrastano.

Questa dimensione di corte, piena d'intrecci complessi, offriva però anche delle possibilità di compiere nuove esperienze. Manardo ebbe modo di viaggiare per L'Europa orientale. Talvolta al seguito di re Ladislao, talora autonomamente (accompagnato[96] dal figlio Timoteo, medico anche lui)[97]. Egli visitò la Croazia e la Polonia, in particolare Cracovia. Per quel che concerne il soggiorno in Croazia, le fonti archivistiche sono estremamente povere e le uniche informazioni reperibili sono quelle tratte dalle *Epistolae medicinales*, fortunatissima opera di Manardo. Come scrive Mirko Drazen Grmek «la prova più importante che documenta

---

90   Ibidem. Ostoja appoggia quest'affermazione sulla consultazione dei Manoscritti del Fondo Antolini della Biblioteca Comunale Ariostea di Ferrara.

91   Ivi, p. 115.

92   Ivi, pp. 114-115. Ostoja riporta la trascrizione di una lettera autografa di Giovanni Manardo indirizzata al card. Ippolito d'Este, datata alle calende di dicembre del 1513, in cui il medico ferrarese esprimeva al prelato le difficoltà incontrate nel riuscire ad attraversare l'Austria. Questa lettera è conservata presso l'Archivio Segreto Estense di Modena.

93   OSTOJA Andrea, *Giovanni Manardo, medico e umanista ferrarese (1462-1536)*, Camera di Commercio-Industria-Agricoltura, Ferrara 1963, p. 6.

94   Cfr. PALUMBO Margherita, *Manardi, Giovanni*, cit., p. 421.

95   Cfr. TARDY Lodovico, *Giovanni Manardo e l'Ungheria*, in *Atti del Convegno internazionale per la celebrazione del V centenario della nascita di Giovanni Manardo (1462-1536). Ferrara, 8-9 dicembre 1962*, Università degli Studi di Ferrara, Ferrara 1963, pp. 279-281. Lodovico Tardy, fine conoscitore dell'Umanesimo italiano e delle sue relazioni con il mondo ungherese, offre una visione d'insieme sui medici italiani e ungheresi attivi a Buda e contemporanei di Manardo.

96   Cfr. CALCAGNINI Celio, *Epistolarum Criticarum et Familiarum: Libri XVI*, ex Officina Schönfeldiana, Bamberg 1608, p. 184. L'*incipit* della lettera trigesima del sesto libro, inviata da Celio Calcagnini a Timoteo Manardo, recita: «Ὁδοιπορικόν [Hodoeporicon] tuum Germanicum et Pannonicum multum mihi voluptatis attulit».

97   Cfr. OSTOJA Andrea, *Notizie inedite*, cit., p. 117. Questa circostanza è comprovata dai registri del notaio Matteo Caprile, conservati presso l'Archivio Notarile Antico confluito nell'Archivio di Stato di Ferrara. Uno dei promotori della laurea del figlio di Manardo fu Niccolò Leoniceno.

▲ Ritratto di Giovanni Pico della Mirandola conservato al Rijksmuseum di Amsterdam

i contatti di Manardo con la Croazia è costituita dalla lettera che questo celebre medico inviò al conte Mattia Frangipani (Frankopan), un signore croato che soffriva di emorragie anali»[98]. Il ruolo di Manardo in questa vicenda fu quello di fornire un ulteriore *consilium* curativo al nobile croato, anche se invano (infatti, «Mattia Frangipani morì nel 1518»[99]). Lo studio dello storico della medicina jugoslavo getta luce anche su un altro particolare d'interesse, che riconferma la rilevanza delle relazioni di parentela anche all'interno delle corti meno importanti: egli ci informa che

[Mattia Frangipani,] discendente dei conti di Veglia e fratello del grande condottiero croato Cristoforo Frangipani, era legato da vincoli di parentela con la nobiltà di Ferrara. Infatti sua nonna era Isotta d'Este, figlia del duca Niccolò III[100].

Se il soggiorno in Croazia si ridusse, di fatto, a una serie di *consilia* medici, il viaggio in Polonia si rivelò molto più proficuo. Qui, infatti, il medico ferrarese ebbe modo «di rafforzare le già esistenti conoscenze fatte durante il suo soggiorno in Ungheria con il famoso umanista Piotr Tomicki, Vescovo in seguito di Cracovia»[101]. Manardo intrattenne, con il prelato polacco, una fitta corrispondenza per più di vent'anni, inerente sia a *consilia* medici, sia a riflessioni filosofiche e culturali di diverso argomento e natura[102]. La vita di corte è inscindibile dalla vita del medico.
Alla fine della permanenza di Manardo in Ungheria contribuì senz'altro una questione economica di notevole importanza. Barotti informa che, dopo la morte di re Ladislao, l'amministrazione della corte durante i primi anni del regno del successore Ludovico[103] fu talmente poco efficiente «che neppure al Medico di lui si passavano i suoi onorari»[104]. Di questa situazione Manardo informò subitaneamente il cardinale Ippolito d'Este, suo punto di riferimento in terra ungherese. Questi, come riporta il medesimo Barotti, tramite gli uffici di Celio Calcagnini, rincuorava il medico

che non doveva disperar del suo credito, né far parola di andarsene a interesse imperfetto; promettendogli [...] tutta la maggiore assistenza, perché fosse soddisfatto dell'aver suo; anzi proponendogli da quel punto alcuni ripieghi, che in opera avrebbe posti, perché ciò seguisse[105].

Infatti, Calcagnini rassicurava Manardo, scrivendogli di avere subito consegnate le sue lettere al Principe e di avere parlato con lui in modo accuratissimo del suo negozio, ricevendo in cambio ampie assicurazioni che egli avrebbe fatto ogni cosa per favorire la sua causa[106].

---

98 GRMEK Mirko Drazen, *Giovanni Manardo e la Croazia*, in *Atti del Convegno internazionale per la celebrazione del V centenario della nascita di Giovanni Manardo (1462-1536). Ferrara, 8-9 dicembre 1962*, Università degli Studi di Ferrara, Ferrara 1963, p. 170. Cfr. l'*Epistola ad virum magnificum Matthiam Frigepanum qui ex immodico sanguinis per sedis venas affluxu, ad malum habitum pervenerat* di Manardo, raccolta nella prima edizione delle *Epistolae Medicinales*, pubblicata a Ferrara nel 1521, in seguito stralciata.
99 Ivi, p. 171.
100 Ibidem.
101 SKULIMOWSKI Mieczyslaw, *Rapporti di Giovanni Manardo con Cracovia*, in *Atti del Convegno internazionale per la celebrazione del V centenario della nascita di Giovanni Manardo (1462-1536). Ferrara, 8-9 dicembre 1962*, Università degli Studi di Ferrara, Ferrara 1963, p. 266.
102 Cfr. MANARDO Giovanni, *Epistolarum medicinalium libri viginti*, cit., p. 502. Cfr. SKULIMOWSKI Mieczyslaw, *Rapporti di Giovanni Manardo con Cracovia*, cit., p. 267. Cfr. URBAN Vaclaw, *Consulti inediti di medici italiani (Giovanni Manardo, Francesco Frigimelica) per il vescovo di Cracovia Pietro Tomicki (1515-1532)*, in *Quaderni per la storia dell'Università di Padova*, XXI (1988), Editrice Antenore, Padova 1988, pp. 75-83.
103 La permanenza di Manardo a Buda anche dopo la morte di re Ladislao, è confermata dal medesimo nelle *Epistolarum medicinalium libri viginti*, cit., p. 278, quando asserisce: «Observavi ego multoties, dum Vladislao et Ludovico Pannonarii et Bohemiae regibus inservirem, tantam esse affinitatem [...]».
104 BAROTTI Giannandrea, *Memorie istoriche di letterati ferraresi*, cit., p. 255.
105 Ivi, p. 256.
106 Cfr. CALCAGNINI Celio, *Epistolarum Criticarum et Familiarum*, cit., pp. 200-201. In una lettera che Calcagnini invia a Manardo, quello asserisce: «Ex literis quas nuper abs te accepi, satis cognovi te intelligere, quantum possis tibi de Caelio polliceri, quantumque ille tibi debeat: cui satis existimasti potius innuere quam significare; alioqui ab amicitia verbum rogo omnino submovendum est. Tuas itaque literas [...] Principi reddidi, et accuratissime cum eo de tuo negotio sum locutus. Ille vero se tua causa omnia facturum recepit».

Barotti consultando il carteggio intercorso fra Manardo e Calcagnini, conclude che l'intervento del cardinale sortì l'effetto sperato, e che il medico ottenne tutto l'arretrato a lui dovuto[107]. Una volta di più, la rete di relazioni di cui Manardo era parte integrante si dispiegava in tutta la sua complessità, testimoniando quale ruolo di primo piano la corte signorile ricoprisse nella vita di un medico rinascimentale.

Al rientro a Ferrara nel 1519[108], dopo la lunga parentesi magiara, Manardo, che ormai aveva una fama e una carriera di tutto rispetto alle spalle, riuscì a riottenere una cattedra prestigiosa presso lo Studio cittadino[109], assumendo in esso un ruolo di primo piano, soprattutto dopo la morte di Leoniceno. Per quanto la sua carriera universitaria dimostri un certa linearità, i suoi rapporti con la corte estense furono invece, come già fra il 1503 e il 1512, abbastanza complessi. Ostoja afferma che «Manardo si sent[iva] estraneo ed escluso dagli ambienti di Corte, ove altri nomi [erano] in auge, più legati alle arti, all'astrologia, alla poesia, al diritto e in genere a tutte le varie espressioni della vita cortigiana»[110]. Presa da sé, questa frase rischia di presentarci un Manardo completamente avulso dall'ambito cortigiano inteso nel senso più lato possibile.

Ciò naturalmente non può corrispondere a realtà, soprattutto se si tiene a mente la varietà di esperienze raccolte dal medico ferrarese, sia durante il soggiorno a Mirandola, sia con la lunga permanenza in Ungheria. Le diversità intrinseche e le peculiarità specifiche delle corti italiane ed europee, potevano certo essere ampiamente gestite da un cortigiano di lungo corso. Ciò che però non avrebbe potuto essere contrastato era lo scorrere del tempo, che anche nelle corti voleva spesso dire ingresso di forze nuove e giovani. Queste inserivano nuove dinamiche e nuovi interessi nell'ambiente cortigiano, aggiungendo così un nuovo elemento al processo di marginalizzazione di chi, già inclinante verso la vecchiaia, si era tra l'altro trovato per lungo tempo lontano dalla propria città.

ALESSANDRO ACHILLINI

Fin dall'antichità la medicina e la filosofia ebbero stretti legami, tanto che nelle Università occidentali lo studio della seconda era spesso finalizzato all'apprendimento della prima.

La carriera, pressoché esclusivamente accademica, di Alessandro Achillini è testimonianza paradigmatica di questa profonda interrelazione fra le due branche del sapere. La sua vicenda biografica si svolge prevalentemente all'interno dello Studio bolognese, dove egli per molti anni rivestirà un ruolo di primo piano. Anche fuori dalle mura universitarie tuttavia la sua azione sembra essere stata influente, soprattutto grazie ai rapporti molto stretti che lo legheranno alla famiglia dei Bentivoglio allora dominante a Bologna. Giammaria Mazzuchelli, erudito settecentesco, scrive che «[a]pplicossi egli particolarmente alla Filosofia ed alla Medicina, in amendue le quali ricevette la Laurea Dottorale»[111]; egli stesso, tuttavia, lamenta l'impossibilità di conoscere in quale città «egli si addottorasse»[112]. L'incertezza circa il luogo deriva da un'informazione riferita da Luca Gaurico, secondo cui Achillini «studiò a Parigi per tre anni in filosofia»[113], una testimonianza che lasciava intravedere la possibilità del conseguimento di un possibile titolo di studio presso l'Università francese. Ma purtroppo, come scrive Bruno Nardi, di questo «soggiorno abbastanza lungo dell'Achillini a Parigi [...] non abbiamo altra testimonianza, e d'altra parte non si riesce a trovare un periodo della sua vita nel quale collocarlo»[114]. L'informazione di Gaurico viene, dunque, presa con molte cautele da parte dei biografi più tardi, sebbene molti non manchino di citarla[115]. Lo studioso americano Herbert S. Matsen, ha cercato

---

107 Cfr. BAROTTI Giannandrea, *Memorie istoriche di letterati ferraresi*, cit., p. 255.
108 L'epistola seconda del libro quinto è l'ultima lettera inviata da Manardo da Buda: essa data 27 Luglio 1518. Fino a quella data, pertanto, Manardo si trattenne alla corte ungherese (cfr. MANARDO Giovanni, *Epistolarum medicinalium libri viginti*, cit., p. 64).
109 Cfr. OSTOJA Andrea, *Notizie inedite*, cit., p. 124. Manardo, informa Ostoja, in diversi documenti ufficiali dell'Università di Ferrara, viene definito *primarius professor*.
110 OSTOJA Andrea, *Giovanni Manardo, medico e umanista ferrarese (1462-1536)*, cit., p. 7.
111 MAZZUCHELLI Giammaria, *Gli scrittori d'Italia cioè notizie storiche, e critiche intorno alle vite, e agli scritti dei letterati italiani*, presso a Giambatista Bossini, Brescia 1753, Volume I-1, p. 101.
112 Ibidem, n. 3.
113 GAURICO Luca, *Tractatus astrologicus in quo agitur de praeteritis multorum hominum accidentibus per proprias eorum genituras ad unguem examinatis*, apud Curtium Troianum Navò, Venezia 1552, p. 58: «studuit Parisiis tres annos in philosophia».
114 NARDI Bruno, *Appunti sull'averroista bolognese Alessandro Achillini*, in –, *Saggi sull'Aristotelismo padovano dal secolo XIV al XVI*, Giulio Cesare Sansoni Editore, Firenze 1958, p. 226.
115 Cfr. FANTUZZI Giovanni, *Notizie degli scrittori bolognesi*, nella Stamperia di san Tommaso d'Aquino, Bologna 1781, Tomo

un documento che gettasse luce sul titolo dottorale di Achillini consultando le carte dell'Archivio di Stato di Bologna, in cui è confluito l'Archivio dello Studio bolognese, ma ha rinvenuto soltanto un «manoscritto della seconda metà del diciassettesimo secolo»[116] intitolato *Catalogo di quelli che sono stati Addottorati in Filosofia e Medicina dall'anno 1480 sino al 1670*[117].

Sulla base di tale tardo documento si può concludere che, con ogni probabilità, Achillini si sia addottorato in Filosofia e Medicina nella stessa Università in cui poi insegnò per quasi tutta la vita. Se è incerto il luogo in cui Achillini concluse il suo *cursus studiorum*, indubitabile è, invece, la sua carriera accademica d'insegnante nello Studio bolognese.

Mazzuchelli, parafrasando lo storico secentesco Giovanni Nicolò Alidosi[118], scrive che «talmente ancor giovane […] si distinse, che fin dal 1485, ch'è a dire in età di 22 anni, ebbe una cattedra di Filosofia nella sua patria, ed appresso di Medicina»[119].

Effettivamente, egli «subito dopo la laurea, [venne] chiamato come *Doctor Magister ad Logicam de mane* (la lettura di logica

▲ Ritratto del medico Alessandro Achillini

I, p. 50. Cfr. CAPPARONI Pietro, *Profili bio-bibliografici di medici e naturalisti celebri italiani dal sec. XV al sec. XVIII*, Istituto Nazionale Medico Farmacologico «Serono», Roma 1925-1928, p. 11 [Ristampa Anastatica: Editrice Gela Reprint's, Roma 1984].

116 MATSEN Herbert Stanley, *Alessandro Achillini (1463-1512) and His Doctrine of «Universals» and «Transcendentals». A study in Renaissance Ockhamism*, Associated University Press, London 1974, p. 207, n. 5.

117 Matsen riferisce anche che questo documento è stato pubblicato a cura di BRONZINO Giovanni in *Notitia doctorum, sive Catalogus doctorum qui in collegiis philosophiae et medicinae Bononiae laureati fuerunt ab anno 1480 usque ad annum 1800*, Giuffré editore, Milano 1962.

118 Cfr. ALIDOSI PASQUALI Giovanni Nicolò, *I dottori bolognesi di Teologia, Filosofia, Medicina, e d'Arti Liberali. Dall'anno 1000 per tutto Marzo del 1623*, per Nicola Tebaldini, Bologna 1623, p. 7.

119 MAZZUCHELLI Giammaria, *Gli scrittori d'Italia*, cit., p. 101.

del mattino) presso lo Studio bolognese»[120]. Questa circostanza, non del tutto ordinaria, viene ancor più accresciuta se ci si rivolge direttamente al testo di Alidosi, dove si afferma che nel 1485 Achillini «cominciò a leggere Logica, Filosofia, al straordinario, et all'ordinario, poi medicina, all'ordinario della mattina, et anco Filosofia all'ordinario della sera»[121].

Tutti questi incarichi, elencati qui sinteticamente, impediscono di determinare l'evoluzione naturale della carriera del medico-filosofo bolognese. Matsen, seguendo le indicazioni talora incomplete di Alidosi e Mazzetti[122], ha ricercato negli archivi informazioni che permettano di confermare o smentire gli incarichi, e di stabilire così una cronologia sicura per la biografia di Achillini.

Egli ha individuato una prima indicazione relativa al 30 settembre 1484, giorno in cui furono compilate le *Minute del Registro dei Membri della Facoltà*[123]. In esse vengono soltanto riportati i nomi di coloro che ricoprono un ruolo istituzionalmente rilevante all'interno dell'organizzazione universitaria bolognese.

La prima apparizione del nome di Achillini nei *Libri Partitorum* del Comune di Bologna (i libri che raccoglievano anche gli elenchi degli stipendiati dalla comunità cittadina) data al 7 aprile 1486[124].

Da questo momento in poi, la sua carriera fu un continuo successo, infatti

per tre anni (1484-1487) insegnò logica; per due anni (1487-1489) fu uno "Straordinario" o quel che si potrebbe chiamare oggi un "Professore Associato di Filosofia"; e per cinque anni (1489-1494) occupò la posizione di "Ordinario"[125].

È evidente come la vicenda biografica di Alessandro Achillini non possa essere in nessun modo scissa dalla dimensione accademica della sua prestigiosa carriera, che lo portò a ricoprire contemporaneamente ben due insegnamenti: infatti, «dal novembre 1497 all'ottobre 1506 resse entrambe le cattedre [Filosofia e Medicina], cosa non comune, spiegabile solo con il favore di cui godeva presso i colleghi e presso i Bentivoglio»[126].

Dei rapporti intensi e particolari di Achillini con i Bentivoglio, signori di Bologna, si tratterà più sotto; ora, per noi, di maggior interesse è comprendere quale fossero i suoi rapporti con il restante corpo accademico. Lo storico della filosofia Bruno Nardi ipotizza che il medico-filosofo godesse di una posizione di assoluto prestigio rispetto ai suoi colleghi. Tale specifico *status* può essere determinato già partendo dall'analisi degli stipendi erogati ad Achillini. Come scrive Benassi, sulla base di documenti conservati all'Archivio di Stato di Bologna, risulta che

[i]l primo stipendio di Alessandro Achillini è del 1485 ed ammonta a L[ire Bolognesi] 100 al trimestre: uno stipendio medio [...]. Lo stipendio aumenterà a L. 200 nel 1496 [...]; solo [...] nel 1509, [...], riuscirà ad ottenere 900 lire l'anno, una delle cifre più alte, pari a quella assegnata al matematico Scipione del Ferro, risolutore delle equazioni di terzo grado[127].

---

120 BENASSI Stefano, *Un modello europeo: l'insegnamento di Alessandro Achillini*, in ROTONDI SECCHI TARUGI Luisa (ed.), *Rapporti e scambi tra umanesimo italiano ed umanesimo europeo*, Nuovi Orizzonti, Milano 2001, p. 550. Ivi, Benassi spiega che «[l]e letture erano suddivise nell'arco della giornata e secondo le Cattedre in *de mane* (al mattino prima delle 9), *in tertiis* (dalle 9 alle 12), poi, dopo la pausa dalle 12 alle 15, *in nonis* fino alle 18, *in vesperis* dalle 18 in poi, ed anche *de sero*, in tarda serata».

121 ALIDOSI PASQUALI Giovanni Nicolò, *I dottori bolognesi*, cit., p. 7.

122 Cfr. MATSEN Herbert Stanley, *Alessandro Achillini (1463-1512)*, cit., p. 207, n. 6. Cfr. ALIDOSI PASQUALI Giovanni Nicolò, *I dottori bolognesi*, cit., p. 7. Cfr. MAZZETTI Serafino, *Repertorio di tutti i professori antichi e moderni della famosa Università, e del celebre Istituto delle Scienze di Bologna*, Tipografia di san Tommaso d'Aquino, Bologna 1848, p. 11.

123 Cfr. MATSEN Herbert Stanley, *Alessandro Achillini (1463-1512)*, cit., p. 207, n. 6. Cfr. DALLARI Umberto, *I Rotuli dei Lettori Legisti e Artisti dello Studio bolognese dal 1384 al 1799*, Regia Tipografia dei fratelli Merlani, Bologna 1888.

124 Cfr. MATSEN Herbert Stanley, *Alessandro Achillini (1463-1512)*, cit., p. 21.

125 Ivi, p. 22: «for three years (1484-1487) he taught logic; for two years (1487-1489) he was an "Extraordinary" or what one might call at present an "Associate Professor of Philosophy"; and for five years (1489-1494) he occupied a position of "Ordinary"». Cfr. NARDI Bruno, *Appunti sull'averroista bolognese Alessandro Achillini*, cit., p. 226.

126 NARDI Bruno, *Appunti sull'averroista bolognese Alessandro Achillini*, cit., p. 226.

127 BENASSI Stefano, *Un modello europeo: l'insegnamento di Alessandro Achillini*, cit., p. 551, n. 31.

Benassi rinviene queste informazioni nei *Quartironi degli stipendi*, anche pubblicati in CENCETTI Giorgio (ed.), *Gli Archivi dello Studio Bolognese*, Nicola Zanichelli Editore, Bologna 1938. Cfr. MATSEN Herbert Stanley, *Alessandro Achillini (1463-1512)*, cit., pp. 21-22.

Sicuramente il nome di Achillini era di forte richiamo. Un grande numero di studenti affollava le sue lezioni, attirati dalle dispute in cui spesso Achillini era coinvolto. Tutti i suoi biografi tardi riportano, prediligendole, quelle avute con Pietro Pomponazzi nello Studio patavino. Perché, quando e con quale ruolo Achillini abbia avuto modo di recarsi presso l'Università di Padova sarà trattato successivamente, basti per ora ricordare, come scrive Mazzucchelli, che

egli ebbe per suo avversario, o sia per concorrente il celebre Pietro Pomponaccio pur quivi Professore di Filosofia, il quale, o fosse per gelosia della stessa professione, o per alcun altro motivo, si prese in ogni incontro a contraddirlo e a porlo in certo modo in ridicolo, [...] opponendosegli con continui accorgimenti, e sottigliezze e spesso con arguti motti, moveva a riso gli ascoltanti. [...] [I]l Pomponaccio desideroso d'onore, oltre ogni convenevole, con pratiche coperte gli desviava continuamente gli scolari[128].

È qui riportata con assoluta fedeltà la prima testimonianza che di queste dispute diede Paolo Giovio nei suoi *Elogia Virorum Doctorum*[129], il quale però quasi sempre nella sua opera univa al racconto dei fatti forti elementi narrativi. L'immagine dei due disputanti che ne emerge rischia di essere parziale e di travisare la realtà degli avvenimenti, a favore di una versione per certi versi più accattivante ed elegante.
Quello che però emerge da queste citazioni, è l'innegabile importanza che un nutrito seguito di studenti ricopriva per l'insegnante che aspirava a una cattedra prestigiosa e remunerativa.
La grande importanza e l'enorme prestigio della frequenza studentesca sono ancora una volta testimoniati da altre vicende della biografia di Achillini. Nel 1506, il filosofo bolognese dovette abbandonare la natia città per trovare ospitalità presso lo Studio di Padova. Qui, secondo Mazzuchelli, egli fu «Professore di Filosofia [...] [e sostenne] anche una cattedra di Medicina Teorica»[130].
n realtà le materie d'insegnamento degli anni padovani sono tutt'altro che certe: senz'altro resse la cattedra di Filosofia ed ebbe modo di disputare con il Pomponazzi[131], al contrario relativamente alla cattedra di Medicina Teorica a cui fa riferimento con convinzione lo storico bresciano, non è dato alcun riscontro né nelle opere degli altri biografi tardi, né in quelle degli autori che si sono occupati della storia dell'Università Patavina[132]. In ogni caso, nel 1508, l'Achillini dovette far ritorno a Bologna. Mazzuchelli, notando la vicinanza delle date, scrive che «[m]ossasi poscia alla Repubblica di Venezia la guerra della Lega di Cambrai, e quindi interrottosi nel 1509 lo Studio di Padova, ne partì egli e ritornossene a Bologna»[133]. Giovanni Fantuzzi, storico di poco successivo a Mazzuchelli, riprendendo il tradizionale racconto degli eventi, asserisce invece che

vedendo il [...] Governatore, i Magistrati, ed i Riformatori dello Studio il danno, che veniva all'Università dalla mancanza di [Alessandro Achillini], gli fu spedito precetto sotto pena di confiscazione de' proprj beni, che dovesse ritornare in patria, ed alla sua Cattedra[134].

Nardi, a conferma di questa ipotesi, cita «una lettera dei Quaranta riformatori dello Studio bolognese»[135], in

---

128   MAZZUCHELLI Giammaria, *Gli scrittori d'Italia*, cit., p. 101.
129   Cfr. GIOVIO Paolo, *Elogia Doctorum Virorum ab Avorum Memoria publicatis ingenii monumentis illustrium*, apud Ioannem Bellerum sub insigni Falconis, Anvers 1557².
130   MAZZUCHELLI Giammaria, *Gli scrittori d'Italia*, cit., p. 101. Egli appoggia la sua asserzione su una miscellanea di saggi dell'Achillini pubblicata a Venezia nel 1508, nel *colophon* di due dei quali si legge: «a magnifico Domino filio Claudii Achillini [...] Medicina theorica publice docente edita». Da ciò, Mazzuchelli deduce che, anche a Padova, quello abbia retto ambedue le cattedre di Filosofia e Medicina. A parere dello scrivente, la presunta prova riportata dallo storico settecentesco non dimostra assolutamente quanto quegli vuole asserire, perché i due *colophon* sono datati fine luglio 1508 dallo stampatore senza alcuna indicazione di dove l'insegnamento fosse tenuto.
131   Cfr. FANTUZZI Giovanni, *Notizie degli scrittori bolognesi*, cit., p. 50.
132   Cfr. TOMASINI Giacomo Filippo, *Gymnasium Patavinum*, ex Typographia Nicolai Schiratti, Udine 1654, p. 306. Cfr. PAPADOPOLI Nicola Comnenio, *Historia Gymnasii Patavini*, apud Sebastianum Coleti, Venezia 1726, Tomo I, pp. 298-299.
133   MAZZUCHELLI Giammaria, *Gli scrittori d'Italia*, cit., p. 102.
134   FANTUZZI Giovanni, *Notizie degli scrittori bolognesi*, cit., p. 50.
135   NARDI Bruno, *Appunti sull'averroista bolognese Alessandro Achillini*, cit., p. 259, n. 90. Cfr. PODESTÀ Bartolomeo, *Di alcuni documenti inediti riguardanti il suddetto Pietro Pomponazzi lettore nello studio bolognese*, in *Atti e Memorie della Regia Deputazione di Storia Patria per le provincie di Romagna*, Anno VI, Bologna 1868. Cfr. MATSEN Herbert Stanley, *Alessandro Achillini (1463-1512)*, cit., pp. 193-194.

cui si esprimevano le rimostranze dell'autorità accademica poiché l'Achillini s'era assentato dallo Studio Bolognese. I Riformatori scrivono:

[e]ssendo mancato nel Studio nostro alcuni doctori, in modo che li scolari partiscono incomodo et ce fanno instantia ne debiamo condure et provedere alla necessità de esse Studio, non possemo tollerare la absentia vostra senza incarico nostro et sinistro delli scolari, li quali vengono qui per studiare et havere sua satisfacione[136].

Da questo testo risulta chiaramente come la tutela della volontà del corpo studentesco avesse un grande peso nelle città sedi di atenei. Alle lezioni di docenti rinomati e celebri gli studenti accorrevano numerosi e, di conseguenza, il prestigio e l'importanza dello Studio *in primis* e il benessere dell'intera città *in secundis* non potevano che trarne beneficio. Si può, allora, capire l'enorme interesse che potevano mostrare le autorità accademiche nel volere che Achillini tornasse a Bologna.

Ma per quale ragione, pur avendo a Bologna un seguito di studenti così nutrito, Achillini decise di trasferirsi a Padova? Il motivo dello spostamento riguarda, in realtà, la dimensione extra-accademica della vita del medico bolognese. Sino a ora si è soltanto, in maniera sporadica e incompleta, accennato ai rapporti che intercorrevano fra Achillini e i Bentivoglio, signori di Bologna. Già si è detto che egli godeva di gran prestigio presso l'importante famiglia[137]. Al riguardo Fantuzzi afferma con grande convinzione, non solo che «egli era gran partigiano»[138] di quelli, ma addirittura che era «parzialissimo de' Bentivogli»[139], sottintendendo una serie di spiacevoli inconvenienti che dipendevano da questo suo rapporto. Conseguenza abbastanza importante di questa sua vicinanza politica ai Bentivoglio fu la partenza da «Bologna ai primi di novembre all'approssimarsi delle truppe di Giulio II, che l'11 nov[embre] 1506 fece il suo ingresso in città»[140] obbligando Achillini a rifugiarsi a Padova. La vicenda biografica di Achillini non può essere separata né dalla dimensione accademica né da quella dei rapporti di corte. La perdita dell'appoggio dei governanti della città lo obbligò, infatti, a lasciare i suoi studenti e la sua prestigiosa cattedra, e a cercare un'altra occupazione altrove.

Questo non significa che la carriera accademica di Achillini si fondasse solo ed esclusivamente sullo stretto legame con i Bentivoglio: probabile è, invece, che questo rapporto potesse aiutare il medico-filosofo in particolari situazioni (per esempio nella possibilità di reggere contemporaneamente due prestigiose cattedre[141]). Al di là delle dediche all'«invittissimo principe e padre della patria, Giovanni II Bentivoglio»[142], che già significano un rapporto alquanto stretto con i signori di Bologna, un altro avvenimento testifica l'intreccio politico in cui Achillini si trovava coinvolto. Fantuzzi scrive che egli

[d]ovette nel 1511 tralasciare le sue lezioni abbandonato dagli Scolari a motivo de' tumulti nella Città, e dell'assedio, che di essa facevano gli Spagnuoli collegati col Pontefice per cacciare novamente i detti Bentivogli, che vi si erano introdotti, e ne avevano ripigliato il governo: e l'anno 1512 alli 15 Gennajo tenendosi nella Cattedrale di Bologna una radunanza di Teologi, di Dottori legisti, e d'altri Uomini insigni per consultare, se si dovea ricevere il Legato proposto a Bologna dal Conciliabolo di Pisa (cioè il Cardinale San Severino, fatto Legato da quella radunanza, e Governatore di Bologna) gli aderenti a' Bentivogli sostenevano l'affermativa, e fra essi Alessandro Achillini più d'ogni altro aringò con grande arte, ed impegno per sostenerla. E se non poté ottenere l'intento, ne venne però, che fu determinato di non ricevere né questo, né quello destinato allora dal Pontefice Giulio II[143].

Di quest'assemblea, e del conseguente coinvolgimento e ruolo di primo piano di Achillini, le fonti rinascimentali

---

136   MATSEN Herbert Stanley, *Alessandro Achillini (1463-1512)*, cit., p. 193.
137   Cfr. nota 126.
138   FANTUZZI Giovanni, *Notizie degli scrittori bolognesi*, cit., p. 50.
139   Ivi, p. 51.
140   NARDI Bruno, *Achillini, Alessandro*, in *Dizionario Biografico degli Italiani*, Treccani, Roma 1960, Volume 1, p. 144.
141   Cfr. nota 126.
142   ACHILLINI Alessandro, *De elementis*, Ioannes Antonius de Benedictis, Bologna 1505, Lettera dedicatoria: «invictissimo principi ac patrie p[at]ri Joanni Bentivolo II». Cfr. NARDI Bruno, *Appunti sull'averroista bolognese Alessandro Achillini*, cit., p. 240.
143   FANTUZZI Giovanni, *Notizie degli scrittori bolognesi*, cit., p. 51.

▲ *Il medico come uomo*, incisione di Hendrick Goltzius risalente al XVI secolo, conservata presso il Rijksmuseum di Amsterdam

nulla dicono. Che Achillini, prima della cacciata dei Bentivoglio da Bologna a opera di papa Giulio II, avesse ricoperto una qualche carica istituzionale è fuor di dubbio: ad esempio, egli fece parte, per diversi anni, del Consiglio degli Anziani del Comune di Bologna[144] e fu priore del Collegio di Medicina[145].
Che, quindi, Achillini potesse prendere parte a un'assemblea come quella riportata da Fantuzzi, non è da escludere a priori; tuttavia, la probabilità e la verisimiglianza non garantiscono che effettivamente Achillini abbia mai avuto il grande merito di essere riuscito a convincere tutti della necessità di non ricevere nessuna ambasceria. È possibile che Fantuzzi, partendo da elementi noti e coevi, costruisca un'immagine di Achillini congeniale a quella a cui la sua descrizione biografica mira. Questo non inficia completamente la narrazione di Fantuzzi o degli altri biografi tardi i quali, in maniera non dissimile, talora calcano eccessivamente la mano e ricavano immagini che sono più adatte a un fine interno alle loro opere che alle fonti documentali.
Da tutto ciò, in ogni caso, emerge fortemente il grande coinvolgimento del medico-filosofo nella vita politica della città di Bologna.
La vicenda biografica di Achillini si svolge pressoché esclusivamente all'interno di una carriera accademica di successo, interrotta esclusivamente dall'improvvisa morte[146]. Anche se non va sottaciuta in nessun modo l'importanza degli stretti rapporti con i detentori del potere politico della città di Bologna.

---

144   Cfr. ALIDOSI PASQUALI Giovanni Nicolò, *Libro quinto delli Antiani, Consoli e Confalonieri di giustizia della città di Bologna, dall'anno 1456 sino al 1530*, per Sebastiano Bonomi, Bologna 1621, p. 36. Cfr. MATSEN Herbert Stanley, *Alessandro Achillini (1463-1512)*, cit., p. 209, n. 15.
145   Cfr. NARDI Bruno, *Appunti sull'averroista bolognese Alessandro Achillini*, cit., p. 253.
146   Cfr. NARDI Bruno, *Achillini, Alessandro*, cit., p. 145.

LUDOVICO BONACCIOLI

Il figlio di Giannandrea Barotti, l'abate Lorenzo, continuatore della grande opera enciclopedica del padre (le *Memorie istoriche di letterati ferraresi*), apre con la seguente riflessione il capitolo dedicato al medico ferrarese Ludovico Bonaccioli: «Egli è proprio un gran danno, che non sieno rimaste di questo letterato altre notizie fuori di quelle assai scarse che si possono qua e là pescare ne' libri dove gli Autori hanno di lui più per incidenza che di proposito ragionato»[147]. La presunta iniziale difficoltà nel rinvenimento delle informazioni non impedisce, in ogni caso, né a Barotti, né a quant'altri si sono occupati di lui di poter tracciare un profilo di Bonaccioli abbastanza dettagliato e, per certi versi, copioso.

Dalle diverse biografie del medico ferrarese, si trae che egli nacque in un anno compreso tra il 1460 e il 1470[148], anche se, seguendo le indicazioni date nel secondo decennio del XVII secolo da Agostino Superbi, frate dell'ordine dei Minori Conventuali, egli «[m]orì di età d'anni 61, in Ferrara»[149] e quindi «dovette nascere nel 1475»[150]. Questo, però, contrasta con altre fonti del periodo, che collocano Bonaccioli già studente allo Studio ferrarese nel 1488[151]. Più che sulla data di nascita, in questa sede, è senz'altro più interessante soffermarsi sulla formazione del medico ferrarese. Il *curriculum* accademico di Bonaccioli, stando alle poche informazioni che le diverse biografie riportano, non senza talora copiarsi l'un l'altra, non sembra aver esulato dal tradizionale percorso formativo dell'umanista rinascimentale. Barotti asserisce, in maniera fugace e senza alcun rimando specifico, che «[e]gli si applicò allo studio delle due lingue latina, e greca, poscia della Medicina»[152].

Probabilmente, Barotti deduce questa informazione, di per sé abbastanza facilmente intuibile, dagli interessi che nel corso della sua vita Bonaccioli dimostrò di coltivare. Da parte sua, Giammaria Mazzuchelli aggiunge che il medico ferrarese conseguì «la Laurea Dottorale nell'Università della sua patria in Filosofia e in Medicina»[153]. A riprova di questa circostanza, Bernardino Zambotti, coevo di Bonaccioli, riportò nella sua cronaca che, il primo novembre 1488, «Messer Ludovico Bonazolo, scholaro de le Arte, ferrarexe, fece la oratione del Studio in vesquado»[154]. Con ogni probabilità, quindi, il medico ferrarese prese il titolo dottorale in Arti a Ferrara attorno al 1488. Da quanto emerge sin qui, il *cursus* universitario di Bonaccioli non sembra aver preso strade diverse da quelle tradizionali. Certo è, invece, che, degli studi intrapresi, il medico ferrarese seppe mettere a frutto non soltanto quelli propriamente d'indirizzo scientifico-medico. Se, difatti, il latino e il greco potrebbero essere semplicemente considerati propedeutici per lo studio della medicina in Università, Bonaccioli mostrò anche di avere capacità letterarie[155], a detta dei suoi contemporanei, straordinarie[156].

Innegabile, nell'uso del tempo, era una certa reciproca piaggeria alla quale non sempre corrispondeva una reale e convinta adesione a quanto espresso nei versi vergati per elogiare un collega e la sua opera, e sicuramente

---

147   BAROTTI Lorenzo, *Memorie istoriche di letterati ferraresi*, per gli eredi di Giuseppe Rinaldi, Ferrara 1793, Volume II, p. 59.
148   Cfr. STABILE Giorgio, *Bonaccioli, Ludovico*, in *Dizionario Biografico degli Italiani*, Treccani, Roma 1969, Volume 11, p. 456.
149   SUPERBI Agostino, *Apparato de gli huomini illustri della città di Ferrara i quali nelle Lettere, e in altre nobili Virtù fiorirono*, per Francesco Suzzi, Ferrara 1620, p. 75. Superbi nel suo testo non ricorda la data di morte di Bonaccioli, ma è chiaro che egli la fissa correttamente nel 1536.
150   STABILE Giorgio, *Bonaccioli, Ludovico*, cit., p. 456.
151   Cfr. ZAMBOTTI Bernardino, *Diario ferrarese dall'anno 1476 sino al 1504*, PARDI Giuseppe (ed.), *Rerum Italicarum Scriptores*, Nicola Zanichelli editore, Bologna 1928-1934, Volume XXIV-7, p. 201. Cfr. STABILE Giorgio, *Bonaccioli, Ludovico*, cit., p. 456.
152   BAROTTI Lorenzo, *Memorie istoriche di letterati ferraresi*, cit., p. 59. Giovanni Battista Giraldi Cinzio nel suo *Commentario delle cose di Ferrara, et de' Principi da Este* (appresso Giovanni Battista e Giovanni Bernardo Sessa, Venezia 1597) asserì soltanto che Bonaccioli era «dottissimo in Greco et in Latino».
153   MAZZUCHELLI Giammaria, *Gli scrittori d'Italia, cioè notizie storiche, e critiche intorno alle vite, e agli scritti dei letterati italiani*, presso a Giambatista Bossini, Brescia 1762, Volume II-3, p. 1532.
154   ZAMBOTTI Bernardino, *Diario ferrarese dall'anno 1476 sino al 1504*, cit., p. 201. Cfr. STABILE Giorgio, *Bonaccioli, Ludovico*, cit., p. 456.
155   Cfr. BORSETTI Ferrante, *Historia Almi Ferrariae Gymnasii*, p. 93 Cfr. GUARINI Giacomo, *Ad Ferrariensis Gymnasii Historiam*, ex Typographia Laurentii Martelli, Bologna 1741, Volume II, p. 28. Fra le altre notizie, Borsetti asserisce anche che «ex quibus liquet, Bonaccioli Latinum, Graecumque Poetam fuisse. De eo etiam Jo. Baptista Giraldi Cinthius». Più precisamente Guarini riporta che «[d]e hoc Bonacciolo Cynthius Gyraldus meliora scripsit [...] ubi Ludovicum laudando de excellentia in texendis epigrammatibus, hoc disticon affert ab eodem elucubratum. *Vicerat ille alios: hunc Herculis arma: / Praemia victus habet: victor uterque fuit»*.
156   Cfr. BONACCIOLI Ludovico, *Enneas Muliebris ad divam Lucretiam Borgiam Ferrariae Ducissam*, Laurentius de Rubeis, Ferrara 1502. In un epigramma di dedica nei confronti di Ludovico Bonaccioli a opera di Pier Nicola Castellani, quest'ultimo scrive: «Omne sui sophos est Ludovicus temporis: ergo / [i]lli huius divum iure dicatur opus».

si possono ascrivere a tale abitudine le parole magniloquenti che è possibile rinvenire a proposito degli scritti di Bonaccioli[157]. In ogni caso, questa circostanza mostra abbastanza chiaramente la posizione che il medico ferrarese ebbe modo di ricoprire all'interno del *milieu* culturale della Ferrara ducale.

La posizione sociale e l'importanza riconosciutagli dai suoi contemporanei diventano ancora più evidenti quando si traccia un quadro complessivo della sua carriera. Dopo aver conseguito il titolo dottorale in un anno molto prossimo al 1488 (se non nello stesso), Bonaccioli divenne «Lector»[158] presso lo Studio ferrarese. Da qui probabilmente, Mazzuchelli e Barotti derivano l'assegnazione di una cattedra di Medicina e Filosofia a Bonaccioli in Ferrara, senza però indicare alcuna data. «[A] partire dal 1495 lo troviamo tra i promotori negli atti di laurea»[159] e questi sono i primi documenti ufficiali che testimoniano l'effettiva presenza del medico nell'Ateneo cittadino. Borsetti, senza mai riferire una data precisa aggiunge pure che Bonaccioli fu «Reformator»[160] dello Studio. Senz'altro, la promozione non avvenne in un lasso di tempo breve, ma le informazioni a disposizione sono troppo scarne e frammentarie per poter stabilire con sicurezza la carriera accademica del medico ferrarese, anche se è probabile che essa non abbia avuto modalità fuori dalla norma.

La carriera medica di Ludovico Bonaccioli conosce un poderoso avanzamento nel momento in cui egli riuscì a entrare nella corte estense. Quale fu il tramite per cui egli fu scelto come medico personale di importanti personalità della corte ducale? Perché proprio lui fra i molti? A queste domande non è possibile rispondere, né univocamente, né con certezza. Tuttavia dai pochi eventi della sua vita conosciuti, dalle circostanze in cui si trovò coinvolto, è almeno possibile operare un ricostruzione verisimile della sua vicenda biografica.

In tutto questo, in *primis*, non può essere omessa l'ascendenza del medico ferrarese. Giorgio Stabile apre la voce del *Dizionario Biografico degli Italiani* dedicata a Ludovico Bonaccioli con queste parole:

> [Ludovico Bonaccioli] [n]acque a Ferrara, nella seconda metà del sec[olo] XV, da un «magister Nicolinus», che con ogni probabilità era quel Nicolino Bonaccioli, consigliere segreto di Ercole I, medico e lettore di filosofia nello Studio ferrarese tra il 1460 e il 1473[161].

Se l'indicazione biografica relativa al padre è degna di essere ritenuta valida, la vicinanza della famiglia Bonaccioli alla corte estense senz'altro giovò molto al prestigioso incarico che il medico dovette poi ricoprire[162]. Le diverse biografie, tutte alquanto tarde, che si occupano della figura di Bonaccioli, in effetti, non giustificano in alcun modo, né forniscono dettaglio di sorta che possa spiegare i motivi del suo impiego a corte. Mazzuchelli e Barotti, gli unici che – scrivendo più di due secoli dopo i fatti che narrano – riportano in nota i riferimenti alle opere rinascimentali che consultano e da cui pare traggano maggiormente spunto, trattano la questione dell'incarico a corte semplicemente *en passant*. Entrambi sembrano essere convinti che «[l]a fortuna ch'ebbe nella cura degl'Infermi, [e che] gli acquistò non poco credito, e non poche ricchezze»[163], l'abbiano aiutato nell'acquisire quella fama che gli permise di diventare archiatra di corte.

In ogni caso, il fatto che essi indichino con relativa precisione i riferimenti e i passi da cui traggono spunto e che giustificano le loro asserzioni, non esclude assolutamente che determinati processi e meccanismi siano dedotti soltanto da una *forma mentis* degli autori o da ragionamenti *ad hoc*. Il non aver citato l'ascendenza del medico ferrarese non toglie certo valore a queste biografie, ma la mancanza di una tale notizia è il motivo che muove quegli autori a trovare una giustificazione per i rilevanti incarichi assunti da Ludovico Bonaccioli: ecco, allora, che la fama e il prestigio, che con ogni probabilità il medico emiliano accumulò nel corso di tutta la sua vita, vengono già proiettati sulla prima parte di essa.

---

157 A proposito degli scritti letterari di Bonaccioli, Maria Bellonci, nella biografia di Lucrezia Borgia da lei curata (*Lucrezia Borgia: la sua vita, i suoi tempi*, Arnoldo Mondadori Editore, Milano 1939), scrive quanto segue: «[u]n libretto di poesie di Ludovico Bonaccioli dedicate alla duchessa di Ferrara mi è stato segnalato dal prof. Ezio Levi come esistente nella Biblioteca Comunale di Barcellona: ma date le condizioni delle cose spagnole non ho potuto farne ricerca» (p. 650, n. 67). Di questi presunti versi di Bonaccioli, niun'altro, in nessun modo, ha mai fatto menzione in precedenza, né farà dopo il 1939.
158 BORSETTI Ferrante, *Historia Almi Ferrariae Gymnasii*, cit., p. 92.
159 STABILE Giorgio, *Bonaccioli, Ludovico*, cit., p. 456.
160 BORSETTI Ferrante, *Historia Almi Ferrariae Gymnasii*, cit., p. 92.
161 STABILE Giorgio, *Bonaccioli, Ludovico*, cit., p. 456.
162 Cfr. ibidem. Giorgio Stabile ribadisce questo concetto con espressioni ricorrenti come, ad esempio: «[g]razie anche all'influenza paterna, [...]».
163 MAZZUCHELLI Giammaria, *Gli scrittori d'Italia*, cit., p. 1532.

▲ Il *Ritratto di Flora* di Bartolomeo Veneto nell'opinione di alcuni studiosi sarebbe ispirato a Lucrezia Borgia. Il dipinto è attualmente conservato presso la Städelsches Kunstinstitut und Städtische Galerie, presso Francoforte Sul Meno

Al di là del metodo di reclutamento di Bonaccioli nella schiera dei medici della corte estense, di particolare interesse è poi il ruolo specifico che egli ricoperse. Egli, infatti, «entrò a far parte della corte estense come medico di Lucrezia Borgia [...] giunta a Ferrara nel 1502, sposa di Alfonso d'Este»[164]. Bonaccioli divenne quindi il medico fidato della duchessa Lucrezia, «il suo ostetrico»[165]. La cura della moglie di un regnante non era certo un compito meno importante, delicato e prestigioso della cura del regnante stesso. Tanto più che da Lucrezia Borgia doveva nascere l'erede tanto agognato dalle dinastie dei secoli passati. Sin dal 1502, anno in cui per la prima volta Bonaccioli ebbe modo di curare la duchessa[166], questi entrò non soltanto nella corte estense di Ferrara, bensì in una fitta rete di amicizie e contatti, in una solida struttura sociale del tutto particolare e specifica.

In aggiunta a ciò, quasi subito, Bonaccioli prese in seconde nozze una tal Ieronima, dama di compagnia della duchessa[167]. Questo dettaglio permette di scorgere quale dimensione omnicomprensiva avesse la corte nella vita di chi ne faceva parte. Non soltanto la carriera e la professione medica erano profondamente dipendenti dalla struttura della corte ducale, ma l'intera vita veniva a essere determinata dai rapporti interpersonali che in quell'ambiente nascevano e proliferavano. Non è possibile pensare di comprendere le azioni di un medico rinascimentale come Bonaccioli, senza prendere in considerazione lo sfondo del tutto particolare sul quale si svolge la sua vita: non esiste l'uomo senza il medico, non esiste il medico senza la corte.

Questa profonda interconnessione di Bonaccioli con la corte ducale emerge con maggiore chiarezza da un fatto di un certo rilievo accaduto probabilmente attorno al 1505. In occasione della terribile peste che afflisse la città di Ferrara, egli, «al seguito di Lucrezia Borgia [...], si reca prima a Modena poi, nella metà di agosto, a Reggio Emilia»[168]. Bonaccioli, da buon medico di corte, seguì quindi la duchessa durante i suoi spostamenti in Emilia e la affiancò continuativamente. Come il suo collega e conterraneo Giovanni Manardo, che si trasferì addirittura in Ungheria, anche Bonaccioli, in maniera non dissimile, fu inserito in una medesima struttura specifica, che fatte le debite distinzioni, si riproponeva similmente in tutta Europa.

A Reggio Emilia il medico ferrarese incontrò «il celebre Pontico Virunio»[169] che, in possesso di torchi e matrici, aveva già stampato alcune sue opere. Egli lo convinse a spostarsi a Ferrara e a lavorare in quella città. Il racconto di questa vicenda, finita in malo modo, è raccontata da Andrea Ubaldi, cognato dello stesso Virunio. Sebbene chiaramente di parte e piena d'astio, questa fu per molto tempo l'unica testimonianza dell'avvenimento a disposizione dei biografi settecenteschi[170]. Secondo il racconto di Ubaldi, Bonaccioli era arrivato a Reggio al seguito della duchessa di Ferrara, e incontrato lì l'ingenuo Virunio, possessore di torchi e altre attrezzature per la stampa, con grandi promesse lo aveva convinto a trasferirsi a Ferrara, avendo però malignamente pianificato una frode ai suoi danni. Una frode che sarebbe stata portata a termine in pochi giorni attraverso un brutale atto di sottrazione dei materiali tipografici[171].

Dagli anni '20 del secolo scorso si ha conoscenza di una documentazione notarile che dimostra la costituzione, in data 19 dicembre 1508, di una società tipografica tra Bonaccioli e Da Ponte (insieme ai suoi cognati di cognome Baldi)[172]. Può darsi quindi, che la suddetta *sottrazione* dei materiali sia da mettere in qualche modo in relazione con una possibile azione di carattere giudiziale. Ma si tralasci questi risultati delle successive ricerche storiche e si veda come gli storici del XVIII secolo affrontarono questa questione senza essere a

---

164   STABILE Giorgio, *Bonaccioli, Ludovico*, cit., p. 456.

165   BELLONCI Maria, *Lucrezia Borgia: la sua vita, i suoi tempi*, cit., p. 458.

166   Cfr. STABILE Giorgio, *Bonaccioli, Ludovico*, cit., p. 456.

167   Cfr. ibidem.

168   Ibidem.

169   MAZZUCHELLI Giammaria, *Gli scrittori d'Italia*, cit., p. 1532. Pontico Virunio è la forma di ascendenza latineggiante per un nome che in volgare si traspone come Ludovico da Ponte. Questi, nato attorno al 1460 e deceduto all'incirca nel 1520, fu umanista bellunese prestato alle diverse corti d'Italia.

170   Cfr. BAROTTI Lorenzo, *Memorie istoriche di letterati ferraresi*, cit., p. 62. Cfr. MAZZUCHELLI Giammaria, *Gli scrittori d'Italia*, cit., p. 1532.

171   Cfr. UBALDI Andrea, *Pontici Virunii, Philosophi, Graece, Latineque eruditissimi vita*, typis Iacobi Montij, Bologna 1655, p. 22: «[V]enit Rhegium Ducissa Ferrarensium cum qua erat Bonazolus medicaster sceleratatum omnium officina, et Diaboli Philosophaster, in matricula mercatorum: res inaudita saeculorum omnium! Fraudibus iste, non Bona, sed Mala solus suis Ponticum virum probum, et ingenuum Ferrariam adduxit magna promittens, ast paucissimis diebus matrices, et torcularia violenta fraude eripuit».

172   Cfr. RICCIARDI Roberto, *Da Ponte, Ludovico*, in *Dizionario Biografico degli Italiani*, Treccani, Roma 1986, Volume 32, pp. 720-723.

conoscenza dei termini dell'accordo commerciale stipulato sul finire del 1508.

La *quaestio* del contendere era, allora, relativa al presunto furto da parte di Bonaccioli degli strumenti da lavoro del tipografo-umanista bellunese. Indipendentemente da chi potesse avere torto o ragione, singolare e interessante è anche sentire dalla stessa fonte come si concluse la vicenda. La versione di Ubaldi è ben sintetizzata da Apostolo Zeno nelle sue *Dissertazioni Vossiane*. Ora secondo il letterato veneziano Bonaccioli non si limitò a «[involar] le matrici, i caratteri e i torchj; [ma] quel che è peggio, preoccupò il Duca a non fargli giustizia, onde il Pontico disperato, con la famiglia se ne andò a Lugo»[173]. Inevitabilmente, non si può prescindere e non si può dimenticare che questa versione dei fatti – l'unica sopravvissuta fino a oggi – è notevolmente parziale e veicola una propria e specifica verità, la quale non necessariamente corrisponde alla realtà fattuale. In ogni caso il racconto di Ubaldi, oltre a denunziare un presunto mal funzionamento della giustizia ducale, permette di farsi un'idea alquanto precisa del ruolo e della potenza che un personaggio ben inserito in una corte poteva acquisire. Bonaccioli avrebbe convinto il Duca d'Este, marito di Lucrezia Borgia, a non riconoscere il torto subito da Virunio. La verosimiglianza dell'avvenimento è notevole.

Pontico Virunio non avrebbe potuto inventare, se mai lo fece, una versione della vicenda in cui il suo avversario avesse dei poteri eccessivi per il suo grado, altrimenti avrebbe potuto correre il rischio di non essere creduto e di essere ritenuto inattendibile. Per completezza, in effetti, non è lecito omettere che Barotti, nelle sue *Memorie istoriche*, non dà nessun credito al Virunio, «uomo se non da fingere, almeno da contare le cose alterate assai dalla immaginazione troppo focosa»[174], difendendo a spada tratta l'onore e il prestigio del medico di cui si sta occupando. Egli dubita della versione di Virunio fondamentalmente per due incongruenze: in *primis*,

> [d]icesi che il Bonaccioli trasse il Virunio a Ferrara promettendogli montagne d'oro[; ma] era forse il Virunio sì nuovo di questa Città da non conoscere se tali promesse fossero ben fondate, o no? Non vi aveva egli soggiornato dieci anni continui [...]? In sì lungo spazio doveva aver fatta di Ferrara sufficiente pratica da non lasciarsi avvolgere con sì ridicole spampanate[175].

Ancora, Barotti aggiunge che se anche fosse vero che

> il Bonaccioli preoccupò il Duca, e che questo fu cagione che il Virunio dovesse ripararsi a Lugo, dove le sue invettive compose[, ma] [...] non era forse Lugo ugualmente che Ferrara paese al Duca soggetto? Come dunque tennesi egli colà tanto sicuro [...]?[176]

La mancanza completa del resoconto fornito dalla parte avversa non permette di poter chiudere completamente la questione. Al di là della veridicità di tutti i particolari riferiti da Ubaldi, cognato dello stesso Pontico, quindi decisamente interessato, l'immagine che emerge è quella di un medico alquanto potente, sicuramente ben inserito nella dimensione di corte, interessato alle lettere e alla cultura, in cui l'arte medica sembra essere accompagnata da molti altri interessi (Bellonci ad ogni modo rimarca che Lucrezia Borgia fu, in diverse occasioni, salvata proprio dall'intervento del suo ginecologo e ostetrico Ludovico Bonaccioli)[177].

Le capacità professionali di Bonaccioli, per certi versi passate in secondo piano in questa breve trattazione, sono ben messe in evidenza all'interno dell'unica opera da lui scritta, uscita postuma in modo alquanto frammentato. In realtà nei cataloghi bibliografici dei secoli scorsi, sotto il nome di Bonaccioli, si possono rinvenire copiose opere di vario argomento[178]. Molti di questi elenchi non sono però altro che informazioni

---

173   ZENO Apostolo, *Dissertazioni Vossiane, cioè giunte e osservazioni intorno agli storici italiani che hanno scritto latinamente, rammentati dal Vossio, nel III Libro* de Historicis Latinis, per Giambatista Albrizzi, Venezia 1752, Tomo II, p. 307. UBALDI Andrea, *Pontici Virunii*, cit., p. 22: «ast paucissimis diebus matrices, et torcularia violenta fraude eripuit ; et quod magis est Iustitiam a Principe malis artibus preoccupato, consequi minime potuit ipse Virunius, unde rebus sic desperatis in Flaminiam, cum cognatis se transtulit, indeque Lycum grandi stipendio eo adductus».

174   BAROTTI Lorenzo, *Memorie istoriche di letterati ferraresi*, cit., p. 63.

175   Ibidem.

176   Ivi, p. 64.

177   Cfr. BELLONCI Maria, *Lucrezia Borgia: la sua vita, i suoi tempi*, cit., pp. 395.458.

178   Cfr. MAZZUCHELLI Giammaria, *Gli scrittori d'Italia*, cit., p. 1533. Cfr. BORSETTI Ferrante, *Historia Almi Ferrariae Gymnasii*, cit., p. 92. Cfr. PORTAL Antoine, *Histoire de l'anatomie et de la chirurgie*, cit., p. 361.

raccolte di seconda mano, alle quali spesso si concede fiducia per la difficoltà di un controllo diretto. Al di là dei diversi titoli attribuiti a Bonaccioli, nella realtà dei fatti, il medico ferrarese pubblicò soltanto una ricca collettanea medica in nove capitoli, l'*Enneas muliebris ad Divam Lucretiam Borgiam Ducissam*, di argomento prettamente ginecologico.

Tutti gli ulteriori titoli che si possono rinvenire sono semplicemente i capitoli interni dell'opera di Bonaccioli che, in edizioni successive, assunsero autonomia propria divenendo libri singoli. Anche in questo caso riemergono le solite carenze di molte opere biografiche, anche recenti, che vogliono trattare delle vite dei medici dei secoli precedenti, senza una consultazione sistematica delle fonti coeve o di tutte le opere (anche tutte le edizioni dello stesso testo) scritte dagli autori oggetto del loro studio. In questo quadro, poi, rischia di intervenire anche un'importante quanto pericolosa vena campanilistica che colora le vicende biografiche di tinte chiaroscurali in relazione soltanto alla simpatia per la patria

▲ *Ritratto di Alessandro VI* di Cristofano dell'Altissimo (Uffizi)

di nascita. Esempio esemplare di questa tendenza è la biografia di Bonaccioli curata da Barotti; egli non si limita, infatti, a descrivere la vita di un uomo vissuto due secoli prima, a partire dai pochi elementi disponibili, ma qua e là, si permette di utilizzare espressioni di particolare empatia come: «povero Bonaccioli»[179], «Uomo ben nato»[180] o «intendo solamente di salvare [la reputazione] del Bonaccioli troppo, [...], malmenata da [Pontico Virunio] e dall'Ubaldi parente»[181]. La difesa del medico ferrarese da parte dell'abate conterraneo può certo interessare gli studiosi di storiografia locale settecentesca, ma è chiaro che una tale modalità di lavoro può inficiare il contenuto di tutto il documento, con modalità meno palesi che difficilmente si lasciano individuare. Naturalmente, non tutti i biografi tardi offrono di Bonaccioli la medesima immagine: ad esempio Antoine Portal, mostrando di aver almeno scorso l'opera a stampa del medico ferrarese, con chiaro spirito critico illuminista, non può fare a meno di osservare «che Bonaccioli non è che un copista; e quando fosse l'Autore [...], non si dovrebbe attribuirgli una grande giustezza nel ragionamento [...] [poiché] Bonaccioli a indotto gli Anatomisti in errore»[182].

---

179 BAROTTI Lorenzo, *Memorie istoriche di letterati ferraresi*, cit., p. 63.
180 Ibidem.
181 Ivi, p. 64.
182 PORTAL Antoine, *Histoire de l'anatomie et de la chirurgie*, cit., p. 358 : «[Q]ue Bonaccioli n'est qu'un copiste; et quand il seroit l'Auteur [...], on ne devroit pas lui attribuer une grande justesse dans le raisonnement [...] [car] Bonaccioli a induit les Anatomistes dans une erreur».

ANDREA ALPAGO

Angelo de Gubernatis, delegato ufficiale del Governo Italiano al terzo Congresso Internazionale degli Orientalisti tenutosi in San Pietroburgo nel 1876, nella sua opera sugli studi orientali in Italia presentata al medesimo Congresso, introduce così la questione relativa al medico bellunese: «[S]embra molto probabile che Andrea Mongaio non sia altro che quel Andrea Alpago di Belluno, che si fa anche viaggiare in Oriente»[183]. In due pagine de Gubernatis cerca di dimostrare che talora a due nomi distinti, nella lunga evoluzione della storia, può corrispondere una sola persona. Perché i nomi potranno anche essere i purissimi accidenti di manzoniana memoria, ma è innegabile che possano creare, talvolta, non poche confusioni. Il medico in questione «[s]embra appartenesse all'antica famiglia bellunese dei Bongaio conti di Alpago, ed è menzionato talvolta col solo cognome Bongaio (anche nella grafia corrotta Mongaio)»[184]. In realtà non è raro rinvenire al riguardo anche la forma allofonica Bongajo-Mongajo[185], facilmente riconducibile alle due precedenti, a differenza dell'altro identificativo che i contemporanei dello stesso Alpago talora prediligono utilizzare: «maestro Andrea de Cividal[e]»[186] (Cividale è l'antico nome della città natale di Alpago, Belluno).

Molti sono i nomi impiegati ed essi si alternano indistintamente nelle diverse biografie, che scelgono di usare un appellativo a discapito di un altro in relazione a molteplici motivazioni di natura stilistica, storica o genealogica. Pur dovendo riferirsi a molti nomi differenti, la *substantia* degli avvenimenti che compongono la vita di Andrea Alpago rimane ben determinata, a testimonianza di una vita certo fuori del comune.

Le notizie relative alla fase iniziale della vita del medico veneto sono alquanto frammentarie e al di là della nascita a Belluno, con ogni probabilità, attorno al 1450[187], non aggiungono nulla se non di ipotetico e supposto. Lo storico ottocentesco Stefano Ticozzi afferma, con grande sicurezza che, «[f]atti i primi studj in patria, [Alpago] fu mandato all'Università di Padova, ove conseguì i gradi Accademici in Filosofia e Medicina»[188]. Non c'è nessuna ragione di dubitare di ciò, al contrario è molto verosimile che Alpago completasse il proprio *cursus studiorum* nello Studio padovano. L'unica remora che impedisce di aderire con piena convinzione alla decisa affermazione di Ticozzi è l'assenza di prove documentali che testimonino il fatto. La sola verisimiglianza non può considerarsi sufficiente. Quando appare per la prima volta nelle fonti storiche, egli è già uno stimato medico, ed è considerato uno dei più profondi conoscitori delle opere della tradizione medica araba. Giorgio Levi della Vida, biografo di Alpago nel *Dizionario Biografico degli Italiani*, in relazione alla questione della formazione, anche se non può negare la mancanza di notizie sicure al riguardo, non si mostra meno certo sul luogo dove questa avvenne, scrivendo che «niente […] è noto né dei suoi anni giovanili né dei suoi studi in medicina, che ovviamente dovettero essere compiuti a Padova»[189]. Con buona probabilità, non dissimilmente da molti altri sudditi della Serenissima, anche Andrea Alpago frequentò e prese il titolo di dottore in medicina nell'Ateneo padovano[190].

La formazione accademica ordinaria del medico bellunese può considerarsi conclusa a Padova, ma sarebbe quantomeno singolare non prendere in considerazione, data la sua vicenda biografica extra-ordinaria, la questione dell'apprendimento della lingua araba, dato che egli passa in qualche modo alla storia perché,

---

183 GUBERNATIS Angelo (de), *Matériaux pour servir à l'histoire des études orientales en Italie. Ouvrage présenté le 1er septembre 1876 au Congrès de St-Pétersbourg*, Ernest Leroux-Librairie Loescher, Paris-Firenze-Roma-Torino 1876, p. 184: «Et il nous semble très-probable que Andrea Mongaio ne soit autre que cet Andrea Alpago de Belluno, qu'on fait aussi voyager en Orient».

184 LEVI DELLA VIDA Giorgio, *Alpago, Andrea*, in *Dizionario Biografico degli Italiani*, Treccani, Roma 1960, Volume 2, p. 524.

185 Cfr. TICOZZI Stefano, *Storia dei letterati e degli artisti del dipartimento della Piave*, presso Francesc'Antonio Tissi, Belluno 1813, Tomo I, pp. 67-74.

186 Si confronti, a titolo esemplificativo, la lettera dell'Alpago – datata 15 marzo 1504 – e la breve introduzione riprodotte in SANUDO Marino, *I Diarii*, BERCHET Guglielmo (ed.), Federico e Marco Visentini Editori, Venezia 1881, Tomo VI, pp. 57-58. Cfr. ALVERNY Marie-Thérèse (d'), *Avicenne et les médecins de Venise*, in *Medioevo e Rinascimento. Studi in onore di Bruno Nardi*, Giulio Cesare Sansoni Editore, Firenze 1955, n. 25 p. 187.

187 Cfr. LEVI DELLA VIDA Giorgio, *Alpago, Andrea*, cit., p. 524. Cfr. PAGANI Marino, *Catalogo ragionato delle opere dei principali scrittori bellunesi non viventi*, dalla Tipografia Tissi, Belluno 1844, p. 9.

188 TICOZZI Stefano, *Storia dei letterati e degli artisti del dipartimento della Piave*, cit., p. 67.

189 LEVI DELLA VIDA Giorgio, *Alpago, Andrea*, cit., p. 525.

190 L'unico riferimento di un certo rilievo, a proposito degli studi di Alpago, è rinvenibile nel diploma *in artibus* conseguito nel 1481, di cui dà notizia VERCELLIN Giorgio (ed.), *Il Canone di Avicenna fra Europa e Oriente nel primo Cinquecento. L'Interpretatio Arabicorum nominum di Andrea Alpago*, Unione Tipografico-Editrice Torinese, Torino 1991, p. 33.

«invogliatosi di correggere e ridurre alla sua vera lezione i Libri d'Avicenna, se ne passò in Oriente»[191].

La filosofia e la medicina araba, per tramite soprattutto delle traduzioni latine delle opere di Avicenna e Averroè, hanno apportato al pensiero occidentale un contributo fondamentale. Non è quindi strano, che alcuni fra i biografi tendano a raffigurare un Alpago errante e alla ricerca della verità filosofica[192].

Ma per accedere direttamente al sapere contenuto nei testi arabi era necessario essere introdotti nella loro lettura: lo stesso Alpago testimonia di essere stato allievo del «Rays Ebenmechi [...] fisico primario fra tutti gli Arabi»[193]. Levi della Vida ritiene che questa figura possa essere «identificat[a] col medico damasceno Shemseddin Moliammed ibn Mekki, morto [...] nel 1531»[194]. Lo studio della lingua e della cultura araba avvenne quindi direttamente in oriente, un fatto abbastanza eccezionale, che determina l'unicità della vicenda biografica di Andrea Alpago rispetto a quella degli altri medici dello stesso periodo.

La lunga permanenza all'estero di Alpago non significò un suo isolamento, anzi fu proprio grazie alla sua particolare collocazione, che egli poté costruire una fitta rete di relazioni interpersonali, e come si vedrà, non

---

191 MAZZUCHELLI Giammaria, *Gli scrittori d'Italia*, cit., Volume I-1, p. 516.
192 Oltre al già citato Mazzuchelli si confrontino anche, ad esempio, VALERIANI Giovanni Piero, *De litteratorum infelicitate libri duo*, apud Iacobum Sarzinam, Venezia 1620, p. 34 oppure TICOZZI Stefano, *Storia dei letterati e degli artisti del dipartimento della Piave*, cit., p. 67.
193 AVICENNA, *Compendium de anima. De mahad, de dispositione, seu loco, ad quem revertitur homo, vel anima eius post mortem. Aphorismi de anima. De diffinitionibus, et quesitis. De divisione scientiarum*, ALPAGO Andrea (ed.), apud Iuntas, Venezia 1546, pp. 110-111: «[R]ays Ebenmechi [...] physicus inter omnes Arabes primarius». Alpago cura l'edizione latina di quest'opera originariamente in arabo, aggiungendovi rilevanti commenti.
194 LEVI DELLA VIDA Giorgio, *Alpago, Andrea*, cit., p. 525.

▲ *Il medico come angelo*, incisione di Hendrick Goltzius risalente al XVI secolo, conservata presso il Rijksmuseum di Amsterdam

solo rivolte all'acquisto della conoscenza. Il succitato Mazzuchelli asserisce che Alpago si sia recato in Siria, principalmente – se non esclusivamente – per poter apprendere al meglio la lingua araba e poter leggere le versioni originali dei testi di Avicenna studiati in traduzione durante il proprio *cursus studiorum*[195].

Queste motivazioni, si è già avuto modo di dire, non sono – nel complesso – erronee, tuttavia rischiano di cogliere soltanto una parte delle ragioni che portarono Alpago in Oriente. In effetti, come ricorda Ticozzi, egli decise di recarsi a Damasco perché «abbracciò l'offerta fattagli dal Console Veneto in Damasco, che lo invitava ad accettare la carica di medico del consolato provveduto in allora di largo stipendio», così che «la [sua] partenza […] [può essere fissata] al 1487, e […] colà si [trattenne] fino al 1517»[196].

Il ruolo di medico della colonia veneta di Damasco non era certo un compito di facile esecuzione, data la sostanziale diversità di clima, di malattie e di rimedi a disposizione in un ambiente profondamente diverso da Venezia o dall'Europa in generale. È altresì vero, che al tempo del medico bellunese, la maggior parte della medicina teorica insegnata nelle principali università europee si fondava proprio su teorie medico-filosofiche provenienti dal mondo arabo. La conoscenza diretta della lingua, e la lettura in lingua originale di quelle opere permise ad Alpago non solo di riverificare la validità del sapere medico in esse esposto, ma anche di emendarle e correggerne i numerosi errori.

L'incarico ufficiale ricoperto da Alpago a Damasco non si esauriva certo nella sua funzione di medico. Accanto allo studio e alla revisione delle opere mediche arabe, egli svolse sempre l'importante ruolo di prezioso «informatore politico»[197] di quanto accadeva in Oriente, un territorio di primaria rilevanza per gl'interessi economici della Serenissima. La capacità di svolgere un tale compito richiedeva una profonda esperienza, e una perfetta conoscenza della lingua e dei costumi, che Alpago maturò nel corso dei lunghi anni trascorsi in quei luoghi. A riprova del grado di perizia raggiunto nell'osservazione della società circostante dal medico bellunese, Marie-Thérèse d'Alverny fa notare che Alpago fu in grado di segnalare «che le donne di Damasco fanno uso di santoreggia profumata per ottenere una capigliatura lucente» e «che agli spiriti familiari chiamati dijnn corrispondono i "mazaroli" del folklore veneziano, anime erranti che infestano le dimore degli uomini»[198]. Queste osservazioni, che allora forse avevano solo il carattere di semplice *curiositas*, mostrano bene il livello di conoscenza dei costumi locali raggiunto da Alpago.

Le informazioni di natura politica che il medico trasmetteva in patria vertevano necessariamente sui rapporti di potere dei potentati locali. A questo proposito, è significativa la lettera che, per tramite proprio di Alpago, il «grande re di Persia […] Ismael»[199], agli inizi del XVI secolo, fece pervenire alla diplomazia veneziana; in essa, il nuovo scià, oltre a rimarcare una presunta vicinanza religiosa, ricercava in Venezia un potente alleato. Le lunghe e dispendiose[200] campagne militari contro i Turchi Ottomani spingevano in questa direzione, ma l'alleanza avrebbe permesso anche di intrattenere proficui scambi commerciali[201]. La grande fiducia che lo scià sembra riporre nel medico bellunese testifica esplicitamente la delicatezza e, al contempo, il prestigio che il ruolo ricoperto da Alpago richiedevano. In quest'occasione il suo ruolo di *physicus* sembra scomparire per lasciare campo a una funzione tipica di un ambasciatore. Ciò non deve stupire, poiché come si è visto anche nel caso di Manardo, poteva accadere che alcuni incarichi delicati non fossero indirizzati attraverso i normali canali diplomatici, venendo affidati a una persona di assoluta fiducia. La grande, ma forse solo apparente, differenza che intercorre fra Alpago e Manardo, sta nel diverso rapporto di appartenenza a una corte signorile. Se il medico emiliano, in effetti, è inserito in una vera e propria corte (quella di Mirandola), dove intrattiene rapporti personali molto stretti con il proprio signore (Giovanni Francesco Pico), il medico

---

195   Cfr. nota 191.
196   TICOZZI Stefano, *Storia dei letterati e degli artisti del dipartimento della Piave*, cit., pp. 67-68.
197   ALVERNY Marie-Thérèse (d'), *Avicenne et les médecins de Venise*, cit., p. 187 : «[R]ôle d'informateur politique».
198   Ivi, p. 18 : «Il [Alpago] note, par exemple, que les femmes de Damas se servent de sarrette odorante pour obtenir une luxuriante chevelure. […] [I]l rappelle qu'aux esprits familiers nommés dijnns correspondent les "mazaroli" du folklore vénitien, âmes errantes qui hantent les demeures des hommes».
199   AVICENNA, *Compendium de anima*, cit., p. 112: «[H]oc magnus Rex Persiae […] Ismael […], scribens ad illustrissimus dominium Venetorum […]».
200   Cfr. LEVI DELLA VIDA Giorgio, *Alpago, Andrea*, cit., p. 526.
201   La lettera, riportata dall'Alpago nel commento al XV degli *Aphorismi de anima* (si confronti AVICENNA, *Compendium de anima*, cit., p. 112), è stampata in volgare rispetto al resto del testo che è invece in latino, al di là del contenuto specifico, essa ci mostra il medico bellunese come un mediatore intelligente e ben informato.

veneto, da una parte si trova a grande distanza dalla propria patria, dall'altra non ha nessuna corte a cui riferire. Ma per quanto riguarda la grande distanza tra Venezia e Damasco, non va dimenticato che Alpago si trovava comunque in un luogo dove gli interessi di importanti famiglie patrizie veneziane erano fortemente rappresentati. Egli viveva a stretto contatto con il Console Veneto in Damasco[202], che in genere era ben inserito nella più ampia rete di rapporti interpersonali che caratterizzava l'oligarchia della Repubblica.

Il grande prestigio e la spiccata propensione per gli affari tipica dei veneziani permisero ad Alpago di accumulare una discreta quantità di ricchezze. Esse, tuttavia, non furono raccolte esclusivamente sfruttando gli incarichi ufficiali ricoperti in Damasco. Stefano Ticozzi, consultando fonti già conservate negli archivi privati delle famiglie Alpago-Novello (oggi per la maggior parte perduti)[203], riporta al proposito:

Nel 1506 [l'Alpago] trovandosi di sufficienti ricchezze provveduto, aveva deliberato di ripatriare [...]. Tommaso Contarini, che andava in quell'anno Console a Damasco, fece perciò scelta di un altro medico, e seco condottolo in Soria, trovò che l'Alpago, mutato consiglio, si era fatto riconfermare medico con 350 Ducati di soldo. Il Console [...] ne fece al Senato amare doglianze, rappresentandogli l'Alpago qual uomo già sovverchiamente arrichito mercé l'esercizio di un traffico allo Stato dannoso; che abusava dell'esenzione accordatagli [...], che dedito, com'egli era, alle speculazioni di commercio, lasciava al Nipote Paolo medico di pochissima esperienza fornito, le dilicate incombenze del proprio impiego. Il Credito di cui godeva l'Alpago presso le principali Magistrature della Repubblica, rese infruttuose le rimostranze del Contarini[204].

Egli aggiunge che nelle stesse fonti si ribadiva come Alpago intrattenesse traffici commerciali in società, fra gli altri, con Marino Cornaro. Sulla base di tale notizia egli ritiene di capire perché Contarini non riuscisse a far valere le proprie ragioni[205]. Contarini aveva valide ragioni di risentimento nei confronti del medico bellunese[206], e quanto da lui denunziato trova conferma anche in un'altra lettera – riportata da Sanudo nei suoi *Diarii* – inviata da Alpago a Venezia nel 1504:

Per molti nostri sono stà mandà panni rossi a vender en Alepo per la gran richiesta che hanno da quelli de la charavana granda che sono venuti [...] con bona summa di denari per comprar panni rossi per el Sophi [lo scià Ismael][207].

Il fatto che consistenti fette dei commerci veneziani tra Aleppo e la corte dello scià di Persia passassero per le mani del medico della colonia, mostra sia la tenuità delle distinzioni professionali nel corso della prima età moderna, sia la grande intraprendenza di Alpago. Anche tacciando di faziosità il console Contarini, è innegabile che il medico bellunese rappresentasse uno snodo essenziale per il commercio in quelle lontane terre. La permanenza di Alpago a Damasco e in Siria s'interruppe nel 1517, quando egli si trasferì con lo stesso incarico presso il consolato veneto di Nicosia. A questo proposito Levi della Vida si domanda se il medico bellunese abbia voluto lasciare la sua trentennale sede «in seguito alla conquista della Siria da parte degli Ottomani»[208]; diversamente, Ticozzi lascia intendere che egli si sia trasferito a Cipro nel 1517, dopo che le proteste di Contarini furono state ascoltate a Venezia. Alpago partì per Nicosia mantenendo lo stesso stipendio percepito in Siria[209]. Non abbiamo elementi per decidere quali fossero le cause di tale spostamento, ma è certo che Alpago lasciò la Siria nel 1517 per stabilirsi a Cipro. La sua permanenza nell'isola durò «fino al 1520, anno in cui fece ritorno alla patria»[210].

---

202   Cfr. nota 196.
203   Cfr. LEVI DELLA VIDA Giorgio, *Alpago, Andrea*, cit., p. 526.
204   TICOZZI Stefano, *Storia dei letterati e degli artisti del dipartimento della Piave*, cit., pp. 68-69.
205   Cfr. Ibidem, n. 4-5.
206   Il console Contarini, che aveva invitato e portato con sé un altro medico per la sede di Damasco, si dispiacque non poco che il proprio medico non potesse ottenere né la carica né il conseguente stipendio, dopo un lungo viaggio verso la Siria, soltanto perché Alpago aveva improvvisamente cangiato idea.
207   SANUDO Marino, *I Diarii*, cit., p. 57. Cfr. ALVERNY Marie-Thérèse (d'), *Avicenne et les médecins de Venise*, cit., p. 187, n. 24.
208   LEVI DELLA VIDA Giorgio, *Alpago, Andrea*, cit., p. 526.
209   Cfr. TICOZZI Stefano, *Storia dei letterati e degli artisti del dipartimento della Piave*, cit., p. 69.
210   PAGANI Marino, *Catalogo ragionato delle opere dei principali scrittori bellunesi*, cit., p. 9.

▲ Un medico assiste un uomo malato, incisione risalente al XVI - XVII secolo, conservata presso il Rijksmuseum di Amsterdam

Il ritorno a Belluno di Alpago, già abbastanza anziano, se si considera che egli nacque verso la metà del secolo precedente, fu «[f]esteggiato dagli amici, ed onorato dal Veneto Senato»[211]. La fama e gli onori acquisiti nel più che trentennale soggiorno in Oriente avevano avuto una vasta eco nei territori della Serenissima.

Perciò, quando l'Alpago rientrò in Italia, le autorità venete gli offersero «una Cattedra di Medicina in Padova»[212], in segno di riconoscimento per gli studi fatti e le conoscenze accumulate. La questione dell'insegnamento a Padova, tuttavia, appare nelle biografie un poco più complessa e intricata. Ad esempio, Giorgio Piloni, conterraneo secentesco di Alpago, nella sua *Historia della Città di Belluno*, riporta che quest'ultimo «lesse pubblicamente in Padova con grandissimo concorso, sendo tra li suoi coetanei principalissimo»[213].

La mancanza completa di qualsiasi riferimento cronologico (salvo uno sparuto e ambiguo 1504 qualche pagina prima) non permette di comprendere quando precisamente Piloni collochi il periodo d'insegnamento padovano di Alpago, se prima o dopo il lungo periodo in Oriente. In realtà, con la teoria di un insegnamento precedente alla sua partenza, mal si conciliano i riferimenti a un grande seguito evocate da Piloni, inoltre, prima del 1487, Andrea Alpago era ben lungi dall'essere *principalissimo* fra i suoi concittadini.

Ma anche un suo presunto insegnamento posteriore al 1520 prospetta qualche difficoltà, essendo sicura la data di morte nel 1521. La questione si complica ulteriormente se si consulta l'*Historia Gymnasii Patavini* di Nicola Papadopoli Comneno: questi pone, in maniera del tutto arbitraria, l'insegnamento del medico bellunese a Padova nel 1506[214]! Il moltiplicarsi di date e gli ipotetici riferimenti a presunte vicende della vita Di Alpago, mostrano ancora una volta l'abito di certi biografi del passato, che invece di fondare le proprie ricostruzioni su fonti e documenti certi e verificabili, fanno invece spesso riferimento a informazioni malamente fondate e imprecise. L'unica certezza che in questo quadro sembra emergere è che egli «[i]nvero pochi mesi dopo [il rientro dall'Oriente], dopo cena, mai in precedenza colpito da nessun disturbo di salute di una qualche entità, improvvisamente, piegato sul tavolo da studio, morì»[215]. Era il 1521[216].

Dopo la sua morte, il fidato nipote Paolo Alpago (che lo accompagnò durante la maggior parte delle sue peregrinazioni orientali)[217] «pubblicò [...] le opere mediche»[218] che mai, in vita, lo zio aveva date alle stampe. L'immensa raccolta di testi, manoscritti, appunti raccolti in più di trent'anni in ogni angolo del Medio Oriente sono andati irrimediabilmente perduti e oggi è possibile conoscere soltanto una piccola parte della sua grande cultura, delle infinite conoscenze, delle profonde riflessioni del medico bellunese, un medico tutt'altro che ordinario, «un temperamento d'osservatore simpatetico [...] eminentemente adatto a comprendere una civiltà straniera»[219].

---

[211] Ivi, pp. 9-10.

[212] MAZZUCHELLI Giammaria, *Gli scrittori d'Italia*, cit., p. 516.

[213] PILONI Giorgio, *Historia nella quale, oltre le molte cose degne, avvenute in diverse parti del Mondo di tempo in tempo, s'intendono, et leggono d'anno in anno, con minuto raguaglio (sic!), tutti i successi della Città di Belluno*, appresso Giovanni Antonio Rampazetto, Venezia 1607, p. 261.

[214] Cfr. PAPADOPOLI COMNENO Niccolò, *Historia Gymnasii Patavini*, apud Sebastianum Coleti, Venezia 1726, Tomo I-3, p. 293.

[215] VALERIANI Giovanni Piero, *De litteratorum infelicitate libri duo*, cit., pp. 34-35: «Paucis vero post mensibus a coena, nulla [...] cuiuspiam valetudinis molestia praetentatus subitario eventu in lectulum inclinatus expiravit».

[216] Cfr. LEVI DELLA VIDA Giorgio, *Alpago, Andrea*, cit., p. 526.

[217] Cfr. TICOZZI Stefano, *Storia dei letterati e degli artisti del dipartimento della Piave*, cit., pp. 67-74

[218] ALVERNY Marie-Thérèse (d'), *Avicenne et les médecins de Venise*, cit., p. 188 : «Il [Paolo Alpago] édita d'abord les ouvrages médicaux».

[219] ALVERNY Marie-Thérèse (d'), *Anniyya-Anitas*, in *Mélanges offerts à Étienne Gilson de l'Académie Française*, Vrin éditeur, Toronto-Paris 1959, p. 85 : «Andrea Alpago de Bellune lettré, naturaliste, théologien, doué pour surcroît d'un tempérament d'observateur sympathique qui le rendait éminemment apte à comprendre une civilisation étrangère [...]».

ANTONIO MUSA BRASAVOLA

Quale grande onore per un medico potersi fregiare di un nome tanto celebre e valente quale quello di Musa! In realtà, quando Antonio Brasavola «[n]acque a Ferrara il 16 genn[aio] 1500 da Francesco, patrizio ferrarese, e da Margherita Maggi»[220], egli non aveva ancora ricevuto il soprannome che poi lo identificherà per i secoli a venire: Musa. Quest'*agnomen*, sopravvissuto più di tanti fregi e titoli ai suoi tempi utilizzati o acquisiti

gli fu dato da Francesco I, Re di Francia per indicare la cognizione universale che il nostro Autore aveva nelle Scienze [...] e fors'anche per alludere con tal vocabolo a quell'Antonio Musa chiarissimo Medico a' tempi d'Augusto Cesare, a cui una pubblica statua fu innalzata in Roma pel suo valore nella Medicina[221].

Questo racconto, oltreché testimoniare un rapporto particolare con la casata reale di Francia, di cui si riporterà in seguito, permette di intravvedere quale stato di prestigio abbia raggiunto in vita Antonio Musa Brasavola. Chi vuole conoscere la biografia di un medico rinascimentale non può esimersi dal consultare e scorrere le opere storico-erudite del XVIII secolo, che a distanza di due secoli raccoglievano, cercando di ordinare in un racconto compiuto, le sparse informazioni, gli aneddoti e le altre notizie a disposizione.

Le diverse biografie, però, spesso si copiavano l'una con l'altra, molte volte senza indicare con precisione le loro fonti, rendendo così assai difficile l'individuazione della genesi di determinate ricostruzioni storiche. Anche le biografie dedicate a Brasavola non sono escluse da queste dinamiche, mostrando in questo caso una profonda dipendenza dall'opera di Girolamo Baruffaldi intitolata *Comentario istorico-erudito all'iscrizione eretta nel Almo Studio di Ferrara l'anno 1704. In memoria del famoso Antonio Musa Brasavoli*[222]. In essa – con lo spirito erudito tipico di quella epoca – si raccoglievano tutti i riferimenti trasmessi dalla tradizione e dagli scritti precedenti, confrontandoli talora con le edizioni a stampa delle opere del Brasavola stesso.

Il Commentario di Baruffaldi è un'opera ampia, dettagliata e copiosa, ricca di riferimenti alle opere e alle fonti consultate e scritta in una lingua chiara ed elegante. Quale fortuna per chi voglia cercare d'individuare la dimensione sociale e il ruolo ricoperto dal medico ferrarese nel corso della sua vita. Tuttavia l'opera è da utilizzare con una certa cautela, perché come faceva notare Giammaria Mazzuchelli nell'articolo su Brasavola inserito nel suo *Gli Scrittori d'Italia*

[q]uesto Commentario fu composto dal Baruffaldi ad istanza di Girolamo Brasavola e di Ridolfo suo Nipote Scolopio, come si apprende dal Supplem[entum] et Animadvers[iones] ad Histor[iam] Gymn[asii] Ferrar[iensis][223] *[...] di Jacopo Guarini, cioè del medesimo Baruffaldi copertosi quivi sotto il finto nome di Jacopo Guarini*[224].

Quindi, secondo Mazzuchelli sarebbe lo stesso Baruffaldi, che sotto lo pseudonimo di Guarini critica e amplia l'opera enciclopedica di Borsetti[225], a confessare che l'invito a scrivere un Commentario su Brasavola gli è venuto dai nipoti di quello. Questo retroscena invita a una riflessione attenta sull'origine delle informazioni relative al medico ferrarese, e spiega in parte il sensazionalismo con cui Brasavola viene presentato nel Commentario di Baruffaldi; una vera e propria esasperazione della tendenza all'esagerazione già normalmente presente

---

220   GLIOZZI Giuliano, *Brasavola, Antonio, detto Antonio Musa*, in *Dizionario Biografico degli Italiani*, Treccani, Roma 1972, Volume 14, p. 51.

221   MAZZUCHELLI Giammaria, *Gli scrittori d'Italia, cioè notizie storiche, e critiche intorno alle vite, e agli scritti dei letterati italiani*, presso a Giambatista Bossini, Brescia 1763, Volume II-4, p. 2023, n. 1.

222   BARUFFALDI Girolamo, *Comentario istorico-erudito all'iscrizione eretta nel Almo Studio di Ferrara l'anno 1704. In memoria del famoso Antonio Musa Brasavoli*, per Bernardino Pomatelli, Ferrara 1704.

223   Cfr. GUARINI Jacopo, *Ad Ferrariensis Gymnasii Historiam*, cit. Girolamo Baruffaldi (*Comentario istorico-erudito all'iscrizione*, cit., p. 4) anticipa che «il Dottor Girolamo Brasavoli [...] non vedendo in verun luogo, né pubblico, né privato, illustrato con memoria stabile il nome dell'Abavo, siasi indotto a procurar l'erezione della presente Inscrizione».

224   MAZZUCHELLI Giammaria, *Gli scrittori d'Italia*, cit., p. 2023, n. 2.

225   Cfr. BORSETTI Ferrante, *Historia Almi Ferrariae Gymnasii*, cit. Baruffaldi-Guarini critica Borsetti soprattutto perché quest'ultimo non lo cita nella sua opera, passando in questo modo sotto silenzio le importanti informazioni da lui rinvenute riguardo alla vita del Brasavola.

negli scrittori settecenteschi di storia locale. Ciò non significa che la fama e del medico ferrarese sia infondata o supposta, ma semplicemente ci mostra come molte delle informazioni riportate dai biografi sette-ottocenteschi potrebbero risultare alquanto edulcorate, se non addirittura costruite *ad hoc*.

La celebrità del Brasavola, comunque, non è certo frutto di una settecentesca piaggeria fantasiosa, bensì è già ragguardevole nel XVI secolo. Le capacità che il Brasavola mostrò di possedere nel corso della sua brillante carriera medica, derivano invece, sia da una potente inclinazione naturale allo studio, sia dalla qualità dei maestri: Niccolò Leoniceno e Giovanni Manardo[226].

Egli, infatti, «intraprese lo studio delle arti liberali, con tanto successo da essere invitato nel 1519 – dopo soli due anni di corso – a tenere pubbliche lezioni […], e da conseguire l'anno successivo la laurea in filosofia e medicina»[227].

Il francescano Agostino Superbi, che nel XVII secolo scrive degli

▲ Litografia ritraente il medico Antonio Musa Brasavola

uomini illustri della città di Ferrara, afferma che il Brasavola fu «Medico celeberimo (sic!), et famosiss[imo] Filosofo eccellente, et emminente (sic!)»[228]. Scorrendo le pagine dell'erudito secentesco, tuttavia, ci si accorge che le formule da lui utilizzate sono sempre le medesime, e si applicano indifferentemente a tutte le figure trattate. Allontanandoci da questo tipo di opere di carattere compilativo, una prova evidente della stima da lui goduta tra i contemporanei ci viene da Celio Calcagnini, che «gran Filosofo [e] Uomo di Fama sempre gloriosa, s'indusse a dedicar[e] [a Brasavola] cinque de' suoi Libri»[229]. Il rapporto intellettuale fra i due non si limitò ad alcune dediche reciproche, ma dovette essere assai profondo, proseguendo idealmente anche dopo la morte del primo, visto che Brasavola «[c]urò la pubblicazione delle opere complete di Celio Calcagnini […] dopo la morte del loro autore»[230]. Questo dettaglio testimonia l'importanza che la filosofia e le discipline

---

226 Cfr. CASTELLANI Luigi Francesco, *De vita Antonii Musae Brasavoli. Commentarius historico-medico-criticus ex ipsius operibus erutus*, Giuseppe Braglia, Mantova 1767, p. 6. Cfr. BRASAVOLA Antonio Musa, *Examen omnium simplicium quorum usus in publicis est officinis*, sub scuto Coloniensi, Lyon 1546[8], pp. 83 e 321: «Nicolaus Leonicenus praeceptor meus excellentissimus». «Manardo nonnumquam praeceptore usus sum».

227 GLIOZZI Giuliano, *Brasavola, Antonio, detto Antonio Musa*, cit., p. 51. Cfr. BRASAVOLA Antonio Musa, *Examen omnium Catapotiorum vel Pilularum, quarum apud Pharmacopolas usus est*, in Officina Frobeniana, Basel 1543, pp. 9-10: «Coepi liberalibus artibus incumbere, et duce deo in trium annorum curriculo ita profeci, ut diebus festis ad Dialecticam interpretandam, cum adhuc et puer essem et scholasticus, vocarer. Sequenti anno, artium et medicinae […] insignia adeptus sum».

228 SUPERBI Agostino, *Apparato de gli huomini illustri della città di Ferrara*, cit., p. 71.

229 BARUFFALDI Girolamo, *Comentario istorico-erudito all'iscrizione*, cit., p. 76. Cfr. CALCAGNINI Celio, *Catalogum operum post praefationem invenies, et in calce Elenchum*, in Officina Frobeniana, Basel 1544, pp. 453.457.469.476.479.

230 GLIOZZI Giuliano, *Brasavola, Antonio, detto Antonio Musa*, cit., p. 51. Cfr. CALCAGNINI Celio, *Catalogum operum*, cit., Epistola nuncupatoria di Antonio Musa Brasavola.

umanistiche ebbero nella vita di Brasavola[231].

Al di là delle capacità filosofico-letterarie, la fama di Antonio Musa Brasavola è rimasta legata principalmente, alla sua professione medica. Egli si laureò nello Studio della sua patria nel 1520, con buon anticipo rispetto ai tempi canonici[232]. Riuscì a terminare il percorso accademico e a giungere al titolo dottorale «nello spazio di [soli] tre anni»[233], con risultati tanto validi da esporre le proprie *Conclusiones* non soltanto in Ferrara, bensì anche negli atenei di Padova e Bologna[234]. I Riformatori dello Studio, considerata la preparazione e la profonda dottrina del giovane medico, gli offrirono una cattedra ed egli «fu designato pubblico Lettore [...] nell'*Ateneo patrio*»[235]. Il grande sapere di Brasavola, derivabile da tutte le sue opere, lo fece conoscere internazionalmente e lo portò a presentarsi «appresso [i] celebri Dottori della Sorbona (Università la principale, e più stimata di tutta l'Europa)»[236]. Il viaggio di Brasavola a Parigi, di cui si dirà tra poco, ebbe non poche conseguenze per la carriera del medico ferrarese; in aggiunta al pregevole soprannome di Musa, che egli ottenne dal re di Francia in persona, «[i]l Collegio medico della Sorbona lo accolse fra i suoi membri»[237] e questo fece sì «che dall'ora in poi cercò ogni Provincia di godere sì gran Personaggio, o d'addossarne ad esso lui il loro provedimento»[238]. È innegabile il grande rilievo che la figura del Brasavola attirava su di sé. Qualunque esagerazione o coloritura non può che costruirsi su un quadro già tracciato e fondato sugli accadimenti della sua vita, a cui devono aggiungersi, sia le numerose opere pubblicate, sia il lungo periodo dedicato da Brasavola all'insegnamento presso lo Studio di Ferrara[239]. Egli, infatti, «[i]nsegnò pubblicamente Dialettica per otto anni»[240] e poi gli «fu fatto il dono di esporre la Filosofia naturale, e la espose per nove anni»[241].

La dimensione accademica occupa una parte senz'altro rilevante della biografia del Brasavola, ma non deve essere considerata separatamente dall'ambiente cittadino, e soprattutto deve tenere conto degli stretti legami che egli ebbe con i potenti del suo tempo. Per un medico nato a Ferrara, da una delle famiglie nobili più antiche della città[242], la corte estense era senza dubbio lo sbocco naturale di un *cursus studiorum* di valore e brillante. In effetti, «[n]el 1521 [egli] entrò al servizio di Ercole II d'Este, primogenito di Alfonso I duca di Ferrara»[243], con la qualifica di «*Archiater*»[244]. Dotato di tutte le premesse necessarie e indispensabili per svolgere un ruolo di primo piano nella vita di corte, egli seppe cogliere ogni occasione offerta da essa per affermarsi. Chiaro esempio è il viaggio compiuto dal medico ferrarese nella capitale dei Valois, durante il quale ebbe occasione di esporre *de quolibet scibili* alla Sorbona:

---

231   Castellani informa anche che il Brasavola aveva una grande perizia nella lingua greca (cfr. CASTELLANI Luigi Francesco, *De vita Antonii Musae Brasavoli*, cit., pp. 58-59).

232   Cfr. GLIOZZI Giuliano, *Brasavola, Antonio, detto Antonio Musa*, cit., p. 51.

233   CASTELLANI Luigi Francesco, *De vita Antonii Musae Brasavoli*, cit., p. 6: «Qua ex re trium annorum spatio ita profecit, [...]». Cfr. nota 227.

234   Cfr. GLIOZZI Giuliano, *Brasavola, Antonio, detto Antonio Musa*, cit., p. 51. Cfr. BARUFFALDI Girolamo, *Comentario istorico-erudito all'iscrizione*, cit., pp. 121-129. Cfr. CASTELLANI Luigi Francesco, *De vita Antonii Musae Brasavoli*, cit., pp. 8-20. Baruffaldi e Castellani (questi fors'anche copiando l'altro), nei loro dettagliatissimi resoconti, riportano anche tutti i titoli dei capitoli in cui il medico ferrarese aveva diviso le sue prolusioni e con i loro argomenti. Inoltre, informano che dette esposizioni si tennero il 6, il 26 maggio e il 15 giugno 1520.

235   CASTELLANI Luigi Francesco, *De vita Antonii Musae Brasavoli*, cit., p. 7: «[I]n patrio Archilyceo publicus fuerit [...] Lector designatus». Cfr. nota 227.

236   BARUFFALDI Girolamo, *Comentario istorico-erudito all'iscrizione*, cit., pp. 90-91.

237   GLIOZZI Giuliano, *Brasavola, Antonio, detto Antonio Musa*, cit., p. 51.

238   BARUFFALDI Girolamo, *Comentario istorico-erudito all'iscrizione*, cit., p. 91.

239   Per un elenco delle opere a stampa del Brasavola, si consulti MAZZUCHELLI Giammaria, *Gli scrittori d'Italia*, cit., pp. 2025-2028.

240   CASTELLANI Luigi Francesco, *De vita Antonii Musae Brasavoli*, cit., p. 23: «Octo annis Dialecticam publice edocuit, atque ad eam magis magisque illustrandam eo tempore totum se contulit». Cfr. BRASAVOLA Antonio Musa, *Aphorismorum Hippocratis et Galeni, Commentaria et Annotationes, in octo libros*, in Officina Frobeniana, Basel 1541, p. 1: «Nam octo annis in hoc almo Ferrariensi gymnasio Dialcticae gyros interpretati sumus».

241   CASTELLANI Luigi Francesco, *De vita Antonii Musae Brasavoli*, cit., p. 25: «[A]d Philosophiae naturalis exponendae munus delectus est, eamque novem annos exposuit». Cfr. BRASAVOLA Antonio Musa, *Aphorismorum*, cit., p. 1: «Deinde Philosophiam naturalem novem annis».

242   Cfr. BARUFFALDI Girolamo, *Comentario istorico-erudito all'iscrizione*, cit., pp. 9-37 e *passim*.

243   GLIOZZI Giuliano, *Brasavola, Antonio, detto Antonio Musa*, cit., p. 51. Cfr. BRASAVOLA Antonio Musa, *Examen omnium Catapotiorum*, cit., p. 10: «[E]t anno millesimo quingentesimo vigesimo quinto Illustriss[imi] Herculi, Alphonsi ducis Ferrariae primogenito inservire coepi».

244   CASTELLANI Luigi Francesco, *De vita Antonii Musae Brasavoli*, cit., p. 25.

nell'anno 1528 nel giorno sesto d'Aprile in Venerdì, Ercole Primogenito d'Alfonso I Duca III di Ferrara si portò in Francia con la comitiva di cinquantacinque Nobili, e di cento diecinove (sic!) altre persone. In tal congiontura v'andò pure Antonio Musa [...]. Passarono per Genova, [...], e di là tutti prosperosamente giunsero a Parigi, dove Ercole Estense sposò Madama Renea Figlia del Re Lodovico XII[245].

L'ammirazione che il Brasavola provocò in seno al Collegio Medico della Sorbona, fu quindi diretta conseguenza dello stretto legame con il duca, che gli permise di far parte del suo seguito in occasione di un evento della massima importanza. Il rapporto con Ercole II fu alquanto longevo, tanto che «in un Privilegio d'esso Duca spedito in Ferrara [nel] 1544» egli fu «dichiarato, o confermato neppiunemeno Medico Ducale»[246]. Addirittura, Baruffaldi e il suo informato emendatore Castellani, probabilmente per ribadire l'eccezionalità della figura di cui si occupano, asseriscono che «invero Brasavolo si comport[ava] familiarmente con Alfonso, non come un suddito suole [fare] con il Signore, ma con il comportamento di qualcuno di intimo»[247]. Quest'ultima asserzione forse un poco esagerata e sicuramente difficilmente riscontrabile, sembra portare in primo piano la figura di un *favorito*, uno dei ruoli sempre presenti nel complesso mondo delle corti, nelle quali Brasavola si muoveva certo con grande disinvoltura.
Nella fase giovanile della sua vita il medico ferrarese intrattenne rapporti molto intensi soprattutto con gli Este, ma questo non gli impedì di essere molto apprezzato anche presso la corte di Francesco I di Francia. Baruffaldi ci ricorda che egli fu nominato «Cavaliere di San Michele in Francia»[248], titolo di grande onore e importanza per cui si fece «in quella occasione [...] gran festa»[249]. Ancora, lo stemma araldico dell'antica famiglia dei Brasavola subì, nel procedere dei secoli, non poche modifiche e, fra quelle più significative e d'interesse, è l'aggiunta, proprio nel 1528, dei tre gigli di antica ascendenza francese, fiori che inequivocabilmente rimandavano alla casa reale dei Valois[250]. Dopo il 1528, dopo – cioè – il rientro dalla Francia e dopo il suo matrimonio, Brasavola continuò la sua carriera accademica, compiendo comunque numerosi viaggi. Attorno al 1535, ad esempio, il Brasavola ebbe occasione di «accompagn[are] il Duca Ercole a Roma dal Pontefice Massimo Paolo terzo e a Napoli dall'Imperatore Carlo quinto»[251].
In quest'occasione, il medico ferrarese ebbe modo di conoscere l'imperatore di Germania Carlo V, con il quale si re-incontrerà una seconda volta nel 1541, quando «ebb'egli l'onore d'assistere a Paolo III [...] nel viaggio da esso lui fatto a Lucca con Carlo V»[252]. Anche in quest'occasione, il medico ferrarese non mancò di fare sfoggio della grande eloquenza e delle capacità che lo contraddistinguevano: in effetti, «Antonio Musa [...] divenuto colà commensale di Potentati sì grandi, dimostrò, disputando anche a mensa contro certo medico ivi presente, il valore del suo sapere, confondendo la di lui prava opinione»[253]. Se i rapporti con l'imperatore si limitarono a questi due sporadici incontri e a qualche *consilium* medico, molto più intricati furono le relazioni con la Santa Sede e i Sommi Pontefici. In effetti, Brasavola «[d]ivenne intimo di Paolo III [...] a Lucca dove

---

245 BARUFFALDI Girolamo, *Comentario istorico-erudito all'iscrizione*, cit., p. 90. Cfr. BRASAVOLA Antonio Musa, *Examen omnium Catapotiorum*, cit., p. 10: «[Hercules dux Ferrariae] qui me in Galliam duxit, Millesimo quingentesimo vigesimo octavo».
246 BARUFFALDI Girolamo, *Comentario istorico-erudito all'iscrizione*, cit., p. 112. Baruffaldi, in questa occasione, riporta uno stralcio di un privilegio, senza fornire molte informazioni al riguardo, il quale recita: «Clarissimus, et celeberrimus Artium, et Medicinae Doctor Dominus Eques Antonius Musa Brasavolus Medicus noster dilectissimus ob eius praeclara, et laudabilia merita etc.».
247 CASTELLANI Luigi Francesco, *De vita Antonii Musae Brasavoli*, cit., p. 32: «Quam vero familiariter Brasavolus cum Alphonso ageret, non ut subditus cum Domino solet, sed intrinseci alicujus more, [...]». Cfr. BARUFFALDI Girolamo, *Comentario istorico-erudito all'iscrizione*, cit., p. 113.
248 BARUFFALDI Girolamo, *Comentario istorico-erudito all'iscrizione*, cit., p. 58: «Eq[ues] S[ancti] Michaelis in Galliis».
249 Ivi, p. 88. Baruffaldi dice che ha ricavato questa asserzione «[i]n [un] antichissimo libro fibbiato delle memorie di Casa Brasavoli, fatto riconoscere, e autenticare per pubblico Rogito d'Antonio Surchio Notajo Ferrarese li 11 Agosto 1703».
250 Cfr. ivi, pp. 42-43.108.
251 CASTELLANI Luigi Francesco, *De vita Antonii Musae Brasavoli*, cit., p. 41: «[Q]uum Herculem Ducem Romam ad Paulum tertium Pontificem Maximum et Neapolim ad Carolum quintum Imperatorem comitaretur». Cfr. BRASAVOLA Antonio Musa, *Aphorismorum*, cit., p. 1; «Non possum non valde laetari atque gestire, auditores benignissimi, post tot perpessos labores, nos hodie hoc folium conscendisse, in quo iam diu publice interpretari, et vos edocere assueti sumus; nam superioribus mensibus illustrissimus et excellentissimus Dux noster Hercules coegit nos publicas lectiones intermittere, ut illum Romam ad Paulum tertium Pontificem maximum, et Neapolim ad Carolum imperatorem quintum comitaremur».
252 BARUFFALDI Girolamo, *Comentario istorico-erudito all'iscrizione*, cit., p. 104.
253 Ibidem.

[…] [quest'ultimo] era stato colpito da una grave infermità»[254]. A seguito del soggiorno toscano, papa Paolo III rimase a tal punto colpito da Brasavola che gli offerse di trasferirsi a Roma. In effetti, il medico ferrarese «venne a Roma, e pose il suo domicilio sul monte Giordano presso il Cardinale Estense»[255].

Naturalmente, anche a Roma Brasavola rimase un ferrarese e non poté, né forse avrebbe voluto o gli sarebbe convenuto, estraniarsi dalla fitta rete di relazioni intrattenuta a Roma dalla corte Estense. L'appoggio di un importante principe della Chiesa garantiva di fatto il contatto con molti dei personaggi influenti della aristocrazia cattolica, e garantiva, a un medico capace, la possibilità di accumulare grandi ricchezze. Baruffaldi, citando un registro compilato dal figlio di Brasavola, Ercole, ci dice che i «[d]oni avuti da Antonio Musa […], quando era Medico di Papa Paolo III in Roma […] [considerando] il peso degli Argenti soli (non essendovi il bilancio del peso degli Ori, che son molti) ascend[ono] a trecento oncie»[256]. Il medico ferrarese si fermò in Roma per quattro anni consecutivi insegnando Medicina all'Archiginnasio della Sapienza[257]. La parentesi romana della vita di Brasavola ci mostra ancora una volta l'immagine di un medico professionalmente riconosciuto, ben inserito nelle maglie della corte, ricompensato egregiamente, e che non viene assorbito completamente dalla sua funzione principale di medico del papa, visto il suo continuo impegno nell'insegnamento.

La poliedricità della sua figura emerge molto bene qualora si considerino i suoi interessi, le sue capacità, le sue inclinazioni: i rapporti con gli Estensi, in primo luogo, con papa Paolo III, poi, la carriera accademica a Ferrara, a Roma e in diversi atenei della Penisola, e infine le amicizie celebri (prima fra tutte quella con Celio Calcagnini) mostrano su quale sfondo assai variegato si svolga la sua vita. A tutto ciò, poi, si aggiunge una specifica peculiarità della vicenda biografica di Brasavola: a differenza di molti altri medici a lui coevi, Brasavola nacque in una famiglia di antico lignaggio e di grande prestigio. Questo, senza dubbio poté facilitarlo nei rapporti intrattenuti con la casa di Francia o con l'imperatore, nonché con la Santa Sede.

Questa specificità, tuttavia, non lo fece in nessun modo deviare da un percorso che potrebbe definirsi tradizionale per quasi tutti i medici celebri del rinascimento. La corte cinquecentesca, estense nella fattispecie, rappresentava il *milieu* al quale era per certi versi impossibile sfuggire, anche per un medico celebre e ricercato come Brasavola. Pure quando il medico ferrarese prestò la sua opera in corti e città diverse da Ferrara (ad esempio Roma e la corte pontificia), il legame con gli Estensi non risultò scalfito o indebolito, piuttosto ribadito e rafforzato. Brasavola «fu medico e consulente [oltre che] dei due duchi d'Este [Alfonso I ed Ercole II], dei papi Paolo III, e Giulio III, di Francesco I, Carlo V ed Enrico VIII, degli Aragonesi, dei Farnesi e dei Gonzaga»[258], ma rimase un uomo della corte ferrarese. Di questa nutrita lista di eminenti figure e famiglie cinquecentesche, Baruffaldi si premura di assicurare che, per quanto concerne i papi Leone X, Clemente VII e Giulio III, egli fornì dei *consilia* medici, per i quali ottenne «una Collana d'Oro, con medaglia pur d'Oro»[259]. Nello stesso modo va notato che, sebbene Brasavola ebbe modo di incontrare Francesco I e l'imperatore Carlo V, egli non si recò mai nelle isole britanniche, e mai conobbe di persona Enrico VIII.

Tuttavia, a lui inviò diversi consigli e indirizzò persino i suoi *Aforismi di Ippocrate e Galeno, commentati e annotati*[260]. Castellani ci informa invece che il duca di Mantova Federico II Gonzaga ripagò i servigi resi da Brasavola concedendogli l'esenzione e l'immunità dalle tasse sul territorio sottoposto al ducato mantovano[261]. La dimensione cortigiana di questo medico rinascimentale potrebbe essere integrata anche considerando una sua eventuale funzione più propriamente politica. Dalle parole di Baruffaldi ricaviamo soltanto che Brasavola è «stato con varj Principi [Alfonso d'Este e il figlio cardinal Ippolito II] in varie Città,

---

254 GLIOZZI Giuliano, *Brasavola, Antonio, detto Antonio Musa*, cit., p. 51.
255 CASTELLANI Luigi Francesco, *De vita Antonii Musae Brasavoli*, cit., p. 67: «Romam venit, ac in monte Jordano apud Cardinalem Estensem […] sibi domicilium posuit».
256 BARUFFALDI Girolamo, *Comentario istorico-erudito all'iscrizione*, cit., p. 105.
257 Cfr. GLIOZZI Giuliano, *Brasavola, Antonio, detto Antonio Musa*, cit., p. 51.
258 CAPPARONI Pietro, *Profili bio-bibliografici di medici e naturalisti celebri italiani*, cit., p. 36. Cfr. BRASAVOLA Antonio Musa, *Examen omnium Trochiscorum, Unguentorum, Ceratorum, Emplastrorum Cataplasmatumque, et Collyrium, quorum apud Ferrarienses pharmacopolas usus est: in quinque distinctum tractatus*, apud Iuntas, Venezia 1551, p. 11. Il Brasavola stesso informa che qualche periodo prima della pubblicazione dell'opera, per il Papa, egli «[s]uperioribus mensibus cum Romam velociori equitatu proficiscerer, […]».
259 BARUFFALDI Girolamo, *Comentario istorico-erudito all'iscrizione*, cit., p. 106.
260 Cfr. BRASAVOLA Antonio Musa, *Aphorismorum*, cit., Lettera dedicatoria.
261 Cfr. CASTELLANI Luigi Francesco, *De vita Antonii Musae Brasavoli*, cit., p. 38.

▲ *Il medico come Dio*, incisione di Hendrick Goltzius risalente al XVI secolo, conservata presso il Rijksmuseum di Amsterdam

e Provincie del mondo»[262]; egli aggiunge poi, che «così era stretto in famigliarità, che gli [Ercole II, quarto duca di Ferrara] era divenuto commensale, pransando con esso lui»[263] anche in occasioni importanti e ufficiali come la visita a Ferrara di Pandolfo Malatesta[264]. Queste informazioni potrebbero anche rimandare a una funzione di *consigliere*, oltre a quella naturalmente di medico personale, ma di questo non è dato sapere. La vicenda biografica di Antonio Musa Brasavola, ben lungi dal poter esser definita ordinaria, consegna l'immagine di un medico rinascimentale perfettamente integrato in una rete sociale più o meno ampia, il cui centro di riferimento primo non può che essere considerata la corte ducale di Ferrara. Le *liaison* che, nel corso della propria vita, Brasavola intessé sono completamente ascrivibili al *milieu* culturale e politico della corte rinascimentale, intesa come organismo alquanto ramificato capace di comprendere al suo interno personalità, menti e figure molto diverse fra loro, accomunate tutte non soltanto da un rapporto di mecenatismo specifico, ma da esperienze e ruoli difficilmente districabili. L'ipotetico Antonio Musa Brasavola, medico ferrarese, avulso dalla corte estense, non sarebbe lo stesso Brasavola: la corte non è solo un luogo o una rete sociale all'interno della quale muoversi, bensì è un'esperienza a volte totalizzante, che spesso interviene a determinare unilateralmente le scelte di vita di chi ne fa parte.

---

262   BARUFFALDI Girolamo, *Comentario istorico-erudito all'iscrizione*, cit., p. 115. Nei riferimenti che Baruffaldi porta a suffragio di questa asserzione, viene citato BRASAVOLA Antonio Musa, *Examen omnium simplicium*, cit., pp. 294.325.342. In questi passi, tuttavia, non si afferma che Brasavola personalmente viaggiasse per il mondo al seguito degli Estensi, ma le informazioni si limitano ad asserire che Brasavola conosceva i nomi di determinate piante di suo interesse in tedesco e in polacco. Che, poi, quegli abbia raccolto questi nomi di persona o se li sia fatti riferire da d'interposta persona, non è dato sapere.
263   Ibidem.
264   Cfr. ivi, p. 116.

ALFONSO FERRI

Faenza o Napoli: la città romagnola e il capoluogo partenopeo si contendono la gloria di essere la patria natale del celebre medico Alfonso Ferri[265]. Escludendo le opere a stampa da lui scritte, la restante documentazione concernente la sua vita è estremamente limitata ed è costituita quasi esclusivamente da documenti molto scarni e collettanei[266]. In più, le informazioni sulla sua vita che Ferri consegna alle proprie opere sono alquanto rare e pressoché irrilevanti. La scarsezza d'informazioni e la loro eccessiva brevità hanno spinto i biografi più tardi a dover ricorrere spesso a supposizioni e prese di posizione senza alcun fondamento documentale. Quest'atteggiamento non si riscontra soltanto nelle biografie relative al medico napoletano, ma in generale ogniqualvolta le informazioni sono difficilmente reperibili. In tal caso la tendenza alle supposizioni è inevitabilmente ampliata.

Il luogo e la data di nascita di una persona sono spesso molto più di una semplice coordinata geo-temporale. Esse possono fornire importanti ragguagli sulla formazione, sulla famiglia, sulle origini. Nel caso di Ferri, la *variatio* fra le due località in cui, secondo le biografie sarebbe nato, è molto rilevante, perché rimanda a due contesti profondamente diversi. Irrisolvibile al momento la questione della patria, l'unica certezza che si può trarre dalle fonti biografiche è che egli «[n]acque con ogni probabilità agli inizi del '500»[267].

Se così vaghe sono le informazioni relative alla nascita, non meno lo sono quelle inerenti alla sua formazione. Fra i biografi tardi, soltanto Giovanni Alessandro Brambilla, in un'enciclopedia biografica delle scienze medico-chirurgiche della seconda metà del XVIII secolo, si sofferma su questo punto, scrivendo che «Alfonso Ferri [...] fece i suoi studj d'Umanità, e di Filosofia, [che si] applicò in seguito alla Chirurgia, [e che] prese il grado dottorale in questa scienza»[268]. Dal canto suo, Giovanni Bernardino Tafuri, storico partenopeo di qualche anno precedente all'autore milanese, al proposito asserisce che «[f]ù [Ferri] nelle scienze filosofiche, e Mediche sopra d'ogn'altro eruditissimo, disortechè appena ottenne la laurea Dottorale, che si diede ad esercitarla [...] con suo sommo onore»[269]. Ambedue i biografi non riportano né date né luoghi riguardanti la laurea di Ferri; ciò è probabilmente dovuto al fatto che queste affermazioni non poggiano sulla conoscenza diretta del *curriculum* di studi del medico napoletano, ma sono ricavate *a posteriori* dalle opere e dalle altre circostanze della vita di Ferri. Sebbene tale inferenza sia giustificata dal buon senso e dal procedere ordinario delle cose, questo non è senz'altro sufficiente per fornire un quadro composto e completo della formazione del medico partenopeo.

Prescindendo ora dal percorso formativo, di cui non abbiamo notizie certe, sembra plausibile ritenere che la vita di Ferri si svolgesse perlopiù all'interno di un normale *cursus* accademico. Lo storico dello Studio romano Giuseppe Carafa riporta che «Alfonso Ferri [...] [fu] Professore di Anatomia, e di Chirurgia nell'Ateneo Romano, dall'anno 1539 fino all'anno 1561, poi pubblico Professore di Chirurgia nell'Ateneo Napoletano»[270].

Questa versione estremamente sintetica e lineare, che chiude l'esperienza universitaria di Ferri in due date definite senza apparenti interruzioni, va accolta però con una certa precauzione. Non è infatti da escludere che l'insegnamento universitario del medico napoletano possa essere stato assai meno uniforme di quanto qui mostrato. Antonella Pagano, la curatrice della voce relativa ad Alfonso Ferri nel *Dizionario Biografico*

---

265   Cfr. PAGANO Antonella, *Ferri, Alfonso*, in *Dizionario Biografico degli Italiani*, Treccani, Roma 1997, Volume 47, p. 111. Cfr. TAFURI Giovanni Bernardino, *Istoria degli scrittori nati nel regno di Napoli*, nella Stamperia di Felice Carlo Mosca per Giuseppe Severini Boezio, Napoli 1753, Tomo III-2, p. 416 [Ristampa Anastatica: Forni Editore, Bologna 1974]. Cfr. MONTANARI Antonio, *Gli uomini illustri di Faenza*, Conti editore, Faenza 1882, Tomo I-2, p. 42

266   Molte date e diversi accadimenti biografici sono ricavati esclusivamente da registri e rotuli universitari, pontifici e medici, che forniscono soltanto informazioni tecniche e limitate, non senza zone d'ombra e imprecisioni.

267   PAGANO Antonella, *Ferri, Alfonso*, cit., p. 111.

268   BRAMBILLA Giovanni Alessandro, *Storia delle scoperte fisico-medico-anatomico-chirurgiche fatte dagli uomini illustri italiani*, nell'Imperial Monistero di S. Ambrogio Maggiore, Milano 1782, Tomo II-2, p. 144 [Ristampa Anastatica: Forni Editore, Bologna 1977].

269   TAFURI Giovanni Bernardino, *Istoria degli scrittori nati nel regno di Napoli*, cit., pp. 416-417.

270   CARAFA Giuseppe, *De professoribus Gymnasii Romani, cui accedunt Catalogus Advocatorum Sacri Concistorii, et Bullae Romanorum Pontificum ad idem Gymnasium spectantes*, Typis Antonii Fulgonii apud S. Eustachium, Roma 1751², Volume II, p. 354 [Ristampa Anastatica: Forni Editore, Bologna 1971]: «Alphonsus Ferreus [...] [fuit] Professor Anatomiae, et Chirurgiae in Romano Gymnasio, anno MDXXXIX, usque ad annum MDLXI tum publicus in Neapolitano Gymnasio Professor Chirurgiae».

degli Italiani, consultando i *rotuli* superstiti dell'Università di Roma, ha potuto accertare solo che «il Ferri insegnò sicuramente a Roma nel 1535, 1539, 1542, 1548 e 1549»[271].

Ciò non significa necessariamente che negli altri anni, Ferri non avesse una cattedra o fosse lontano da Roma. Le fonti rinascimentali oggi disponibili e consultabili sono lacunose e incomplete, e possono certificare un suo insegnamento soltanto in questi anni accademici.

Tanto più che la fama di Alfonso Ferri è legata soprattutto al suo libro sulle ferite d'arma da fuoco[272], in cui una particolare attenzione era rivolta proprio alle esperienze dirette di cura. Questo induce a supporre una sua presenza in campagne militari. Un contesto che meglio spiegherebbe le sue conoscenze sulle conseguenze delle ferite di archibugio. Le assenze da Roma potrebbero essere quindi legate a questa attività di medico militare, ma solo ulteriori ricerche potranno stabilire la validità di una tale ipotesi. In ogni caso, il nome di Alfonso Ferri torna a comparire nei *rotuli* degli anni 1559 e 1561, «in qualità di lettore di chirurgia»[273].

▲ Ritratto di Paracelso, XVII secolo, Rijksmuseum di Amsterdam

Se l'insegnamento romano sembra sostanzialmente confermato da documenti ufficiali, rimane invece relativamente nell'ombra il rapporto di Ferri con l'Ateneo napoletano[274]. Brambilla, nella sua biografia, lascia intendere che Ferri, dopo aver preso «il grado dottorale in [Medicina], divenne pubblico Professore di Chirurgia»[275] prima di trasferirsi a Roma. Pur senza asserirlo esplicitamente, lo storico milanese anticipa l'inizio della carriera accademica di Ferri già presso l'Università di Napoli, prima del lungo soggiorno romano. Si deve però notare come la cronologia degli avvenimenti narrati qui sia alquanto imprecisa (Brambilla, infatti, asserisce che Ferri fu fatto «chiamare a Roma nel 1550»[276], facendo con ciò supporre che egli nel periodo 1535-1550 si trovasse a Napoli). Le fonti coeve non permettono di risolvere la questione, e

---

271   PAGANO Antonella, *Ferri, Alfonso,* cit., p. 111.
272   Uno dei trattati più celebri di Alfonso Ferri titola proprio *De sclopetorum sive archibusorum vulneribus.*
273   PAGANO Antonella, *Ferri, Alfonso,* cit., p. 112.
274   Cfr. FERRI Alfonso, *De caruncola sive callo, quae cervici vesicae innascuntur Chirurgis omnibus opusculum imprimis utile,* in –, *De sclopetorum sive archibusorum vulneribus libri tres,* apud Mathiam Bonhomme, Lyon 1553², p. 90: «[P]er multos iam annos, et Neapoli, et Romae Chirurgica facultatem publice profitendo […]».
275   BRAMBILLA Giovanni Alessandro, *Storia delle scoperte,* cit., p. 144.
276   Ibidem.

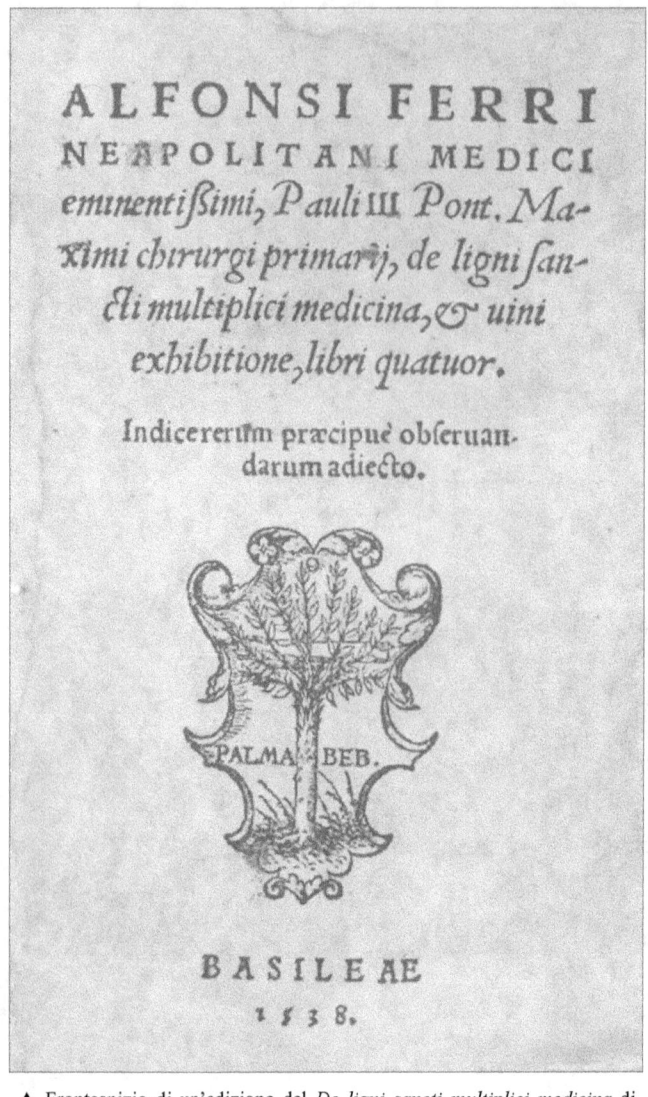

▲ Frontespizio di un'edizione del *De ligni sancti multiplici medicina* di Alfonso Ferri, stampato a Basilea nel 1538

quindi non si è in grado di stabilire in quale delle due università egli iniziasse il suo insegnamento. Certa è, invece, la presenza di Ferri a Napoli nel 1557: «in un memoriale [...] sottoscritto da tutti i professori dello Studio di Napoli per chiedere un aumento dello stipendio si trova, infatti, anche il suo nominativo»[277].

Pagano ipotizza che Ferri, rientrando in Italia da una campagna militare nell'Europa centrale, fosse ritornato nella sua città natale, e ivi avesse ottenuto una cattedra. Questa particolare circostanza, se provata, mostrerebbe una grande mobilità da parte di Ferri, che si sarebbe più volte trasferito da una città all'altra, inframmezzando a questi spostamenti le sue attività al seguito delle truppe militari, facendo in questo modo passare in secondo piano, sia l'insegnamento universitario, sia il suo rapporto con la corte papale (di cui si tratterà a breve).

Più problematica, sulla base delle notizie a disposizione, è la questione del suo ritorno a Napoli dopo il 1561. Quali furono i motivi di questo spostamento. Pagano scrive che egli «[s]i era candidato ancora nel 1560, come archiatra di Pio IV e, non ottenuta la carica, rientrò a Napoli»[278]. Da quanto detto fino a ora, emerge quindi una carriera professionale assai poco lineare, non priva di possibili numerose interruzioni.

In quanto medico di diversi pontefici, la vita e l'attività di Alfonso Ferri non può in nessun modo essere scissa dalla dimensione prettamente cortigiana. Gaetano Marini, che riprende l'opera enciclopedica sugli archiatri pontifici di Prospero Mandosio[279], colloca il medico napoletano sotto il pontificato di Paolo III[280]. Questa collocazione cronologica è in accordo con la prima indicazione del passaggio di Ferri a Roma: infatti, papa Paolo III venne eletto al soglio pontificio nel 1534, l'anno prima che Ferri fosse chiamato a Roma.

Con ciò si può ritenere confutata l'asserzione non troppo informata di Brambilla, secondo cui sarebbe stato il «Pontefice Giulio III celebre non meno per le vaste cognizioni, che per le magnanime sue azioni»[281] a chiamare il medico napoletano a Roma. Oltre alla «riputazione grande, che veniva a rifulsare (sic!) nella propria sua Persona»[282], la permanenza di Ferri a Roma fu senz'altro legata al trattamento di riguardo con cui i diversi pontefici seppero, in un certo qual modo, ricompensare i suoi servigi. Marini, tramite i documenti della Cancelleria Apostolica, s'accorge che papa Paolo III acconsentì a donargli «una Vigna confiscata ad un

---

277 PAGANO Antonella, *Ferri, Alfonso*, cit., p. 111.
278 Ivi, p. 113. Cfr. MARINI Gaetano, *Degli archiatri pontificj*, cit., p. 359.
279 Cfr. MANDOSIO Prospero, *Theatron*, cit.
280 Cfr. MARINI Gaetano, *Degli archiatri pontificj*, cit., pp. 358-361.
281 BRAMBILLA Giovanni Alessandro, *Storia delle scoperte*, cit., p. 144.
282 TAFURI Giovanni Bernardino, *Istoria degli scrittori nati nel regno di Napoli*, cit., p. 417.

fornaro, che era situata fuori della Porta Pinciana»[283], quale ricompensa per la sua opera prestata al servizio della propria corte. Nulla farebbe ritenere che il medico napoletano fosse insoddisfatto del proprio trattamento economico all'interno della corte pontificia. Risulta essere una semplice variazione sul tema della sete di guadagno dei medici, quello che viene raccontato nel XVIII secolo da Antoine Portal. Secondo lo storico dell'anatomia, Ferri non si sarebbe curato di accumulare grandi ricchezze tenendo segreti i rimedi da lui ritrovati, ma li avrebbe invece resi di pubblico dominio «tanto per la sua gloria quanto per il bene pubblico, al servizio del quale egli aveva consacrato i suoi lavori»[284]. Usato *ad hoc* per muovere una critica alla classe medico-chirurgica settecentesca, questo racconto si svincola dalla vicenda biografica di Ferri, per diventare un atto d'accusa contro quei medici colpevoli di essersi «arricchiti vendendo a un prezzo eccessivo dei medicamenti di cui hanno nascosto la composizione»[285], una pratica che, secondo Portal, l'integerrimo Ferri avrebbe aborrito. Da questo passaggio di Portal emerge, più d'altro, un'immagine fortemente idealizzata del medico rinascimentale, ricalcata in aperta opposizione a un modello negativo ben chiaro nella mente del medico settecentesco. Una lettura interessata che non può certo essere presa come testimonianza storica dell'agire del medico napoletano. Relativamente alla dimensione economica del rapporto professionale di Ferri, le fonti a questi coeve non permettono di ottenere altri elementi di giudizio.

La *querelle* sulle ricchezze s'interseca inevitabilmente con un'altra questione, apparentemente soltanto aneddotica, ma qui estremamente utile. In aggiunta al ruolo professionale che Ferri ricoperse alla corte pontificia, «incerte sono le notizie sulla sua vita privata»[286] e, nella fattispecie, poco si sa della sua situazione familiare. Giovanni Bernardino Tafuri asserisce che «[p]resa la Vesta di Prelato, ed il nuovo impiego, […] gli fecero cangiar molto l'ordine del vivere»[287]. È qui abbastanza evidente la tendenza dello storico napoletano a fornire una descrizione del personaggio eccessivamente edulcorata secondo una ricostruzione idealizzata e priva di possibili elementi contrastanti. Si sa invece da Marini che Ferri avrebbe avuto «nove figliuoli […], sette maschi, e due femmine, con di più la speranza di farne altri»[288]. La questione potrebbe venire chiarita se si riuscisse a sapere a quali momenti della vita del medico napoletano si debbano riferire le notizie date da Tafuri. Marini deriva la sua testimonianza su un documento datato 23 ottobre 1545, con cui Ferri otteneva l'esenzione dal pagamento di alcune specifiche gabelle a causa della numerosa prole.

Una ulteriore difficoltà sorge nella determinazione della qualifica professionale di Ferri. Nella sua raccolta degli archiatri pontifici, Marini si pone la domanda se Ferri «stesse col Papa per Medico, o per Chirurgo»[289]. I diversi biografi, seguendo un uso linguistico non rigoroso, attribuiscono a Ferri diversi titoli. Il già citato Portal, ad esempio, lo definisce «premier Médecin»[290], così come fanno anche Nicolò Toppi[291] e Giovanni Bernardino Tafuri[292] fra XVII e XVIII secolo. Al contrario, Brambilla definisce Ferri «primo Chirurgo»[293], Albrecht von Haller, intervenendo nella *querelle*, definisce Ferri contemporaneamente «medicus et chirurgus»[294]. Si è già visto in precedenza come la terminologia impiegata per definire o stabilire una connotazione specifica dei diversi medici varî sensibilmente da un biografo all'altro, in relazione alle diverse esigenze stilistiche, estetiche e di variabilità lessicale. Talora, la predilezione di un termine rispetto a un altro non cela un rimando contenutistico rilevante, ma i diversi titoli si affastellano senza alcuna distinzione di sorta, senza che essi possano indicare con precisione un concetto determinato. La questione può trovare una

---

283 MARINI Gaetano, *Degli archiatri pontificj*, cit., p. 359.
284 PORTAL Antoine, *Histoire de l'anatomie et de la chirurgie*, cit., p. 322: «Ferri avoit indiquée [la composition de ses remèdes] tant pour sa gloire que pour le bien public, au service duquel il avoit consacré ses travaux».
285 Ibidem: «[P]lusiers Chirurgiens se sont enrichis en vendant à un prix excessif des sondes dont ils ont caché la composition».
286 PAGANO Antonella, *Ferri, Alfonso*, cit., p. 113.
287 TAFURI Giovanni Bernardino, *Istoria degli scrittori nati nel regno di Napoli*, cit., p. 417.
288 MARINI Gaetano, *Degli archiatri pontificj*, cit., p. 359.
289 Ivi, p. 358.
290 PORTAL Antoine, *Histoire de l'anatomie et de la chirurgie*, cit., p. 316.
291 Cfr. TOPPI Nicolò, *Biblioteca napoletana et apparato a gli huomini illustri in lettere di Napoli, e del Regno. Delle famiglie, terre, città, e religioni che sono nello stesso regno. Dalle loro origini, per tutto l'anno 1678*, appresso Antonio Bulifon all'insegna della Sirena, Napoli 1678, p. 9.
292 Cfr. TAFURI Giovanni Bernardino, *Istoria degli scrittori nati nel regno di Napoli*, cit., p. 417.
293 BRAMBILLA Giovanni Alessandro, *Storia delle scoperte*, cit., p. 144.
294 VON HALLER Albrecht, *Bibliotheca Medicinae Praticae qua scripta ad partem Medicinae Praticam Facientia. A rerum initiis ad a. MDCCLXXVIII recensetur*, apud Johannes Schweighauser e apud Emilius Haller, Basel-Bern 1777, Tomo II, p. 33.

▲ Incisione risalente al XVIII - XIX secolo ritraente un *physicus*, conservata presso il Rijksmuseum di Amsterdam

soluzione adottando, anche in questo caso, la terminologia utilizzata dallo stesso Ferri per definire se stesso. In una lettera dedicatoria preposta alla sua opera sul legno del guaiaco, egli si appellava a papa Paolo III, firmandosi «Alphonsus Ferrus chirurgus suus»[295]. Egli sembra dunque attribuirsi il solo titolo di chirurgo.
Il papa stesso tuttavia, rivolgendosi al proprio archiatra, elogiandolo in un documento riportato in calce allo stesso volume, lo definisce «[d]iletto figlio Alfonso Ferri Napoletano, nostro Dottore Chirurgo in arti e medicina»[296]. Come si vede molte volte vi è una sostanziale ambiguità nell'uso dei rispettivi nomi, che probabilmente è dovuta a una reale sovrapposizione delle due distinte attività mediche, che venivano esercitate contemporaneamente dalla stessa persona. Marini, sulla base di testimonianze documentali rinvenibili presso gli archivi pontifici, scrive che in essi Ferri viene sempre definito «Chirurgo»[297], e questo durante i pontificati di «Paolo III e IV, e sotto Giulio [III]»[298]. Lo storico settecentesco non accorda invece molta importanza né al decreto pontificio del «23 di Ottobre del 1545»[299], in cui quegli veniva definito semplicemente *Medico*, né al fatto «che *Fisico* lo chiam[asse] Pio IV»[300].
In ogni caso, senza perdersi nell'accidentalità dei nomi e dei titoli, l'immagine che pare emergere con maggiore forza sia quella di un chirurgo, con un'esperienza e una capacità pratica universalmente riconosciuta, con importanti rapporti accademici presso le Università di Roma e di Napoli, apprezzato autore sin dalla propria epoca, come attestano le numerose ristampe delle sue opere in Italia e in Europa[301].
Con un certo grado di certezza si può affermare che mai Ferri divenne archiatra pontificio, nel senso più rigido del termine, dal momento che altri medici ricopersero tale importante ruolo durante gli stessi anni in cui egli si trovò presso la corte papale. Nulla tuttavia può far escludere che egli fosse considerato fattivamente primo chirurgo del papa, fornendogli un ruolo di primissimo piano nel rapporto con il Pontefice.
L'ordito romano sul quale Alfonso Ferri costruì la propria carriera non poté che essere la corte pontificia. I propri rapporti inter-personali con diversi pontefici gli permisero non soltanto di ottenere una fama e una gloria altrimenti difficilmente raggiungibili, forse anche l'insegnamento nello Studio romano.
Dalle biografie disponibili (di almeno centocinquant'anni posteriori alla morte del chirurgo napoletano) sembra trasparire la posizione, per certi versi, alquanto defilata che Ferri occupava all'interno della corte pontificia. Ciò può essere dovuto alla mancata *relatio* da parte dei biografi sette-ottocenteschi di elementi rilevanti per questi temi; come si è visto gli stessi biografi hanno spesso fornito un'interpretazione ricca di dettagli, a loro dire, credibili ma di cui è difficile stabilire la veridicità. Potrebbe anche darsi che effettivamente Alfonso Ferri non avesse un ruolo così preminente nella corte romana: difficilmente si spiegherebbe altrimenti la repentina partenza per Napoli, dopo aver fallito nel mantenimento del proprio ruolo con Pio IV.
In ogni caso, allo stato della documentazione, anche questa questione rimane in sospeso. Per questo, ci si dovrà accontentare di quanto è stato trasmesso, vale a dire delle immagini idealizzate che ogni biografo ha costruito secondo il proprio gusto personale.

---

295   FERRI Alfonso, *De ligni sancti multiplici medicina et vini exhibitione*, apud Antonium Bladum Asulanum in Campo Florae, Roma 1537, lettera dedicatoria.
296   Ivi: «Dilectus filius Alphonsus Ferrus Neapolitanus Artium et medicinae Doctor Chyrurgus noster».
297   MARINI Gaetano, *Degli archiatri pontificj*, cit., p. 359.
298   Ibidem.
299   Ibidem.
300   Ibidem.
301   Cfr. PAGANO Antonella, *Ferri, Alfonso*, cit., pp. 111-112. Cfr. PORTAL Antoine, *Histoire de l'anatomie et de la chirurgie*, cit., p. 316. Cfr. VON HALLER Albrecht, *Bibliotheca Medicinae Praticae*, cit., p. 33.

BARTOLOMEO MAGGI

Il colonnello-medico Arturo Casarini assegna a Bartolomeo Maggi, medico bolognese, un ruolo di primo piano nel lungo cammino storico della chirurgia: «[B]en a ragione possiamo ritenere [Bartolomeo Maggi] il fondatore della chirurgia militare italiana»[302]. Nel corso della sua vita, Maggi mai ebbe la percezione di poter assurgere a una così prestigiosa posizione nel *pantheon* dei padri della medicina. La storia, tuttavia, segue percorsi imprevedibili e fortuiti. Accade così che un medico, di cui si sa molto poco, possa essere riconosciuto come un padre fondatore, per quanto solo in una nazione, di una branca medica tutt'altro che ininfluente o marginale.

La figura di Bartolomeo Maggi, sebbene inserita in molte opere collettanee dedicate alle grandi figure della medicina del passato, rimane ancora oggi avvolta da una coltre opaca che non permette di avere una visione compiuta e articolata. Poco si conosce sulla sua vita, sulla sua professione e sui suoi rapporti interpersonali. Le biografie, soprattutto sette e ottocentesche, non disdegnano solitamente di costruire grandi ritratti con molte coloriture a partire da pochi cenni timidi e sfocati, rinvenuti sovente in fonti più antiche talora poco affidabili. La possibilità di consultare i dati autobiografici contenuti e disseminati nelle opere da lui pubblicate, conservatesi fino ai giorni nostri, è oltremodo limitata dal fatto che Maggi non pubblicò nulla quand'era in vita. L'unica opera a lui ascritta, il *De vulnerum bombardorum et sclopetorum, globulis illatorum, et de eorum symptomatum curatione, tractatus*[303], fu pubblicata postuma per volontà del fratello Giovanni Battista[304].

Dei pochi cenni autobiografici che quest'opera conserva, si parlerà in seguito. Da questa situazione emerge con forza un profondo senso d'insicurezza, che costringe lo storico d'oggi, così come quello del passato, a procedere senza il sicuro ausilio delle fonti. Già Gaetano Marini esprime in maniera esplicita questo disagio, quando è costretto a dover riconoscere che sulla vita di Maggi «dicono tutti ad una voce, ma avendone io voluto avere alcuna sicurezza, non l'ho trovata»[305]. In realtà la voce unica di cui parla Marini non evita che le versioni si moltiplichino copiosamente, diversificandosi e fornendo le ricostruzioni più variegate sui più disparati dettagli. Ciascun biografo, attingendo alle proprie fonti occulte, con fini e motivi diversi, pone l'accento su dettagli particolari, funzionali alla propria lettura e alla propria interpretazione della vita del medico bolognese.

Il ragguaglio che pressoché tutte le biografie tarde tendono a riferire è la data di nascita di Maggi. Non esiste medico rinascimentale per cui non sussista un seppur minimo dubbio relativamente a questo importante dato anagrafico; tuttavia, nel caso di Maggi, queste informazioni riescono a perdersi in una pletora di proteiformi varianti, che si ripercuotono altresì sui successivi accadimenti della vita del medico bolognese in modi molto differenti. Alcuni addirittura vedono negli scritti di altri autori incongruenze cronologiche inaccettabili. Il già citato Marini, ad esempio, fa notare come «[i]l Portal lo fa nascere nel 1541, quando nell'A[nno] 1552 in cui si congedò dagli Uomini, ne contava 76»[306]. Senonché è lo stesso Marini a leggere malamente il passo di Antoine Portal, che aveva scritto: «Maggi o Maggius (Bartolomeo) visse verso l'anno 1541, e fiorì a Bologna sua patria»[307]. L'impiego del termine *vivere* dà un senso completamente diverso alla data del 1541 la quale non assume più una connotazione chiaramente definita, ma permette un'ampia oscillazione all'indietro per poter collocare l'effettiva nascita di Maggi in un anno il più prossimo possibile al 1476, data di riferimento vista l'età di Maggi al momento della morte. Lo scrittore e medico belga Nicolas Eloy, che cura l'edizione di un fortunato *Dizionario storico della Medicina*, scrive che, secondo le proprie fonti, «Maggi […] era di Bologna, ove nacque nel 1477 […] e morì nella sua Città nativa nel 1552 in età di 75 anni»[308].

---

302 CASARINI Arturo, *La medicina militare nella leggenda e nella storia: saggio storico sui servizi sanitari negli eserciti*, Giornale di Medicina Militare, Roma 1929, p. 199.
303 MAGGI Bartolomeo, *De vulnerum bombardorum et sclopetorum, globulis illatorum, et de eorum symptomatum curatione, tractatus*, per Bartholomeum Bonardum, Bologna 1552.
304 Cfr. PREMUDA Loris, *Maggi, Bartolomeo*, in *Complete Dictionary of Scientific Biography*, Charles Scribner's Sons, Detroit 2008, Volume 9, p. 12.
305 MARINI Gaetano, *Degli archiatri pontificj*, p. 405.
306 Ibidem.
307 PORTAL Antoine, *Histoire de l'anatomie et de la chirurgie*, p. 502: «Maggi ou Maggius (Barthelemi) vécut vers l'an 1541, et florissoit à Boulogne sa patrie».
308 ELOY Nicolas, *Dizionario storico della medicina*, per Benedetto Gessari, Napoli 1764, Tomo IV, p. 141.

Alla base di tutti questi calcoli stava il presunto testo della lapide posta da Giovanni Battista Maggi sulla tomba del fratello Bartolomeo nella chiesa di s. Francesco in Bologna. Riportato da Giovanni Nicolò Pasquali Alidosi nel suo libro *I dottori bolognesi di Teologia, Filosofia, Medicina, e d'Arti Liberali. Dall'anno 1000 per tutto Marzo del 1623*[309], il testo di tale epigrafe passò di libro in libro, indubitata verità fino a metà del XIX secolo. Così lo troviamo riportato nell'influente opera di Giovanni Alessandro Brambilla[310]:

> D. O. M.
> BARTHOLOMEO MAGGIO BONON.
> PHILOSOPHO AC MEDICO PRAECLARO CVIVS
> MIRA VIRTVTVM FACVLTAS IVLIO III PONT. MAX.
> HENRICO GALLIARVM REGI TOTIQUE ORBI
> NOTISSIMA FVERAT
> QVI VIXIT AN. LXXV MENS. VII D. XXII.
> OBIIT VII CAL. APRILIS IOHAN. BAPT. MAGGIVS
> FRATRI B. M. P. MDLII

In tale testo con grande chiarezza, si legge che Bartolomeo Maggi «visse settantacinque anni, sette mesi e ventidue giorni», essendo morto il 26 marzo 1552, e la sua data di nascita andrebbe quindi collocata al 4/5 agosto 1476. Sulla base di tali dati la *querelle* dovrebbe considerarsi definitivamente risolta, senonché nel 1858 qualcuno non si accontentò di ciò che si leggeva nei libri, e andò a controllare *in loco* la lapide. Ecco il singolare risultato di questa visita confermato in parte dai libri battesimali della cattedrale bolognese:

[t]utti gli storici ed i più rinomati, l'Alidosi[311] *il Bumaldi, l'Orlandi, il Mandosio*[312]*, l'Astruc, il Portal*[313]*, l'Eloy*[314]*, il Fantuzzi*[315]*, parlando di Bartolomeo Maggi il dicono nato nel 1477 e morto nell'età di 75 anni nell'aprile (sic!) 1552; ed invece si è scoperto che fu battezzato [nella] Cattedrale di S. Pietro il 26 agosto 1516, e non essendo dubbia l'epoca della morte, ne emerge invece non essere vissuto che poco più di 35 anni. La qual cosa viene [...] più ampiamente confermata dall'iscrizione posta nel grandioso sarcofago che al Maggi fu eretto nella chiesa di San Francesco, ove chiarissimamente si legge: qui vixit an[ni] XXXV mens[es] VII dies XXII e non già an[ni] LXXV come la riportarono il Portal*[316]*, il Brambilla*[317]*, ed il Fantuzzi*[318]*; per cui si vede che dalla sbagliata copia dell'iscrizione derivò l'errore storico*[319].

La questione anagrafica era definitivamente risolta. L'errata lettura e la conseguente correzione dell'iscrizione ad opera della Società Medico-Chirurgica di Bologna a metà del XIX secolo, mostrano comunque quali fossero le modalità di lavoro degli storici passati, anche di quelli locali, che sovente, senza consultare personalmente le fonti, si riducevano a copiarsi gli uni con gli altri[320].

---

309 Cfr. ALIDOSI PASQUALI Giovanni Nicolò, *I dottori bolognesi*, p. 35.
310 BRAMBILLA Giovanni Alessandro, *Storia delle scoperte*, cit., p. 187.
311 Cfr. ALIDOSI PASQUALI Giovanni Nicolò, *I dottori bolognesi*, cit., p. 35.
312 Cfr. MANDOSIO Prospero, *Theatron*, pp. 29-31.
313 Cfr. PORTAL Antoine, *Histoire de l'anatomie et de la chirurgie*, cit., p. 502. In realtà, Portal non entra nel merito della data di nascita.
314 Cfr. ELOY Nicolas, *Dizionario storico della medicina*, cit., p. 141.
315 Cfr. FANTUZZI Giovanni, *Notizie degli scrittori bolognesi*, nella Stamperia di san Tommaso d'Aquino, Bologna 1786, Tomo V, pp. 112-113.
316 Cfr. PORTAL Antoine, *Histoire de l'anatomie et de la chirurgie*, cit., p. 502.
317 Cfr. BRAMBILLA Giovanni Alessandro, *Storia delle scoperte*, cit., p. 187.
318 Cfr. FANTUZZI Giovanni, *Notizie degli scrittori bolognesi*, cit., p. 112.
319 *Bullettino delle Scienze Mediche della Società Medico-Chirurgica di Bologna*, Anno IV-9, Tipografia all'Ancora, Bologna 1858, p. 394.
320 L'errata data di nascita, con tutto quello che ne consegue passò anche nella più importante Storia della medicina scritta in Italia. Cfr. DE RENZI Salvatore, *Storia della medicina in Italia*, dalla tipografia del Filiatre-Sebezio, Napoli 1845, Tomo III, p. 661. Appoggiando la sua trattazione sull'attribuita nascita di Maggi nel 1477, de Renzi ritiene che quegli fosse «di circa 40 anni più

▲ *Il medico come Diavolo*, incisione di Hendrick Goltzius risalente al XVI secolo, conservata presso il Rijksmuseum di Amsterdam

Lo spostamento in avanti della data di nascita di Maggi al 1516, viene così a spiegare come mai fino al 1541 non si abbia alcuna notizia di costui. Se fosse stata vera la data del 1476/1477, egli non avrebbe lasciato nessuna traccia di sé fino al suo sessantaquattresimo anno d'età.

Come si diceva la prima notizia di Maggi è riferibile al 1541. È il bolognese Giovanni Fantuzzi, che si occupa degli autori suoi conterranei, a informare che «ne' Rotoli del[lo] [...] Studio [di Bologna, Maggi] si vede destinato alla Lettura di Chirurgia nell'anno 1541 [e che s]ostenne questa carica fino all'anno 1552, nel quale morì»[321]. La data del 1541, che Portal utilizza come indicativa nella vita di Maggi, trova ora una sua giustificazione nel cominciamento della carriera del medico bolognese presso l'ateneo della sua città.

Se talora i documenti conservati presso gli archivi universitari sono incompleti e frammentari, nel caso di Maggi, Fantuzzi informa che una consultazione approfondita dei *rotuli* che vanno dal 1541 al 1552 garantisce che sia «costantemente descritto il suo nome»[322], escludendo così un suo eventuale allontanamento dalla città e dal relativo Studio. Le informazioni – come si è già sufficientemente compreso – estremamente scarne

---

vecchio di Pareo» e che il Papa lo chiamasse a Roma quando era «già vecchio di 73 anni».
321   FANTUZZI Giovanni, *Notizie degli scrittori bolognesi*, cit., p. 112.
322   Ibidem.

che le fonti offrono non permettono di aggiungere altro sulla carriera accademica del medico bolognese. L'immagine che se ne trae, quindi, è quella di un medico giovane e promettente che viene incaricato dell'insegnamento di Chirurgia, e che continua a ricoprire tale ruolo sino alla morte.

La vicenda biografica di Bartolomeo Maggi tende a procedere, come s'è avuto modo di vedere, per grandi macchie oscure, sulle quali talora dei rari sprazzi di luce donano qualche timido particolare. Uno dei punti fermi da cui partire, per tratteggiare meglio la vita di questo medico, sembrerebbe proprio la già citata affermazione «[c]he Bartolomeo Maggi, Chirurgo piuttosto che Medico, fosse anch'egli Archiatro di Giulio [III] lo dicono tutti ad una voce»[323]. Senz'altro, tutti i biografi sette-ottocenteschi attribuiscono a Maggi una permanenza più o meno prolungata a Roma, presso la corte pontificia; attorno a questo *canovaccio* comune, i dettagli tendono, al contrario, a differenziarsi e a moltiplicarsi, più per fornire una struttura logica intrinseca ai singoli racconti, che per aggiungere, a una biografia senz'altro avara, preziose informazioni reperite in improbabili quanto misteriose fonti. Portal, ad esempio, aggiunge che Maggi «acquisì una sì grande reputazione, che il Papa Giulio III lo chiamò come suo Medico»[324]. Oltre all'età relativamente giovane, è necessario ricordare che Maggi non aveva allora pubblicato ancora nulla. Questo, evidentemente, non è inconciliabile con una grande fama, che però non può essere scaturita, né dall'accumulo di voci ed esperienze che solo un'età avanzata possono fornire, né tantomeno dall'enorme valore delle sue opere, che non esistevano ancora.

Quale potesse essere, allora, il fondamento di tanta nomea sarà argomento di cui si tratterà a breve. Per il momento, basterà aggiungere che il soggiorno romano di Maggi durò inaspettatamente poco, infatti «[i]l Papa gli donò tutto quanto necessario; ma non poté opporsi al suo ritiro: [...] l'aria di questa Città [Roma] non gli fu affatto favorevole»[325]. Portal non riporta alcuna data in riferimento a questo particolare accadimento, nonostante – quando gli sia possibile – non eviti di ridondare in particolari cronologici di rilievo.

Qualche più preciso riferimento cronologico è rinvenibile nella pur sintetica biografia curata da Nicolas Eloy: egli semplicemente nota che Maggi «[f]u Medico [di] Giulio III, alzato al Ponteficato nel 1550, e morì nella sua Città nativa nel 1552»[326]. È inevitabile che il ruolo di medico papale potesse essere attribuito a Maggi da papa Giulio III solo nell'arco di quei due anni. Il 1550 è in ogni caso una data senza dubbio significativa. Loris Premuda, che ha curato la pagina dedicata al medico bolognese sul *Complete Dictionary of Scientific Biography*, asserisce che questi «non divenne internazionalmente rinomato fino al 1550»[327], quando entrò, cioè, in contatto con la *familia* pontificia. Premuda, comunque, non asserisce mai che Maggi divenne specificatamente archiatra pontificio, né mai pone l'accento su presunti rapporti curativi o interpersonali diretti intercorsi fra il medico bolognese e il pontefice. Un'assenza alquanto stridente nella biografia di un medico rinascimentale. Al contrario, Agostino Palmerini, autore della sintetica voce dedicata a Bartolomeo Maggi nell'*Enciclopedia Italiana*, pur mantenendosi dubbioso sulla materia, lascia intendere che il medico bolognese potrebbe essere «stato chiamato a Roma da Giulio III»[328].

Con questa semplice constatazione, che non entra in nessun modo nel merito del tipo di rapporto o di relazione esistente fra il medico bolognese e il Pontefice, egli lascia aperta ogni interpretazione, e non esclude che la *chiamata* del Papa potesse avere come interesse non la propria persona, quanto qualcuno a lui molto vicino. La carica di archiatra, che qualche biografo tardo attribuisce a Maggi, è ben lungi dall'essere giustificata perché apparentemente ovvia: non basta un invito a Roma da parte della Cancelleria Pontificia per potersi considerare medici del Papa. Tanto più che Marini, attento compulsatore degli archivi pontifici, non riuscì a rinvenire in essi alcun documento che potesse confermare l'ufficialità del ruolo ricoperto presso la corte romana[329]. Certamente, se degna di credito è la circostanza della malattia e del repentino rientro a Bologna, la permanenza di Maggi a Roma può definirsi oltremodo fugace e fu assolutamente insufficiente per poter instaurare un qualsivoglia prolungato rapporto di cura o d'altra natura con chicchessia. Ecco perché, probabilmente, nei

---

323 MARINI Gaetano, *Degli archiatri pontificj*, cit., p. 405.
324 PORTAL Antoine, *Histoire de l'anatomie et de la chirurgie*, cit., p. 502: «[I]l s'acquit une si grande réputation, que le Pape Jule III l'appella (sic!) pour son Médecin».
325 Ibidem: «Le Pape lui donna toutes les marques d'attachement ; mais il ne put s'opposer à sa retraite [...]: l'air de cette Ville ne lui fut point favorable».
326 ELOY Nicolas, *Dizionario storico della medicina*, cit., p. 141.
327 PREMUDA Loris, *Maggi, Bartolomeo*, cit., p. 11: «He did not become internationally renowned until 1550, [...]».
328 PALMERINI Agostino, *Maggi, Bartolomeo*, in *Enciclopedia Italiana*, Treccani, Roma 1934.
329 Cfr. MARINI Gaetano, *Degli archiatri pontificj*, cit., p. 405.

▲ Frontespizio di un'edizione cinquecentesca del *De sclopetorum et tormentariorum vulnerum natura et curatione*; oltre al nome di Maggi, come si vede, sono citati anche quelli di Ferri e di Botallo

registri vaticani il nome di Maggi non compare mai. Fantuzzi, in maniera ancor più assertoria, scrive che

molti Autori [...] [hanno] creduto che [Maggi] fosse stato Medico del [...] Pontefice Giulio III, ma non lo fu certamente, [...], [come] si rileva dal vedere ne' nostri Rotoli dello studio [di Bologna] sempre costantemente descritto il suo nome; [ciò] prova che non si partì mai di Bologna stabilmente[330].

Se i registri pontifici tacciono, quelli dell'Università di Bologna ridondano di testimonianze. La presenza continua alla cattedra di Chirurgia dal 1541 all'anno della morte 1552 non permette che ci sia stato il tempo adeguato per concedere a Maggi un soggiorno a Roma significativo. Se, però, Fantuzzi esclude categoricamente la possibilità di un suo viaggio, la presenza del nome di Maggi sui registri accademici potrebbe altresì conciliarsi con la possibilità che questi sia rimasto in Roma non più di poche settimane.

In ogni caso, quello che emerge con forza è la constatazione che un dettaglio più che dubbio, come il presunto ruolo di archiatra ricoperto dal medico bolognese, abbia potuto essere riproposto da molti biografi diversi. I motivi di questa circostanza possono essere molteplici, e senza dubbio, su tutti, ne risaltano tre in particolare. *In primis* l'abito dei biografi di ogni epoca di appropriarsi delle informazioni delle opere a loro precedenti. Così facendo, è sufficiente che un solo riporti qualche episodio particolare, talora scaturito da una lettura superficiale o encomiastica delle fonti originarie, perché quella versione si cristallizzi e venga ritenuta la sola veritiera. D'opera in opera, dunque, gli errori e le imprecisioni non solo si mantengono integri, ma talvolta vengono addirittura accresciuti da puntualizzazioni e sofisticherie che i diversi biografi sono soliti aggiungere. È innegabile, dunque, che la sola consultazione delle fonti (peraltro alquanto poco citate direttamente nelle biografie dei secoli passati), se possibile, può permettere di individuare i fatti verosimili distinguendoli da quelli completamente privi di ogni attendibilità. In secondo luogo, nel caso specifico, la circostanza di un potenziale incarico di protomedico pontificio potrebbe essere stata tratta da un'errata interpretazione dell'epitaffio posto sulla tomba del medico bolognese, secondo il quale egli possedeva una capacità e un valore tanto grandi da essere notissimi al Pontefice Giulio III.

Questa parte del testo dell'epigrafe non permette di sbrogliare la già di per sé intricata questione, poiché lascia

---

330 FANTUZZI Giovanni, *Notizie degli scrittori bolognesi*, cit., p. 112.

aperta sia la possibilità che il Papa conoscesse Maggi solo per fama, senza che mai lo chiamasse a Roma, sia – al contrario – che le grandi capacità medico-professionali di Maggi avessero indotto il Pontefice a fare ricorso ai suoi servigi. Qualunque soluzione poggerebbe su basi troppo deboli per potere essere sostenuta. Con una certa convinzione, si può affermare, comunque, che Maggi a Roma si fermò troppo poco per potersi costruire una fitta rete di relazioni sociali alla corte pontificia.

Le opere (o per meglio dire, l'opera) a stampa pubblicate postume dal fratello sono alquanto parche di informazioni concernenti la vita del medico bolognese, sebbene non manchino – soprattutto nelle lettere dedicatorie – di mettere in evidenza i rapporti intercorrenti fra Bartolomeo Maggi e un personaggio di discreta importanza. Questa conoscenza, di cui si parlerà ora diffusamente, può altresì essere considerata la terza motivazione per cui si è, in passato, ipotizzato un incarico ufficiale di Maggi a Roma, anche a causa del ruolo istituzionale di questa figura. In effetti, Bartolomeo Maggi ebbe modo di conoscere e curare Giovanni Battista del Monte, «*Praefect[us]* dell'esercito di Santa Romana Chiesa»[331].

In occasione dell'assedio di Parma, del Monte, ferito alla gamba nel territorio modenese, chiamò in suo soccorso Maggi[332], che «[g]ià un'altra volta lo stesso capitano […] aveva fatto venire a prestare soccorso ai feriti durante l'assedio della Mirandola»[333]. Il ferito non era certo un comandante militare qualunque, al contrario, egli era alla guida dell'esercito pontificio, con un ruolo di ampio prestigio; in più, egli era il nipote del cardinale Giovanni Maria Ciocchi del Monte, che diverrà poi papa Giulio III[334].

La cura della ferita del nipote del Papa, probabilmente, fece sì che il Pontefice stesso conoscesse le capacità di un medico bolognese, che mai si allontanò dalla propria città natale, che mai pubblicò nulla durante la sua vita, e che non aveva ancora accumulato alcuna fama. Il fatto, poi, che oltre a questa conoscenza (testificata anche nell'epitaffio sepolcrale[335]), Maggi abbia ottenuto pure l'incarico ufficiale di archiatra pontificio è tutt'altro che sicuro, sebbene – perlomeno – questa circostanza potrebbe giustificare perché il Pontefice conoscesse il medico bolognese.

Dalla biografia, o meglio, dai frammenti di essa che i secoli hanno trasmesso, non sembra emergere alcuna rete sociale di rilievo in cui collocare Bartolomeo Maggi. Il mondo accademico, la corte pontificia, le campagne militari, pur avendo contribuito – nell'insieme – alla breve ma rilevante carriera del medico bolognese, hanno lasciato solo una flebilissima traccia nelle notizie pervenuteci.

Ma anche un rapporto ambiguo, debole, breve fra un medico quasi sconosciuto e una rinomata corte italica, senza nulla asserire direttamente, lascia intendere alcuni aspetti importanti delle corti rinascimentali, fatte spesso di grandi nomi e ignoti personaggi.

---

331 MAGGI Bartolomeo, *De vulnerum bombardorum et sclopetorum*, cit., lettera dedicatoria a Giovanni Battista del Monte. [Corsivo mio].
332 Cfr. ibidem: «Cum in Parmensi obsidione, ad vulneris curationem me vocasses clarissime Princeps, quod in femore in agro Mutinensi acceperas, […]».
333 CASARINI Arturo, *La medicina militare nella leggenda e nella storia*, cit., p. 200.
334 Cfr. GRENGA Giovanna, *Del Monte, Giovanni Battista*, in *Dizionario Biografico degli Italiani*, Treccani, Roma 1990, Volume 38.
335 Cfr. nota 310.

LEONARDO BOTALLO

Chi affronta lo studio della vita del medico astigiano Leonardo Botallo, non può non riconoscere di trovarsi di fronte a un'esistenza fuori del comune, fortunata, intensa e sul finire dei suoi anni disagiata. Il lettore che a distanza di secoli osserva da lontano viene quasi assalito da un senso di spaesamento.

Infatti, la medicina, da più di cinque secoli, impiega il nome di Botallo per descrivere un dotto cardiaco, la cui permanenza in età adulta può creare gravi insufficienze cardiache. Essa ascrive così al medico piemontese una gloria e una fama *post mortem* che non sempre gli furono parimenti tributate in vita.

Leonardo Botallo «[n]acque ad Asti nel 1530 da famiglia nobile»[336]. Questa frase assertoria, che Egisto Taccari prepone come *incipit* della voce dedicata al medico astigiano nel *Dizionario Biografico degli Italiani*, oltre a fornire un luogo e una data di nascita, pone in particolare risalto le origini nobiliari e agiate del Botallo. Questa circostanza permette sin da ora di individuare il *milieu* sociale in cui inquadrare la vita del medico piemontese.

La florida situazione economica della sua famiglia gli permise di poter frequentare l'Università di «Pavia [addottorandosi] sotto la presidenza di Pietro Martire; ebbe pure a maestri in Milano i celebri Cardano[337], Paterno, Frisimella[338], Trincavella[339] e principalmente Gabriele Falloppio[340] [...] in Padova»[341]. Secondo questa ricostruzione storica, la formazione del Botallo non ebbe quindi come punto di riferimento l'ateneo geograficamente più vicino, ma fu al contrario impostata su un'accurata ricerca dei migliori docenti allora in circolazione, ai quali deve necessariamente aggiungersi l'influsso «del fratello Secondo, maggiore di lui di dodici anni e docente di chirurgia presso l'università di Pavia, [con cui] cominciò a esercitare la libera professione in Asti»[342]. Lo stesso Botallo, in un capitolo di una delle sue opere, dà un'importante testimonianza della sua permanenza sia presso lo Studio patavino, sia presso quello pavese; in più, egli aggiunge che in quest'ultimo si laureò[343]. Sulla base di tale testimonianza il riferimento di Bonino a Milano, mancante allora di uno *Studium*, non può che considerarsi privo di ogni fondamento. Più semplicemente è verosimile che il *cursus studiorum* di Botallo si sia svolto nell'Ateneo di Pavia e in quello di Padova. Senza dimenticare poi la profonda collaborazione medico-professionale con il fratello maggiore, che permise a Botallo di prendere confidenza con la pratica medica sotto una guida esperta, con un accumulo rapido di esperienza assai utile per la sua successiva carriera.

Le prime notizie reperibili mostrano Botallo ufficialmente impegnato come «chirurgo militare»[344]. Ma quando ha inizio questa attività? Leonardo Carerj, curatore di una biografia di Botallo molto approfondita e precisa, riferisce che «[alla] battaglia [di S. Quintino] il Botallo forse partecipò nella sua qualità di chirurgo delle armate francesi»[345]. Se si prende questo avvenimento storico come inizio della sua carriera, e si accetta la data di nascita fornita da Taccari, il 1530, egli avrebbe avuto allora all'incirca ventisette anni.

La battaglia di S. Quintino fu combattuta fra le armate francesi e l'esercito spagnolo il 10 agosto 1557. La cosa non sarebbe in contrasto con quanto già abbiamo detto a proposito della sua formazione. Egli avrebbe finito gli studi nei tempi prestabiliti, avrebbe poi fatto esperienza con il fratello nella città natale, per unirsi

---

336   TACCARI Egisto, *Botallo, Leonardo*, in *Dizionario Biografico degli Italiani*, Treccani, Roma 1971, Volume 13, p. 351.
337   Girolamo Cardano insegnò Medicina a Pavia dal 1543 al 1551.
338   Francesco Frigimelica insegnò Medicina pratica a Padova dal 1535 al 1546.
339   Vittore Trincavelli insegnò Medicina a Padova dopo la morte di Giovan Battista Montano nel 1551.
340   Gabriele Falloppia si trasferì a Padova e cominciò le lezioni di anatomia nel 1551.
341   BONINO Giovanni Giacomo, *Biografia medica piemontese*, cit., p. 271. In questa circostanza, Bonino asserisce che Botallo si laureò nel 1530, spostando più addietro la nascita, senza però fornire una data certa e precisa. Affermazione simile si trovava già in BRAMBILLA Giovanni Alessandro, *Storia delle scoperte*, Tomo II-1, p. 65.
342   TACCARI Egisto, *Botallo, Leonardo*, cit., p. 351.
343   Cfr. BOTALLO Leonardo, *De curatione per sanguinis missionem. De incidendae venae, cutis scarificandae, et hirudinum affigendarum modo*, ex Officina Christophori Plantini, Anvers 1583³, p. 195: «[Scimus] disciplinam ipsam medendi omni industria sectantes sub bonis praeceptoribus Cardano, Brandaporo, Archangelo Lanfrancano, Antonio Ianua, Tomitano, Cellanova, Delphino, Iussano, Paterna, Frissemelica, Trincavelio, Fracanzano, Belacato, Falopio, et aliis olim in celeberrimis Ticinensi (in qua laurea donati fuimus) et Patavina Academiis medicine professoribus clarissimis».
344   O'MALLEY Christian D., *Botallo, Leonardo*, in *Complete Dictionary of Scientific Biography*, Charles Scribner's Sons, Detroit 2008, Volume 2, p. 336: «[A]s a military surgeon».
345   CARERJ Leonardo, *Botallo Leonardo astese, medico regio*, Casa Editrice Arethusa, Asti 1954, p. 9.

infine molto velocemente alle truppe in nord Europa. Ma la cronologia cambia radicalmente se si prende in considerazione una testimonianza autobiografica segnalata da Christian D. O'Malley, autore della voce dedicata al medico piemontese inserita nel *Complete Dictionary of Scientific Biography*, il quale scrive che «egli si unì alle forze francesi in Italia, almeno dal 1544, da quando [...] [partecipò] alla battaglia di Ceresole come chirurgo militare»[346].

Ora, la battaglia di Ceresole d'Alba ebbe luogo l'11 aprile 1544 fra le truppe austro-ispaniche e quelle francesi. Se già in quella data il medico astigiano praticava la chirurgia, – questo è l'unico fatto certo attestato dal testo di Botallo (si veda la nota precedente) –, allora ogni riferimento al 1530 come data di nascita salta, e la cronologia deve essere completamente rifondata.

In effetti O'Malley sembra ritenere più verosimile che il medico astigiano possa essere nato nel 1519 circa[347], il che permetterebbe di spiegare la testimonianza autobiografica.

Allorché si ritrovò in Piccardia, nel 1557, era quindi un chirurgo con un'esperienza più che decennale.

La carriera di Leonardo Botallo in Francia forse iniziò con le cure prestate sui campi di battaglia, ma poi si sviluppò in maniera del tutto diversa, fortuita e forse inaspettata.

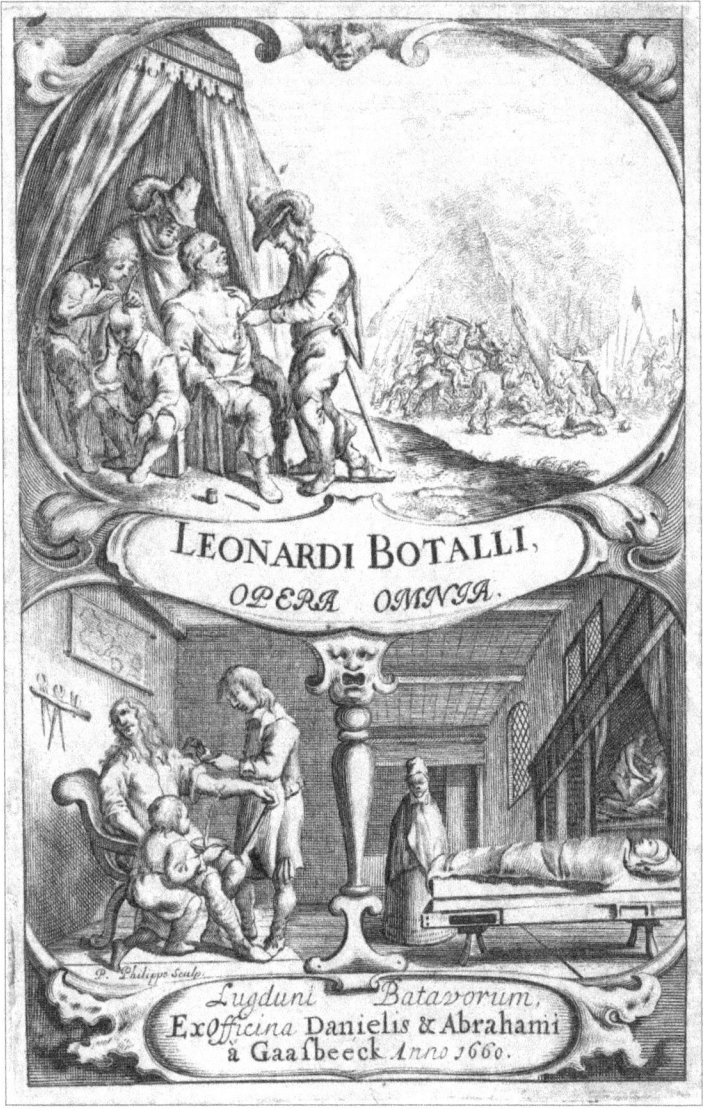

▲ Frontespizio di un'edizione delle opere complete di Botallo, conservato presso il Rijksmuseum di Amsterdam

Le motivazioni alla base del trasferimento in Francia sono state spiegate in termini affatto vaghi e generali. Viviana Cislaghi ha indicato «[i]l legame culturale tra la Francia e il Piemonte, attraverso la Savoia e la sua capitale Chambery, una corda doppia tesa sulle Alpi, un doppio binario sul quale correvano, nei due sensi, le novità»[348]. Sarebbe forse bastato ricordare che le truppe francesi fino alla pace di Cateau-Cambrésis del 1559 occupavano gran parte del territorio piemontese (Asti ebbe presidio spagnolo fino al 1575), per individuare

---

346   O'MALLEY Christian D., *Botallo, Leonardo*, cit., p. 336: «He joined the French forces in Italy, at least by 1544, since [...] [he participated] [to] the battle of Ceresole as a military surgeon». Questa notizia è qui priva di rinvio alla fonte, nell'edizione dell'opera di Botallo inserita nella raccolta *De curandis vulneribus sclopetorum tractatus singulares*, ex officina Arnoldi Coninx, Anvers 1583², essa si trova a p. 48 [ogni opera ha numerazione propria]: «Sed hinc extra propositum non erit, curam a me facta auditu dignam pro exemplo in hominum memoriam exponere. Die secundo a Ceresolense conflictu (nam tunc temporis Chirurgiam exercebam) profugus Hispanus quidam miles, qui in dextro bregmate, infixam glandem plumbeam ferebat, supplex ad me venit [...]». Come si vede O'Malley forza un poco la sua lettura. Il testo di Botallo sembra indicare che egli allora già esercitasse la chirurgia, forse in Asti, e che il secondo giorno dopo la battaglia di Ceresole ebbe modo di curare uno spagnolo sbandato e ferito.

347   Cfr. O'MALLEY Christian D., *Botallo, Leonardo*, cit., p. 336.

348   CISLAGHI Viviana, *Leonardo Botallo (Asti 1519 - Blois 1588): un «precursore» della moderna deontologia*, in *Biografie Mediche*, Anno I-2, Centro per lo Studio e la Promozione delle professioni mediche, Duno 2013, p. 10.

▲ *Ritratto di Caterina de' Medici*, incisione di Frans Huys risalente alla metà del XVI secolo (Rijksmuseum di Amsterdam)

occasioni ben più evidenti per il possibile arruolamento di Botallo come chirurgo militare. Il momento del suo arrivo alla corte del re di Francia è altrettanto poco conosciuto. Taccari scrive che egli «[venne] chiamato a corte [...] da Caterina de' Medici, che gli conferì l'incarico di archiatra»[349]. Carerj avanza l'idea che ci sia stato un soggiorno a Parigi negli anni immediatamente precedenti all'incarico ufficiale di archiatra della casata, infatti

il Botallo nel 1560 doveva essere già a Parigi quale medico di corte [...] in quanto nella prefazione di sua mano all'opera sulle ferite da schioppo[350] rivolta al "benevolo lettore" e datata: Torino calende di aprile 1560, il sottotitolo è: Autore L. Botallo, astese, medico regio[351].

Ma non è certo necessaria l'ipotesi di una lunga permanenza parigina precedente al 1560, per giustificare il titolo con cui il medico astigiano si qualifica. Nulla esclude che Botallo possa essere stato insignito della carica di medico di corte solo pochi mesi prima della stampa della sua opera e aggiungendo la qualifica di medico regio anche pochi giorni prima della pubblicazione. In ogni caso, che Botallo fosse archiatra della famiglia reale prima o dopo il 1560 per la nostra ricerca ha un rilievo relativo, poiché importante è che egli effettivamente divenne medico alla corte di Francia. Interessante è invece una notizia riportata prima da Giovanni Alessandro Brambilla e poi da Giovanni Giacomo Bonino. Ambedue i biografi affermano che, acquistata una grande fama in Parigi dopo l'esperienza militare, «il Duca Francesco d'Orléans [...] gli affidò la cura della sua salute»[352]. Sebbene l'identità storica di questo personaggio sia tutt'altro che definita, la circostanza per cui egli sarebbe stato il primo ad avvalersi dei servigi del Botallo in ambito extra-militare giustificherebbe in qualche modo la presenza del medico astigiano nella capitale francese anche dopo la fine della guerra. Nonostante soltanto Bonino e Brambilla citino questo *fantomatico* duca e la sua relazione con il Botallo (senza indicare, tuttavia, nessun autorevole riferimento a supporto della loro asserzione), questo fatto raccorderebbe all'uopo la battaglia di S. Quintino del 1557 (alla quale, con un certo grado di certezza, si può asserire che il Botallo abbia preso parte) con la nomina ufficiale ad archiatra di corte del 1560.

Le informazioni sul periodo della vita di Botallo che va dal 1560 fino alla morte sono sensibilmente più copiose e permettono di abbandonare, almeno in parte, l'atteggiamento di sostanziale ambiguità, dovuta alla scarsezza delle notizie e al loro uso superficiale. Il dato certo su cui ruota tutta la carriera del medico piemontese è il favore che Caterina de' Medici, reggente di Francia, gli accordò, affidando alle sue cure la salute di tutta la famiglia reale[353]. La carriera di Botallo fu coronata da innumerevoli altri incarichi di grande prestigio:

tenuto in grande considerazione dalla regina, fu inviato nel 1567 al seguito del figlio, il duca d'Angiò [il futuro Enrico III di Francia]; nel 1568 fu presso Carlo IX [re di Francia], e nel 1570 presso il duca di Alençon; fu anche medico di Elisabetta d'Austria [moglie di Carlo IX] dal 1571 al 1574 e di Luisa di Lorena [moglie di Enrico III] nel 1578[354].

La lista dei nomi che Botallo ebbe modo di curare desta senza dubbio una certa impressione, ma tutte le biografie sono abbastanza concordi nel riferirsi a questi nomi quando vengono citati i mecenati dell'astigiano. Talora, qualche biografo anticipa un personaggio rispetto a un altro, ma poco cambia giacché si tratta comunque di figure legate e facenti parte della corte francese. L'unica aggiunta di rilievo è quella che Carerj riferisce quando scrive che, ancora nel 1587, Botallo fu medico di Luisa di Lorena, per poi uscire di servizio nel 1588[355]. È innegabile che la rilevante posizione di Botallo non poteva che suscitare l'invidia di molti suoi

---

349   TACCARI Egisto, *Botallo, Leonardo*, cit., p. 351.
350   Cfr. BOTALLO Leonardo, *De curandis vulneribus sclopetorum tractatus singulares*, ex officina Arnoldi Coninx, Anvers 1583².
351   CARERJ Leonardo, *Botallo Leonardo astese, medico regio*, cit., p. 13.
352   BRAMBILLA Giovanni Alessandro, *Storia delle scoperte*, cit., p. 65. Cfr. BONINO Giovanni Giacomo, *Biografia medica piemontese*, cit., p. 271.
353   Cfr. TACCARI Egisto, *Botallo, Leonardo*, cit., p. 351. Cfr. CISLAGHI Viviana, *Leonardo Botallo (Asti 1519 - Blois 1588)*, cit., p. 10.
354   TACCARI Egisto, *Botallo, Leonardo*, cit., p. 351.
355   Cfr. CARERJ Leonardo, *Botallo Leonardo astese, medico regio*, cit., p. 16.

colleghi, perlopiù francesi, i quali non avevano potuto assurgere alla carica di archiatra reale.
A questo proposito, Carerj – nella sua ricca trattazione – ipotizza che l'incarico da lui ricoperto potesse essere riconducibile a un rapporto privilegiato molto rilevante:

[i]l Botallo fu medico di questa Corte ma piuttosto la sua fu la carica di medico di fiducia di Caterina e per tale carica occorrevano requisiti che dovevano esulare dalle qualità tecniche: requisiti di cortigiano e di caratteri tali da fare conciliare con quella della carica la dignità propria dell'uomo e del medico[356].

Scelto forse «anche perché italiano»[357] Botallo si trovò immerso in un contesto di corte di grande prestigio, un ambiente sociale specifico e particolare, con proprie regole, propri equilibri, propri meccanismi, che – senza dubbio – caratterizzavano tutte le corti rinascimentali europee. Il ruolo di Leonardo Botallo non si limitò, comunque, al solo incarico di archiatra di corte, perché «medico di corte non volle significare vita sedentaria»[358]. «[I]l favore e la fiducia della regina madre, Caterina de' Medici, [...] [fecero in modo che] i suoi servigi fossero trasferiti al suo figlio favorito, il duca di Angiò»[359]. Tuttavia, com'era abito delle corti rinascimentali, sebbene ciascun componente di essa avesse un proprio ruolo definito, nulla impediva che chiunque potesse essere impiegato in funzioni diverse, non in relazione alla propria formazione, alla propria professione, alle proprie capacità, ma semplicemente su scelta univoca e unilaterale del signore. Botallo, dunque, non si limitò a compiti prettamente di natura medico-fisica, ma ricevette anche altri incarichi prestigiosi: egli veniva sovente inviato nei diversi campi militari non soltanto per curare eminenti personaggi rimasti feriti, ma anche per portare importanti messaggi da riferire ai diversi comandanti.
Ecco, allora, che si sarebbe potuto «[vedere] il Botallo in diligenza e su cavalli di posta correre nella Champagne, al campo reale, [...] [i]n Francia, in Inghilterra, e ancora in Belgio, con il duca d'Alençon»[360].
In aggiunta a questa già notevole attività, Bonino soggiunge che, a seguito del viaggio nei Paesi Bassi e in Belgio, «Botallo passò ad essere primo Medico del Principe Guglielmo di Nassau»[361].
Non è difficile credere che uno dei più influenti personaggi dell'epoca abbia voluto conoscere e consultare uno dei medici più celebri e rinomati del periodo, ma da ciò inferire che Botallo abbia potuto anche divenire archiatra della casa di Nassau è forse eccessivo. Comunque, al di là dell'effettiva veridicità del caso, è quasi pleonastico ripetere e ribadire quale ruolo di primordine rivestisse il medico astigiano, in quella fase così travagliata della storia francese.
La posizione di grande rilievo, che Botallo ebbe la fortuna e il merito di ricoprire, dovette a un certo momento non essere più sufficiente a garantirgli un'entrata. Già è noto l'emblematico caso di Giovanni Manardo e della sua battaglia per ottenere il proprio onorario dalla corte ungherese; il caso di Botallo non è dissimile, ed è probabilmente espressione delle medesime dinamiche, comuni a entrambe le corti. Attorno al 1586 «il Botallo cadde gravemente ammalato, per la riacutizzazione di quelle febbri malariche di cui era sofferente da anni»[362] e data la sua età abbastanza avanzata (probabilmente sui sessantasette anni) la sua forma fisica ne risultò alquanto debilitata. L'impossibilità non solo di esercitare la sua professione (per cui pare quantomeno strano che l'anno successivo egli potesse essere medico personale di Luisa di Lorena, come riferisce invece Carerj)[363], ma anche di frequentare la corte e di assolvere i compiti a lui rivolti, lo spinsero in una situazione di «penosa indigenza»[364], non certo degna di un illustre membro della corte di uno dei monarchi più potenti del continente europeo. L'unica àncora di salvezza che sembrò offrirsi al bisognoso Botallo furono le attenzioni

---

356 Ivi, p. 15.
357 Ivi, p. 14. Cfr. O'MALLEY Christian D., *Botallo, Leonardo*, cit., p. 337.
358 CARERJ Leonardo, *Botallo Leonardo astese, medico regio*, cit., p. 13.
359 O'MALLEY Christian D., *Botallo, Leonardo*, cit., p. 337: «[T]he favor and confidence of the queen mother, Catherine de' Medici, [...] [let] his services transferred to her favorite son, the duke of Anjou». Carerj (cit., p. 13) cita per l'occasione una lettera di Caterina al figlio Enrico, datata 26-XII-1567, nella quale invia il Botallo presso l'accampamento del figlio: «Mon filz, pour ce que je pense que vous aurez besoin de medecins et chirurgiens en votre camp et armée pour secourir beaucoup de malades et blessez qui y pourront estre, nous vous envoyons Maitre L. Botal [...]».
360 CARERJ Leonardo, *Botallo Leonardo astese, medico regio*, cit., pp. 13-14.
361 BONINO Giovanni Giacomo, *Biografia medica piemontese*, cit., p. 271.
362 TACCARI Egisto, *Botallo, Leonardo*, cit., p. 352.
363 Cfr. nota 355.
364 CISLAGHI Viviana, *Leonardo Botallo (Asti 1519 - Blois 1588)*, cit., p. 11.

della regina madre e reggente di Francia Caterina de' Medici, la sola persona «che più volte gli venne in aiuto materialmente»[365].

Carerj, in modo molto meticoloso, cerca di spiegare come la sospensione delle corresponsioni a Botallo da parte della corte francese potesse non esser dovuta al peggioramento dello stato di salute, ma piuttosto a quello delle casse del regno di Francia, impegnate allora nella copertura economica di dispendiose operazioni belliche. Altrettanto difficile, secondo Carerj, che consulta l'epistolario di Caterina de' Medici, fu per la regina madre ottenere quel che chiedeva per il medico astigiano, tanto che dovette perorare la propria causa con non poche lettere[366]. Al di là delle possibili ipotesi sui motivi che provocarono il blocco del pagamento dello stipendio di Botallo, quello che emerge da questa vicenda, è l'estrema fragilità della posizione sociale di un medico rinomato e stimato all'interno della struttura di corte.

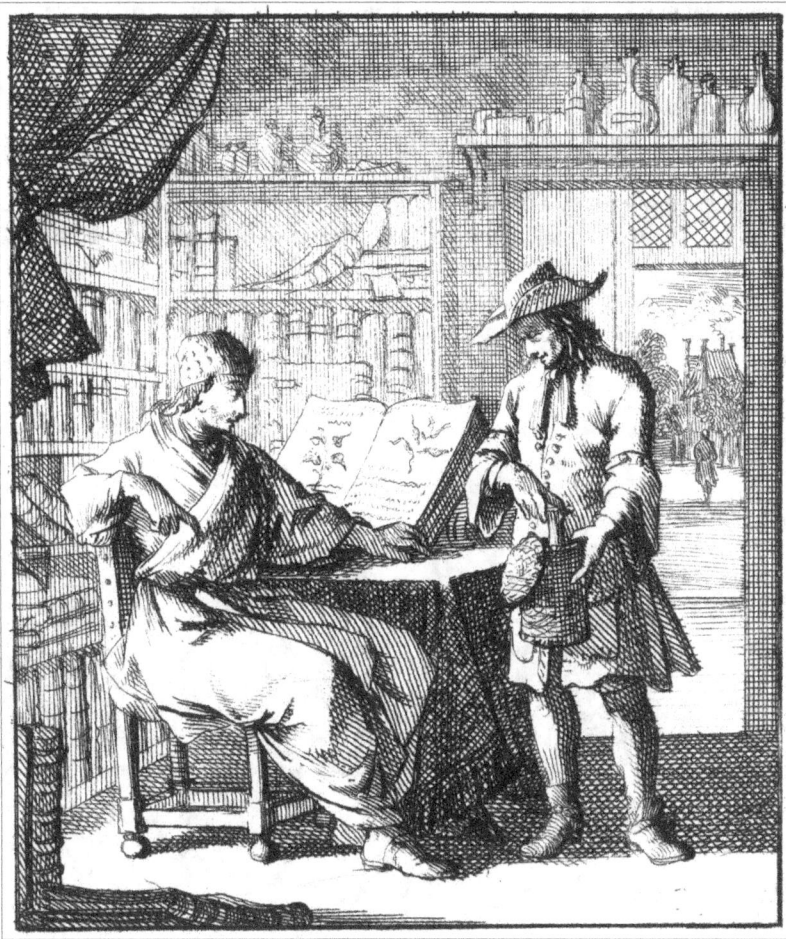

▲ Acquaforte ritraente un medico al lavoro, fine XVII secolo (Rijksmuseum di Amsterdam)

L'intricata vicenda biografica di Leonardo Botallo, accanto alle nomine influenti e ai periodi di povertà, offre ancora qualche spunto allo storico. Utilizzando le parole di Bonino, egli ottenne nella parte finale della propria vita, proprio tramite la corte di Enrico III, un benefizio, cioè «Botallo fu fatto [...] Vescovo di Monluc nella Provenza, [...] [o forse] di S. Malò nella Bretagna»[367].

La cosa richiederebbe però un ulteriore approfondimento, primo perché Botallo viene comunque accreditato di uno (sicuramente) o più figli, su cui Carerj fornisce abbondanti prove nella propria monografia[368], e poi perché anche le presunte sedi menzionate non sono di facile individuazione. La citazione di Bonino, che segue dappresso Giammaria Mazzuchelli[369], si rivela errata se si ricerca Monluc in Provenza, poiché non esiste lì alcun luogo con questo nome. Probabilmente Monluc, come scrive Mazzucchelli, nasce da un'errata traslitterazione dal latino di una parola che indicherebbe in francese la città di St.-Malo[370].

L'erudito bresciano, consultando la serie dei vescovi diocesani della città bretone, non è riuscito a trovare il

---

365   Ibidem.
366   Cfr. CARERJ Leonardo, *Botallo Leonardo astese, medico regio*, cit., p. 17.
367   BONINO Giovanni Giacomo, *Biografia medica piemontese*, cit., p. 271.
368   Cfr. CARERJ Leonardo, *Botallo Leonardo astese, medico regio*, cit., p. 17.
369   Cfr. MAZZUCHELLI Giammaria, *Gli scrittori d'Italia, cioè notizie storiche, e critiche intorno alle vite, e agli scritti dei letterati italiani*, presso a Giambatista Bossini, Brescia 1762, Volume II-3, p. 1868.
370   Cfr. ibidem, n. 4.

nome del medico astigiano[371]. Un'ultima spiegazione è stata trovata per dare una realtà all'assegnazione del benefizio. Si ritiene che con ogni probabilità egli fosse nominato *commendatario* «delle abbazie di Digne e di Notre-Dame de Chambre»[372] in Provenza. Questo incarico, però, non corrispose a Botallo le rendite sperate, poiché si mancò di fornirgli in tempi brevi tutte le autorizzazioni necessarie per usufruirne[373]. In questo modo, si giustificherebbe anche il fatto che il Botallo non si risparmiasse, al crepuscolo della sua esistenza, nel tentativo di rendere il privilegio sulle proprietà ecclesiali ereditario a favore del figlio, che aveva intrapresa la sua stessa professione di medico e chirurgo (il padre ne parla ripetutamente con alcuni suoi corrispondenti)[374]. La vicenda biografica di Leonardo Botallo, lungi dall'essere lineare e scialba, ci consegna un'immagine a due facce, da una quella di un medico rinascimentale impostosi per le sue capacità in una grande corte straniera, dall'altra quella di cortigiano in difficoltà, alla ricerca di una sicurezza economica personale e famigliare. Una storia di vita senz'altro non rara nel Rinascimento.

---

371 Cfr. ibidem.
372 TACCARI Egisto, *Botallo, Leonardo*, cit., p. 351.
373 Cfr. CARERJ Leonardo, *Botallo Leonardo astese, medico regio*, cit., pp. 17-18.
374 Cfr. ibidem.

LA TOSSICOLOGIA FRA PAURE E RIMEDI

AVVELENAMENTO

Un antico adagio dei tempi di Antonino Pio recita: «*Plus est hominem extinguere veneno quam occidere gladio*»[375]. Questa frase giustappone esplicitamente non soltanto due armi micidiali, ma altresì due diverse concezioni della morte, l'una eroica e gloriosa, l'altra subdola e truce.
Durante il Rinascimento, la predilezione per una morte rapida e silenziosa fece sì che l'utilizzo di sostanze velenose di diversa natura conoscesse un considerevole incremento nelle ricche corti signorili di tutta la penisola italica[376]. A fronte di questo incremento dei rischi di avvelenamento, anche la medicina dell'epoca dovette di necessità incorrere in alcune sostanziali trasformazioni: veleni nuovi richiedevano nuove cure, antidoti nuovi necessitavano di nuove ricerche. Anche la tradizionale figura del medico di corte andò incontro di conseguenza a importanti trasformazioni. Talvolta era proprio la conoscenza della medicina a permettere un utilizzo spregiudicato ma preciso di sostanze velenose dalla preparazione talora alquanto complessa. Più spesso, invece, la conoscenza della materia tossicologica permetteva al *physicus* di corte di intervenire prontamente ed efficacemente all'insorgere dei primi sintomi sospetti.
La tossicologia diveniva sempre più un sapere irrinunciabile per il medico di corte.
Fra gli autori che dedicarono ampio risalto all'interno della propria produzione letteraria al tema degli avvelenamenti e degli eventuali antidoti, i più dettagliati furono Santo Ardoini[377], Ferdinando Ponzetti[378] e Girolamo Cardano[379]. La professione medica da loro esercitata li spinse a scrivere testi con il preciso intento di fornire al *physicus* una conoscenza approfondita della tossicologia. Le opere di Ponzetti e Ardoini, nello specifico, si presentano come lunghe liste dettagliate e organizzate dei veleni noti nel XVI secolo, così da permettere al lettore (che si presuppone potesse dover utilizzare le informazioni reperite per fini curativi concreti) di consultare in un tempo relativamente rapido le notizie necessarie per agire poi con sicurezza e prontezza. Essi catalogarono sistematicamente le sostanze venefiche e le descrissero scendendo nei dettagli, cogliendo peculiarità e ponendo distinzioni: esse sono a un tratto simili e diverse, semplici e complesse, letali e blande. Cardano, invece, si interessò alla tossicologia privilegiando un approccio maggiormente teorico, non una classificazione per tipologie organizzata in un elenco, ma una riflessione di più ampio respiro, in cui cercava di raggruppare le diverse sostanze venefiche sulla base di criteri diversi. In questo modo il quadro d'insieme delineato appare alquanto articolato e molto interessante dal punto di vista della struttura classificatoria. La lettura dei capitoli composti dal medico milanese, pur forniti di numerose e dettagliate indicazioni sui veleni, i loro effetti e le cure, permette di ampliare il contesto di riferimento oltre l'oggetto specifico, permettendo di considerare il veneficio da un angolo visuale quasi antropologico.
La prima grande divisione delle sostanze velenose stabilita da Cardano è individuata in ragione della loro

---

375 Questa antica legge latina, promulgata ai tempi dell'imperatore Antonino Pio, qui riportata da CABANÈS Augustin – NASS Lucien, *Poisons et Sortilèges. Les Césars, Envouteurs et Sorciers, les Borgias*, Librairie Plon, Paris 1903², Volume I, p. 1, può tradursi nella formula: «è più grave uccidere un uomo con il veleno che con la spada».

376 Cfr. PALAO PONS Pedro, *I misteri dei veleni dall'antichità a oggi*, de Vecchi editore, Milano 2009, p. 174.

377 Santo (o Sante) Ardoini, nato a Pesaro alla fine del secolo XIV, fu medico e filosofo, noto per l'*Opus de Venenis*, scritto nella prima metà del XV secolo, ma pubblicato soltanto nel 1492. Cfr. DE DONATO Vittorio, *Ardoini, Sante*, in *Dizionario Biografico degli Italiani*, Treccani, Roma 1962, Volume 4, p. 45.

378 Ferdinando Ponzetti, nato da una nobile famiglia napoletana nel 1444, fu eletto cardinale nel 1517 e fu archiatra di papa Innocenzo VIII, nonché segretario apostolico di Alessandro VI e Giulio II. Divenne tesoriere della Camera Apostolica. Morì in Roma nel 1527, poco dopo il sacco a opera dei lanzichenecchi imperiali. Pubblicò il suo *Libellus de Venenis* nel 1521. Cfr. MIRANDA Salvador, *The Cardinals of the Holy Roman Church*, [http://www2.fiu.edu/~mirandas/cardinals.htm] e relative informazioni bibliografiche.

379 Girolamo Cardano, nato a Pavia nel 1501, conseguì il dottorato in medicina all'Università di Padova nel 1526. Fu medico in diverse città d'Italia e in Roma, dove morì nel 1576. Il suo *De Venenis libri tres* comparve postumo. Cfr. GLIOZZI Giuliano, *Cardano, Gerolamo*, in *Dizionario Biografico degli Italiani*, Treccani, Roma 1976, Volume 19, pp. 758-763.

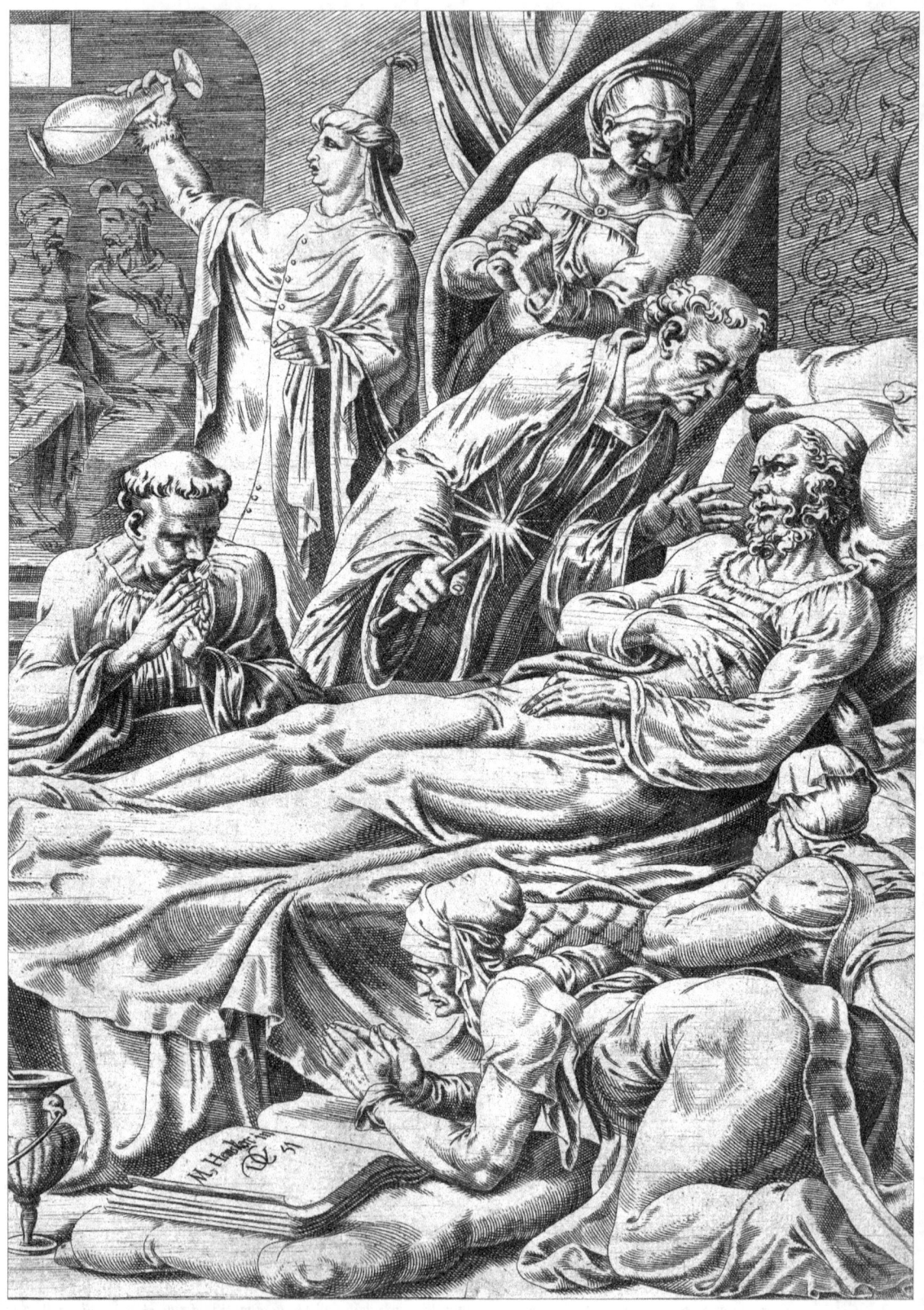

▲ *Il letto di morte di un uomo ricco*, circondato da medici; stampa risalente alla metà del XVI secolo (Rijksmuseum di Amsterdam)

origine. Egli cercò di stabilire prima dove esse si generino, per poi vedere come esse danneggino i corpi[380]. Un primo gruppo di veleni si genera propriamente in noi[381]; questa definizione, per certi versi, sibillina non lascia intendere il reale significato che Cardano volle dare a questa categoria di sostanze. In un'altra parte del suo testo, riferendosi a essi, egli utilizzò l'espressione di «*venenum per se genito*»[382], un termine che ricorda direttamente l'idea della generazione spontanea, con cui Aristotele aveva spiegato la nascita di alcuni insetti e gasteropodi. In questo tipo di generazione non agisce una causa finale (il seme maschile per Aristotele) che porta alla nascita del nuovo organismo, ma essa avviene come fenomeno collaterale di processi naturali più generali costantemente in atto, tutte le volte che si verificano particolari condizioni.

Lo stesso schema serve ora al medico milanese. Nei casi in cui si ha una generazione spontanea del veleno, non si è in grado di ricondurre direttamente il processo di avvelenamento a una causa diretta o generale, ma ci si deve rivolgere a una serie di cause concorrenti. Questo è il caso delle cosiddette malattie ereditarie come la «podagra e i calcoli vescicali»[383], in cui l'alterazione degli umori, causa del morbo, deriva da una pluralità di cause, *in primis* la non perfetta trasformazione degli alimenti, che porta al manifestarsi di una predisposizione al male presente fin dalla nascita.

La seconda classe di veleni riportata da Cardano è quella che si genera da cause necessarie, vale a dire dall'aria o dall'acqua[384]. In questa categoria rientrano molte malattie epidemiche, come ad esempio le febbri pestilenziali[385]. Qui il veleno si diffonde endemicamente per mezzo dell'aria o dell'acqua, che corrompendosi provocano in seguito l'avvelenamento di quanti respirano quell'aria o bevono quell'acqua corrotte.

La corruzione di aria e acqua veniva poi spiegata, facendo riferimento a molteplici cause, che andavano dalle disposizione delle stelle, alle eccessive piogge, alle stragi di uomini, con la loro abbondanza di cadaveri insepolti, *et cetera*. Tutte queste spiegazioni avevano allora una tradizione plurisecolare oramai consolidata.

Di maggiore interesse, per quel che riguarda il nostro discorso, sono le sostanze venefiche del terzo gruppo, quelle provenienti dall'esterno, che vengono introdotte nelle parti interne e cave dei nostri corpi, molto raramente attraverso dei clisteri, il più delle volte tramite il cibo o il bere[386]. L'ingestione delle sostanze tossiche le rende, al tempo stesso, terribilmente efficaci e difficilmente curabili a causa della loro azione sugli organi interni, sovente irraggiungibili o estremamente sensibili e delicati. Quelle ingerite tramite il bere sono le più pericolose e Cardano spiegava come esse siano diverse dai veleni trasmessi tramite il morso o la puntura, dato che questi sono mortali solo se vengono assunti per via interna, mentre applicati dall'esterno non sono in grado di agire[387]. Per maggior chiarezza, il medico milanese riportava gli esempi dell'orpimento bianco (arsenico), dell'argento vivo (mercurio) e del gesso, che versati sulle piaghe non uccidono, ma provocano terribili dolori, così come il veleno del serpenti e della vipera non provoca la morte quando viene bevuto[388].

Accanto ai veleni introdotti per via orale, esiste poi una vasta gamma di sostanze che interagiscono dannosamente con l'organismo umano mediante modalità differenti: fra le principali si annoverano quelle inoculate da una puntura, da un morso, per contatto. La divisione tipologica proposta in apertura da Cardano (libro 1, capitolo 5) non sembra contemplare questi specifici veleni, ma nel prosieguo della riflessione egli li affrontò con la dovuta attenzione. Nel capitolo dedicato ai veleni derivati da un morso o da una puntura[389], le questioni affrontate sono diverse e spesso danno luogo a dettagliate riflessioni, in cui non mancavano riferimenti ed esempi tratti direttamente dall'esperienza. Ci si chiede all'inizio perché il morso sia più

---

380   Cfr. CARDANO Girolamo, *De venenis libri tres*, apud Paulum Frambottum Bibliopolam, Padova 1653, p. 10, cap. 5: «Prima divisio venenorum ex ratione ortu».
381   Cfr. ibidem: «[P]rimum oriuntur in nobis proprie».
382   Ivi, pp. 11-13, cap. 6.
383   Ibidem: «[P]odagra et lapis in vesica».
384   Cfr. ivi, p. 10: «[A]lia autem [...] [sunt] eorum quaedam a causis gignuntur necessariis, et sunt aer vel aqua».
385   Cfr. ivi, pp. 17-21, cap. 9: «De veneno contracto ab aere, et aqua, causis eius, et differentijs».
386   Cfr. ivi, p. 10: «Quae autem exstrinsecus adveniunt, [...] intus in cavitates immittuntur, rarissime per enemata, plerumque per viam cibi potusve».
387   Cfr. ivi, p. 39, cap. 18, intitolato «De veneno e potu»: «Veneni epoti ratio differt a veneno, quod ex morsu aut punctione advenit, [...], quod quae intus assumpta perimunt, exterius admota non idem agunt».
388   Cfr. ibidem: «[N]eque enim auripigmentum album, neque argentum vivum sublimatum, nec gypsum, admota ulceribus hominem interficiunt, tametsi vehementer discruciant dolore. Sed neque contraria ratione, serpentis aut viperae saliva in potu data interficiunt».
389   Cfr. ivi, pp. 30-33, cap. 15: «De veneno a morsu, ictu, vulnere».

velenoso delle punture provocate per mezzo di aculei[390]. La risposta, basata su una conoscenza ancora carente dell'apparato velenifero dei serpenti, rimanda al fatto che i denti, sono maggiormente intrisi di schiuma e alito della bocca provenienti dal cuore e dal cervello[391], cioè dagli organi più importanti del corpo animale.
Cardano si chiedeva poi quali fossero le conseguenze dei morsi o delle punture di uno stesso animale provocati in diverse parti del corpo e seguendo le massime autorità di allora in campo medico, Avicenna e Galeno, notava come, ad esempio, la puntura dello scorpione provocasse il danno maggiore, molto spesso una perdita dei sensi, quando avveniva sopra le arterie[392]. Altri esempi riportati in questo paragrafo riguardano la pastinaca, la tarantola, il calabrone, i serpenti e i cani che hanno la rabbia[393]. L'avvelenamento tramite morso o puntura non era certo meno pericoloso delle altre forme, ma era tuttavia di minor interesse per il medico di corte, che il più delle volte doveva far fronte a modalità di assunzione dei veleni affatto diverse.
Accanto alla possibilità dell'ingerimento e dell'inoculazione tramite morso o puntura animale, esistevano altri modi di intossicazione, più lenti nel loro manifestarsi, ma non per questo meno pericolosi.
L'esempio più significativo è quello del mercurio, che era diventato una delle sostanze più utilizzate per la cura della sifilide[394]. L'argirismo in questo caso non colpiva solo il paziente, ma anche la persona che applicava la sostanza mercuriale sul corpo del malato. Accanto alla trattazione del veleno che agisce per contatto, Cardano si occupò, nello stesso capitolo, di tutta una serie di credenze mutuate dall'antichità, che ritenevano possibile un avvelenamento tramite l'ombra di alcuni alberi e lo sguardo di alcuni animali.
Riconducibili anch'esse in qualche modo a una forma di contatto tramite l'aria, queste superstizioni hanno attraversato i secoli passando di libro in libro. A questo proposito, anche Ponzetti, in uno dei capitoli introduttivi di carattere generale, ribadiva che è necessario «che sempre concorra un qualche contatto»[395] perché un veleno possa agire. Riguardo alla questione delle ombre il testo di riferimento era l'*Historia naturalis* (XVII, 12) di Plinio, che il medico milanese sintetizzava riducendolo ad una specie di regola: l'ombra fatta dagli alberi con denso fogliame è opaca, e per questo motivo dannosa[396]. Questa era una *stupidaggine*, se riferita alla sola ombra, cioè alla sola carenza di luce, mentre la nocività diveniva comprensibile una volta che si fossero presi in considerazione i vapori emanati dall'albero[397]. Non meno menzognera è un'altra credenza di pliniana memoria, *Historia naturalis* (VIII, 32-33), secondo cui alcuni animali, il basilisco e il catopleba, sarebbero stati in grado di provocare la morte di un uomo nelle loro vicinanze con il solo sguardo.
Allo stesso modo, facendo altresì riferimento a leggende e tradizioni ataviche, Cardano era convinto che nessun odore potesse uccidere, poiché i *sensibili* possono certamente perturbare i sensi, ma non possono distruggerli o corromperli[398]. Queste ultime forme di avvelenamento, che a noi possono sembrare frutto di vuoti esercizi eruditi, e che lo stesso Cardano riteneva quantomeno fantasiose, allora facevano parte della grande categoria dei veleni che infettano dall'esterno il corpo umano.
Per concludere la classificazione delle sostanze velenose *ex ratione ortus*, Cardano riportava anche quei veleni che pur provenendo ugualmente dall'esterno, sono in qualche modo privi si sostanza, come ad esempio gli incantesimi e le malìe[399]. Specificando però successivamente che alcuni di essi, pur essendo privi di sostanza,

---

390   Cfr. ivi, p. 30: «Dubium est, cur morsus aculeis sint magis venenati?».
391   Cfr. ivi, pp. 30-31: «[Q]uia dentes sunt inbuti spuma et halitu oris, qui ex corde et cerebro provenit».
392   Cfr. ivi, p. 31: «Circa quod [si veda nota precedente] tria notanda sunt. Primum, quod ponitur a Principe [Avicenna] sexta Quarti et est ex Galeno: punctura scorpionis (dico enim de alijs, tum morsibus) si sit super arteriam, facit syncopen persaepe».
393   Cfr. ivi, pp. 31-32.
394   Cfr. ivi, pp. 33-34, cap. 16, intitolato «De illito, aut ex contactus, odore, et umbra». Nell'occasione, Cardano cita i versi 412-417 del libro secondo della *Syphilis* di Fracastoro.
395   PONZETTI Ferdinando, *Libellus de Venenis*, in aedibus Iacobi Mazochii, Roma 1521, liber I, tractatus I, caput IV. Si userà qui l'edizione inserita in ARDOINI Santo, *Opus de Venenis. A multis hactenus desideratum, et nunc tandem castigatissime editum*, per Henricum Petri et Petrum Pernam, Basel 1562 p. 518: «[P]uto quod semper concurrat aliquis contactus».
396   Cfr. CARDANO Girolamo, *De venenis libri tres*, cit., p. 34: «Omnis arboris, cuius folia adeo sunt densa ut umbram opacam reddant, umbra noxia est». Parimenti, Pietro Andrea Mattioli – riprendendo Dioscoride e citando, a sua volta, Plinio – asserisce che «in Narbona [Francia] è velenoso il Tasso, che dormendosi, o sedendosi sotto alcuni all'ombra, s'ammalano e alle volte muoiono» (MATTIOLI Pietro Andrea, *Il Dioscoride, con la giunta del sesto libro de i Rimedi di tutti i veleni, con la giunta di tutte le figure delle piante, delle herbe, delle pietre et de gli Animali*, appresso Iacomo Roffinello, Mantova 1549², libro VI p. 25).
397   Cfr. CARDANO Girolamo, *De venenis libri tres*, cit., p. 34: «Nemo stupidus adeo sit, qui existimet umbram ipsam huiusmodi esse, quae sola est, etiam carentia lucis: sed vapores ex arbore profluentes».
398   Cfr. ivi, p. 36: «Porro odor nullus occidere potest: nam sensilia perturbare possunt sensum, evertere non possunt, aut corrumpere».
399   Cfr. ivi, p. 10: «Externa alia sunt, quorum quaedam sine substantia sunt, ut excantationes et fascini».

agiscono comunque su una materia a loro sottostante, che diventa così il tramite della loro azione.
In questo ultimo gruppo ci sono i filtri che hanno come scopo di provocare l'amore, gli incantesimi che mirano invece al maleficio, mentre quelli in vista dell'utile prendono il nome di *praecantationes*[400]. Queste ultime erano tipiche della pratica magica applicata alla medicina, per cui una particolare formula propiziatoria doveva precedere l'ottenimento di uno specifico risultato terapeutico.
In generale tutti gli avvelenamenti di questo tipo sono molto lontani da ciò che noi oggi riteniamo debba far parte della tossicologia, essi appartengono al campo della superstizione. Nel Rinascimento però essi appartenevano alla pratica medica, perché per quanto si potessero nutrire forti dubbi sulla veridicità di quanto affermato, ad esempio, a proposito della velenosità dello sguardo del basilisco, non altrettanto si poteva affermare delle pratiche magiche, sanzionate allora dalle autorità con pene durissime. Ma Cardano in questa parte della sua opera non fece riferimento ad oscuri autori di trattati magici, ma si rivolse in qualche modo ai classici: Virgilio, Apuleio e Lucano[401]. Opere che non intendevano certo fornire una descrizione realistica proto-scientifica del mondo, ma che comunque bene esprimevano una credenza diffusa, che molto spesso portava all'assunzione di sostanze, che si ritenevano dotate di poteri eccezionali.
Cardano su questo punto era un uomo del suo tempo, pronto a operare una critica su punti specifici, ma non a uscire dall'idea di base che questi tipi di pratiche potessero certe volte essere efficaci.
Sebbene un certo spazio sia dedicato ai veleni che si generano da sé, alle epidemie naturali o al sovrannaturale, l'interesse maggiore di Cardano si muoveva nell'orizzonte dei veleni che agiscono a seguito di ingestione o di contatto, ai quali egli dedicò la pressoché totalità della propria opera. Nella parte restante del primo libro il medico milanese offerse una descrizione abbastanza dettagliata di alcune peculiarità che differenziano determinati veleni rispetto ad altri; si tratta di una lista che non è né omogenea né organica. *In primis*, il discrimine cade sulla natura calda o fredda dei veleni. Questa distinzione tipologica affonda le sue radici in un pensiero filosofico e medico saldamente ancorato allo studio degli elementi qualitativi della natura.
Anche Ponzetti non disdegnava di indicare per ogni sostanza velenosa che individuò la sua natura calda, fredda o mista. Ardoini, parimenti, indicava anche le ragioni per cui un determinato veleno avesse una certa qualità, cercando quindi di spiegare anche le modalità di azione specifica che essi svolgevano sugli organi del corpo umano. Cardano, non dissimilmente dal medico pesarese, caratterizzò in primo luogo i veleni caldi in base all'azione da essi esercitata sull'organo del gusto: essi hanno in generale un sapore acre.
La loro presenza all'interno del nostro corpo mostra un decorso ben determinato: essi provocano calore nello stomaco, arsura e sete, dopo di che causano escoriazioni alla lingua e alla gola, e dissenteria, dolori allo stomaco e all'intestino, e cagionano febbre[402], e poi con un aggravamento generale portano alla morte.
Se il quadro dell'avvelenamento ora proposto era generalmente riconosciuto, diversa invece la situazione per i veleni freddi: qui addirittura si era aperta una grande controversia intorno alla loro stessa esistenza[403].
Fra i due estremi, si pongono (soprattutto nella trattazione di Ardoini) una lunga lista di sostanze tossiche che compartecipano, in percentuali differenti, alle due nature calda e fredda, e le variazioni degli effetti da esse provocati dipendono, almeno in parte, da questa commistione, che fa sì che le conseguenze tipiche di un veleno caldo si frammischino a quelle opposte in maniera diversificata per ogni specifica sostanza.
Dopo questa prima grande suddivisione Cardano passava a discutere dei veleni che nuocciono, non tramite le qualità primarie della sostanza, ma per la loro grandezza, figura e corporeità. Tra questi egli ricordava il sangue degli animali e il gesso.
Successivamente il medico milanese introdusse un altro tipo di classificazione, che prendeva in considerazione soprattutto il modo con cui i veleni agiscono all'interno del corpo umano, provocando quelle alterazioni radicali che portano alla morte. Alcuni provocano una consunzione lenta, ad esempio, quelli che, ostruendo le vie che portano il nutrimento a tutte le parti del corpo, causano un indebolimento generale. Non diversamente da questi operano i veleni che impediscono una corretta digestione (*concoctio*) del cibo[404].

---

400 Cfr. ibidem: «[S]i ad amorem tendunt, philtra appellantur, sin ad maleficium, excantatio, si ad utilitatem, praecantatio».
401 Cfr. ivi, pp. 36-39.
402 Cfr. ivi, p. 41: «Venenum calidum percipitur plerumque sapore acri […]. [Id] aestum movet in ventriculo, et ardorem, et sitim, et post haec excoriat linguam et guttur, et movet dysenteriam, et dolores in ventriculo, et intestinis, et febrem excitat».
403 Cfr. ivi, p. 42, cap. 20 intitolato «An detur venenum frigidum»: «Quod maxima in controversia positum, et illud est, scilicet an detur venenum frigidum».
404 Cfr. ivi, cap. 22, pp. 46-47: «De veneno tabefaciente».

▲ *La morte di Sofonisba* in un disegno di fine XVII secolo (Rijksmuseum di Amsterdam); la Regina Sofonisba, moglie di Massinissa, si suicidò ingerendo una coppa di veleno per non essere presa prigioniera dai Romani

Un altro genere di sostanze velenose altera le funzioni dell'organismo provocando invece un processo di putrefazione, innescato dall'azione di un calore diverso da quello naturale. Anche molte malattie si sviluppano secondo questa modalità, ad esempio la tisi, che può essere considerata come il risultato di una putrefazione che coinvolge i polmoni[405]. Altre sostanze velenose agiscono invece per erosione, alcune semplicemente a causa del loro essere acri, altre invece solo dopo avere provocato una precedente putrefazione e corruzione[406].
Dopo avere affrontato le diverse modalità di azione delle sostanze velenose, Cardano passava a trattare la questione dei cosiddetti veleni che operano «*ab occulta qualitate*»[407].
Lo stesso concetto di *qualità occulta* non era però privo di difficoltà: dal punto di vista aristotelico una qualità non poteva essere intesa in questo modo, e postulando che non si trattasse di una *qualitas*, si incorreva in molteplici contraddizioni, che il medico milanese aveva affrontato nel suo *Contradicentium medicorum*. Muovendosi all'interno della filosofia aristotelica e della medicina galenica era in qualche modo impossibile ogni riferimento a qualità che non agissero secondo le conosciute contrarietà di caldo-freddo e secco-umido. Tutte le precedenti classificazioni, esclusa quella che considerava solo grandezza, figura e corporeità della sostanza, erano basate su queste contrarietà. L'unico modo per concepire l'azione di un qualità occulta doveva quindi uscire da quegli schemi.
Cardano per fare ciò si appoggiò all'opposizione simpatia-antipatia, molto meno rigida delle precedenti, ma anche molto più vaga. In questo caso la contrapposizione può essere stabilità in senso lato, ad esempio mettendo l'uomo in opposizione ai rettili a agli insetti. Essi appartengono tutti allo stesso genere (animale), ma si trovano in posizioni opposte sotto molti aspetti. L'uomo può essere infatti collocato all'apice della

---

405 Cfr. ivi, cap. 23, pp. 47-49: «De veneno putrefaciente».
406 Cfr. ivi, cap. 24, pp. 49-50: «De veneno erodente».
407 Ivi, pp. 50-53.

scala degli animali sanguinei, mentre i rettili si trovano addirittura al di fuori di questa classe di animali. Da qui il predominio di un'opposizione (antipatia), che spiegherebbe la pericolosità di molti di questi animali per l'uomo.

Gli ultimi capitoli del primo libro di Cardano presentano una nuova suddivisione dei veleni, basata questa volta sulla rapidità o sulla lentezza d'azione. In effetti, ci sono veleni che agiscono immediatamente, vale a dire nello stesso giorno in cui entrano nel nostro corpo, oppure dopo uno, due, o pochi giorni.

Altri invece che uccidono, o almeno provocano consunzione, dopo molto tempo[408].

L'assunzione o l'inoculazione di una sostanza tossica e la conseguente morte in un tempo breve, permette di collegare inequivocabilmente il primo accadimento al secondo. Molto più complessa e difficoltosa è l'individuazione di un veleno che agisce lentamente. «La credenza [rinascimentale] nel *venenum atterminatum attemperatum*, pur non mostrandosi realmente giustificata, [...] [aveva un suo senso d'essere nelle conseguenze della somministrazione di] differenti prodotti, dispensati sia in una singola dose non mortale, sia in ripetute dosi»[409]: si otteneva così un effetto subacuto che poteva protrarsi anche per diversi mesi, prima di giungere al fatale epilogo. Come Cardano notava all'inizio della sua trattazione sui veleni che agiscono dopo molto tempo, vi erano addirittura dei dubbi sulla reale esistenza di tali sostanze.

Ma secondo lui l'esperienza mostrava che tali veleni esistono, perché si era più volte visto che uomini morsi da un cane malato di rabbia, una volta guariti dalla ferita, pur non avendo mostrato alcun sintomo per mesi e anni, si erano poi improvvisamente ammalati senza nessuna possibilità di cura[410].

I dubbi non riguardavano soltanto l'esistenza o la definizione di un veleno di questo tipo, ma comprendevano anche la possibilità di individuare i limiti temporali entro cui esso avrebbe dovuto agire.

Domanda a cui è difficile dare una risposta precisa. Come le malattie in alcuni durano più a lungo che in altri, in relazione alla forza dei corpi, così in questo caso, in maniera ancora maggiore, il decorso dipende dal temperamento, dalla predisposizione, dall'età e dalle consuetudini[411].

Allo stesso modo, anche Ponzetti era concorde nel dire che «non si può sapere il tempo preciso»[412] in cui la sostanza entrerà in azione.

Un'ulteriore distinzione avanzata da Cardano era quella relativa al grado di letalità[413]. Esistono, difatti, veleni che uccidono irrimediabilmente, e altri che invece provocano solo danno. Questi ultimi possono uccidere solo provocando una consunzione o una putrefazione.

L'ultima divisione dei veleni analizzata da Cardano in chiusura del suo primo libro[414], e quella preferita da Ponzetti e Ardoini, è quella fondata sulla distinzione della materia delle sostanze tossiche: esistono veleni vegetali, animali e minerali. Proprio seguendo questa differenziazione tipologica, nelle pagine che qui seguono, si prediligerà la lettura delle opere di Ponzetti e Ardoini.

Ciò permetterà di entrare più nel dettaglio, e forse si troveare preziose indicazioni su veleni maggiormente temuti nelle corti rinascimentali.

---

408   Cfr. ivi, p. 53, cap. 26 intitolato «De tertia divisione veneni in praesentaneum, et temporaneum, et de causa eius»: «Et venenorum quidem, temporanea sunt, quae post longum tempus interimunt, aut tabefaciunt saltem: alia autem statim, idest ipsa die, vel post unum, vel duos, aut pauculos dies».

409   ZUCCHI Luca, *«Di veleni che ragioni?»*. *I Borgia e il sapere tossicologico rinascimentale*, in BORDIN Michele – TROVATO Paolo (ed.), *Lucrezia Borgia. Storia e mito*, Leo S. Olschki editore, Firenze 2006, p. 249.

410   Cfr. CARDANO Girolamo, *De venenis libri tres*, cit., p. 53: «[Id] ostendit[ur] in his quos canis rabidus momordit: quorum quidam sanato ulcere, non solum per plures dies, sed etiam menses et annos quiescunt sine noxa, inde subito rabie deprehensi, nulloque praesidio adiuti moriuntur».

411   Cfr. ivi, p. 55: «Utrum ergo certum praestituere tempus conveniat, non facile dixerim, postquam iidem morbi in his diutius, in aliis minus durant, iuxta robur corporum: itaque in huiusmodi longe maior erit diversitas, non solum roboris virium ratione, sed temperaturae, compositionis, aetatis, consuetudinisque».

412   PONZETTI Ferdinando, *Libellus de Venenis*, cit., liber I, tractatus II, caput V oppure PONZETTI Ferdinando, *Libellus de Venenis*, in ARDOINI Santo, *Opus de Venenis*, cit., p. 527: «[N]on tamen potest sciri tempus precisum».

413   Cfr. CARDANO Girolamo, *De venenis libri tres*, cit., p. 56, cap. 27: «De quarta divisione veneni, in lethale, et non lethale».

414   Cfr. ivi, lib. 1, cap. 28, p. 57: «De divisione veneni, materia ratione».

VELENI RICAVATI DA VEGETALI

La capacità di trarre sostanze medicamentose da fiori, foglie, cortecce e sostanze vegetali in genere è un sapere che l'uomo ha lentamente acquisito nel corso dei secoli, sin dai primordi della sua esistenza. Prima di sviluppare questa conoscenza delle piante, egli dovette però imparare a distinguere le piante che potevano servire per il suo sostentamento, da quelle che invece gli erano nocive, e alcune volte addirittura mortali. L'esperienza accumulata in questo campo già dall'antichità è notevole, e rappresenta la base comune delle trattazioni di Ponzetti, Ardoini e Cardano. Alcune di queste sostanze tossiche trovarono ampio impiego nelle corti del Rinascimento, sia come strumenti volontariamente usati per eliminare avversari e concorrenti, sia come componenti di farmaci. In questo ultimo caso esse andavano utilizzate in dosi molto piccole, poiché l'errore nel dosaggio avrebbe provocato un avvelenamento involontario.

Tra i veleni maggiormente temuti nelle corti c'era la cicuta, il «*Conium* o *Conios*»[415] già utilizzato nella condanna a morte del filosofo greco Socrate. Consapevoli della potenza tossica del veleno, ricavabile da qualunque parte della «pianta notevolmente velenosa»[416], e del fatto che ne bastassero solo pochi grammi per uccidere un uomo, i medici delle corti rinascimentali non potevano prescindere da una conoscenza approfondita di tutto quanto riguardasse questa pianta, in primo luogo la sintomatologia associata a questo tipo di avvelenamento. I sintomi principali provocati dalla cicuta, secondo Cardano, sono le vertigini, un senso di soffocamento violento e le convulsioni[417]. Ardoini, molto più dettagliatamente, aggiungeva che la cicuta può provocare una percezione di freddo alle mani e ai piedi, un rallentamento nei movimenti, un senso di soffocamento e di affanno nel respiro, una perdita di lucidità mentale, un annebbiamento della vista; a cui seguono singhiozzo e dolore di stomaco, un cambiamento del colore delle labbra, che diventano giallastre e verdognole, un cambiamento di aspetto generale con un colore della pelle quasi plumbeo, un torpore delle membra, una durezza del polso e un rallentamento del battito, che se non viene riaccelerato tramite la cura, porta alla morte dopo tre ore[418]. La dovizia di sintomi e la chiarezza del decorso dell'avvelenamento dati da Ardoini, sembrano tradire l'occhio clinico e interessato di un medico che ha la necessità di riconoscere nel più breve tempo possibile tutti i segnali di un avvelenamento che «in tre ore» porta alla morte.

L'utilizzo di questa pianta per operare un avvelenamento non presentava particolari difficoltà; sebbene essa avesse un odore molto acre, questo poteva facilmente essere coperto o nascosto, mischiandola con alte sostanze[419]. Fra le sostanze tossiche, a cui i tre autori dedicano ampia trattazione, non potevano certo mancare le piante appartenenti alla famiglia delle solanacee. Questo nome e il concetto stesso di famiglia botanica non appartengono al Rinascimento; soltanto dal XVIII secolo, grazie all'apporto di Carlo Linneo, si iniziò a definire con questo termine, semanticamente alquanto ampio, un gruppo di piante in precedenza non ricondotte in un gruppo omogeneo. Sebbene alla famiglia delle solanacee appartengano piante come il pomodoro (*Solanum lycopersicum*), la patata (*Solanum tuberosum*) o la melanzana (*Solanum melongena*) del tutto commestibili, alcuni dei veleni più tossici noti nel XVI secolo si ricavano da vegetali tipologicamente simili a questi[420].

Una fra le piante più utilizzate e potenti è il giusquiamo, nelle sue tre varianti bianca, rossa e nera. Ardoini affermava con convinzione che tutte le tre varianti erano egualmente dannose e pericolose, provocando le stesse conseguenze, con la sola distinzione dell'acuità e dell'intensità della manifestazione sintomatica[421].

---

415 ARDOINI Santo, *Opus de Venenis*, cit., p. 205. Il nome Conio, variante alquanto diffusa al posto di cicuta, si ritrova anche nel nome *Conium maculatum* che Linneo donò alla pianta nel 1753.

416 MALEISSYE Jean (de), *Storia dei veleni. Da Socrate ai giorni nostri*, COVITO Carmen (ed.), Casa Editrice Odoya, Bologna 2008², p. 185.

417 Cfr. CARDANO Girolamo, *De venenis libri tres*, cit., p. 61, cap. 1 intitolato «De signis generalibus veneni, dum est praesens, dum devoratur, dum iam assumptum est, congeniti. De prognosticis»: «Cicuta […] ferme […] vertiginem excitat, strangulat vehementer, et convellit».

418 Cfr. ARDOINI Santo, *Opus de Venenis*, cit., p. 206: «Accidentia consequentia assumptionem ipsius, sunt frigiditas extremitatum, gravitas motus corporis, suffocatio et strictura anhelitus, permistio rationis, oculorum caligo, subet, singultus et dolor stomachi, color labiorum citrinus vel viridis, color corporis plumbeus, stupor membrorum, durities pulsus, quies venarum, scilicet pulsatilium, et nisi acceleretur in sui curatione morietur post tres horas».

419 Cfr. OMICCIOLO VALENTINI Rosella, *Le erbe delle streghe nel medioevo*, Edizioni Penne e Papiri, Tuscania 2010, pp. 78-79

420 Cfr. MALEISSYE Jean (de), *Storia dei veleni. Da Socrate ai giorni nostri*, cit., p. 176.

421 Cfr. ARDOINI Santo, *Opus de Venenis*, cit., pp. 196-197: [N]atura tamen cuiuslibet praedictarum hyoscyami specierum, est

Nel complesso l'assunzione del giusquiamo provoca paralisi, uscita di schiuma dalla bocca, forte arrossamento di viso e occhi, vertigini, annebbiamento della vista, difficoltà respiratoria, sordità, prurito nel corpo e nelle gengive, ebrezza con perdita di lucidità mentale, talora epilessia; inoltre gli intossicati emettono suoni simili ai versi degli animali, alcuni ragliano, altri nitriscono, altri emettono versi simili ai muli e alle mule, e talvolta si verifica un ingrossamento della lingua con impossibilità di parlare[422]. Notevole ancora una volta è l'accurata descrizione della sintomatologia operata dal medico pesarese.

Questa specifica attitudine è, senza dubbio, giustificata dalla volontà da parte dell'autore di fornire al proprio lettore tutti gli strumenti cognitivi e operativi per – *in primis* – riconoscere il veleno e per – *in secundis* – poterlo eventualmente curare.

A differenza di Ardoini, il cardinal Ponzetti nella sua trattazione attribuì l'effettiva

▲ Immagine di una pianta di cicuta, conservata presso la Österreichische Nationalbibliothek

pericolosità della pianta solo ai semi di due specie, quella con il seme nero, che ha un rivestimento pungente, e quella bianca con il fiore color del miele[423]. Alla varietà rossa, il prelato attribuiva soltanto una vaga proprietà soporifera[424].

Alla stessa famiglia delle solanacee appartiene una pianta da cui si estrae uno dei veleni più potenti e pericolosi: l'*Atropa Belladonna*. Il nome di questo vegetale è la commistione settecentesca fra le capacità letali («*Atropo* [è] la Parca che aveva il compito di tagliare il filo della vita degli uomini»[425]) e l'utilizzo cosmetico di estratti di questa pianta («[g]occe di belladonna in acqua distillata producevano un cosmetico in grado di dilatare le

---

venenosae proprietatis et virtutis stupefactivae; deterius autem est nigrum, minus malum est album, rubeum vero medio modo se habet».

422 Cfr. ivi, p. 197: «[C]onsequentia ipsius assumptionem [...] sunt mollificatio membrorum, egressio spumae ex ore, rubedo faciei et oculorum, vertigo, tenebrositas oculorum, constrictio anhelitus, surditas, pruritus corporis et gingivae, ebrietas permistio rationis, et aliquando epilepsia, et quandoque locutio vocibus diversis, adeo ut aliquando rugiat et aliquando hinniat ut equus, et aliquando vocem emittat ut mulus et aliquando ut mula, et aliquando grossitudo linguae et prohibitio sermonis».

423 Cfr. PONZETTI Ferdinando, *Libellus de Venenis*, cit., liber II, tractatus IX, caput V oppure PONZETTI Ferdinando, *Libellus de Venenis*, in ARDOINI Santo, *Opus de Venenis*, cit., p. 553: «Prima [species] habet semen nigrum cum cortice spinoso, alia album, et florem mellinum: et utraque est perniciosa».

424 Cfr. ibidem: «[T]ertia species, quae est rubea, [...] facit aliquando somnum».

425 OMICCIOLO VALENTINI Rosella, *Le erbe delle streghe nel medioevo*, cit., p. 68.

▲ Immagine di una pianta di belladonna (Österreichische Nationalbibliothek)

pupille»[426]). Fra i nomi popolari più usati per quest'arbusto compare quello di Solatro. Nei testi medico-botanici quattro-cinquecenteschi questo termine veniva impiegato ripetutamente, ma in riferimento a piante diverse fra loro, creando così non poche difficoltà. Ponzetti, ad esempio, affermava che il solatro con altro nome «è chiamato vua vulpis»[427], ma questo termine era usato per riferirsi a un'altra pianta, la morella (*Solanum nigrum*), assai diversa dalla belladonna[428].

Ardoini aggiungeva a questo, che alcuni autori avevano identificato il solatro con la pianta altrimenti nota sotto il nome di alkekengi (*Physalis alkekengi*), una pianta usata per la cura dei calcoli della vescica, di velenosità nulla o assai bassa[429]. Bastava invece una dose minima di belladonna per ottenere un effetto letale[430].

La confusione generata dall'utilizzo dello stesso nome per tipi di piante così diverse nella loro nocività non permette di individuare con precisione come e in quale misura i due autori avessero voluto occuparsi della belladonna, piuttosto che dell'alkekengi o della morella. L'accostamento di cicuta e solatro nello stesso capitolo del trattato di Ponzetti, permette almeno di comprendere in quale grado di pericolosità fossero tenute le due sostanze venefiche[431].

Nelle corti rinascimentali la conoscenza delle piante doveva essere abbastanza approfondita, i giardini erano

---

426   Ibidem.
427   PONZETTI Ferdinando, *Libellus de Venenis*, cit., liber II, tractatus IX, caput VII oppure PONZETTI Ferdinando, *Libellus de Venenis*, in ARDOINI Santo, *Opus de Venenis*, cit., p. 555.

«Solatrum quod alio nomine vocatur vua vulpis».

428   Cfr. ARVEILLER Raymond, *Noms de plantes français au XVIème siècle*, in VARVARO Alberto (ed.), *Atti del XIV Congresso Internazionale di Linguistica e Filologia Romanza. Napoli 15-20 Aprile 1974*, John Benjamins Publishing Company, Amsterdam 1977, Volume IV, p. 171.
429   Cfr. ARDOINI Santo, *Opus de Venenis*, cit., p. 200: «Solatri nempe plures ab auctoribus ponuntur esse species, ex quibus una est [...] alkekengi, quae vesicaria ab aliquibus nuncupatur, eo quod vesicae calculis est contraria, quae modica aut nulla venenositate participat». Mattioli, nella sua opera, ad esempio, riferisce che «volgarmente si chiama da alcuni solatro maggiore, e da altri Herba Belladonna» (MATTIOLI Pietro Andrea, *Il Dioscoride*, cit., libro IV p. 301).
430   A tal proposito, per una trattazione che giunge fino alla contemporaneità, si confronti MAZZARELLO Paolo, *L'erba della regina. Storia di un decotto miracoloso*, Bollati Boringhieri editore, Torino 2013.
431   Cfr. PONZETTI Ferdinando, *Libellus de Venenis*, cit., liber II, tractatus IX, caput VII oppure PONZETTI Ferdinando, *Libellus de Venenis*, in ARDOINI Santo, *Opus de Venenis*, cit., p. 555.

parte integrante delle dimore signorili e spesso richiedevano la presenza di personale qualificato, sia per il loro mantenimento, sia per l'inserimento di nuove specie. Vi erano comunque, presso le corti di quel periodo, delle piante che non sarebbero assolutamente dovute mancare: la mandragora, fra queste, è forse la più famosa[432]. Le proprietà magiche attribuite a questa pianta dalla natura metà animale e metà vegetale[433] sono molteplici, e si sono storicamente stratificate in un periodo di tempo che si stende dall'età antica al medioevo[434]. Nel Rinascimento le proprietà magiche di questa pianta cominciarono a essere poste in dubbio, ma non per questo il suo uso risentì grandi contraccolpi. Le trattazioni della mandragora che Ponzetti e Ardoini svolsero nelle loro opere si limitano esclusivamente alla considerazione delle proprietà venefiche della pianta. Ciò che interessava qui, erano le conseguenze dovute all'ingestione o al contatto con essa, ma naturalmente la tradizione di credenze legate a questa pianta non poteva essere completamente esclusa dalla trattazione, tanto più che quel patrimonio di fantasie doveva avere ancora molti seguaci a corte.

Il medico che aveva il compito di curare e preservare la salute dei personaggi in vista di una qualsiasi corte non poteva perciò ignorare tutti i pericoli derivanti dall'uso di tale pianta. Della mandragora, sin dall'antichità, sono state individuate due varianti, «la prima delle quali è maschio, l'altra invece femmina»[435]; questa distinzione è oggi spiegabile con la differenziazione fra la *Mandragora officinalis* e la *Mandragora autumnalis*, specie tipologicamente pressoché identiche, che crescono però in due periodi diversi dell'anno[436]. I sintomi dovuti all'assunzione di mandragora, descritti con la solita perizia da Ardoini, sono: vertigini, ebbrezza, alienazione o pazzia, occhi sbarrati, rigonfiamento del volto, soffocamento, forte arrossamento di occhi e viso, sonno profondo, o in alternativa s'aggiunge sordità, […], spasmo, prurito in tutto il corpo e infine letargia[437]. Ponzetti, dal canto suo, tralasciando in parte la sintomatologia, aggiungeva alcune informazioni relative al grande utilizzo di questa pianta: egli asseriva che la mandragora può curare l'avvelenamento da solatro, i morsi venefici degli animali e i dolori della gotta[438].

Nel corso del XVI secolo, la medicina e le conoscenze botanico-chimiche del periodo permisero a Paracelso di ottenere, a partire dall'oppio, il laudano. Questo composto, inizialmente secco, sarà reso liquido e diverrà una sostanza di largo impiego nel corso del XIX secolo[439]. Durante il Rinascimento, quand'ancora il laudano non aveva avuto alcuna diffusione di rilievo, l'oppio era una sostanza analgesica largamente utilizzata.

L'oppio, a differenza dei veleni finora citati, rischia di portare alla morte soltanto se assunto in quantità elevate, ed è a questi specifici casi che le trattazioni di Ardoini e Ponzetti fanno riferimento. Le sostanze oppiacee sono ricavate sottoforma di «succo o gomma»[440] dal «papavero nero»[441] (*Papaver somniferum*).

Ardoini invitava a non confondere i pericolosi derivati di questa specie di pianta da quelli ricavati invece dal papavero dai semi bianchi, che gli autori antichi non indicavano nemmeno nel novero dei veleni[442]. Sovente i due autori, nelle trattazioni relative agli estratti velenosi di diverse piante, ricorsero a distinzioni rigide e particolareggiate, focalizzando l'attenzione su similitudini e affinità fra piante e/o parti di esse, con il

---

432 Cfr. OMICCIOLO VALENTINI Rosella, *Le erbe delle streghe nel medioevo*, cit., p. 108. Si narra che anche l'imperatore Carlo V conservasse gelosamente alcune piante di mandragora, in un prezioso cofanetto intarsiato.

433 Cfr. MALEISSYE Jean (de), *Storia dei veleni. Da Socrate ai giorni nostri*, cit., p. 186. La particolare forma delle radici tuberose della mandragora ha dato adito alla credenza che queste piante compartecipassero sia della natura animale che di quella vegetale.

434 Per una rapida ma copiosa lista delle credenze antiche e medievali legate all'uso della pianta di mandragora si confronti OMICCIOLO VALENTINI Rosella, *Le erbe delle streghe nel medioevo*, cit., pp. 105-110 e relative note.

435 Cfr. ARDOINI Santo, *Opus de Venenis*, cit., p. 194: «Est autem specierum duarum, quarum una est masculus, altera vero femina».

436 Cfr. OMICCIOLO VALENTINI Rosella, *Le erbe delle streghe nel medioevo*, cit., p. 108.

437 Cfr. ARDOINI Santo, *Opus de Venenis*, cit., p. 194: «[C]onsequentia ipsius assumptione sunt vertigo, ebrietas, alienatio, seu defectus mentis, exitus oculorum, inflatio faciei, angina, rubedo oculorum et faciei, somnus profundus seu subet, surditas, [...] spasmus, pruritus corporis et lethargia».

438 Cfr. PONZETTI Ferdinando, *Libellus de Venenis*, cit., liber II, tractatus IX, caput III oppure PONZETTI Ferdinando, *Libellus de Venenis*, in ARDOINI Santo, *Opus de Venenis*, cit., p. 552: «[D]icitur curare nocumentum solatri»; «dicitur conferre morsibus venenosis et sedare dolores podagricos».

439 Cfr. BENEDICENTI Alberico, *Laudano*, in *Enciclopedia Italiana*, Treccani, Roma 1933.

440 PONZETTI Ferdinando, *Libellus de Venenis*, cit., liber II, tractatus IX, caput II oppure PONZETTI Ferdinando, *Libellus de Venenis*, in ARDOINI Santo, *Opus de Venenis*, cit., p. 552: «Istud est succus seu gumma».

441 ARDOINI Santo, *Opus de Venenis*, cit., p. 185.

442 Cfr. ibidem: «[P]apaver vero duarum est specierum: quidam namque est albus, seu habens semina alba [...]: iste non connumeratur ab auctoribus inter venena, nec inter mortiferas medicinas [...] quidam vero est niger, seu habens semina nigra [...] et hic est venenum, seu venenosa medicina».

▲ Immagine di una pianta di belladonna (Österreichische Nationalbibliothek)

chiaro intento di indicare ai propri lettori i possibili vegetali dannosi.

Oltre a queste indicazioni non mancavano all'occorrenza anche di occuparsi dei casi di intossicazione involontaria, dovuti sia al mancato riconoscimento, sia all'eccesivo dosaggio di un qualsiasi vegetale potenzialmente tossico. Quante piante, pur tipologicamente diversissime, si assomigliano e quante volte nel prenderne una, la si confonde con l'altra. Il medico doveva saper immediatamente riconoscere non solo la sintomatologia, ma anche e soprattutto la possibile confusione, per poter proporre quanto prima l'eventuale rimedio.

Le piante dannose per l'uomo erano molto numerose e di facile reperimento nelle campagne di allora (da molte di queste si estraevano principi venefici e sostanze velenose) e non è quindi sorprendente se Ardoini e Ponzetti molto si dilungassero su questi temi. L'utilizzo di queste piante da parte di cuochi inesperti, o di ciarlatani che pretendevano di curare ogni sorta di male con esse, era alquanto diffuso, con forti rischi d'intossicazione. Lo schema seguito dai due autori è pressappoco il medesimo: ambedue tendevano a descrivere gli effetti provocati dall'ingestione o dal contatto con la pianta (molto spesso sempre gli stessi, con qualche distinzione specifica e particolare), e a proporne una sorta di cura (legata all'esperienza popolare in Ponzetti, più eruditamente informata in Ardoini). Il cardinale-medico citava, oltre alle piante già ricordate: la scamonea, il dafne mezereo (con quelle che Ponzetti definisce varianti, il cocognidio e il dafne laurella), la stafisagria, l'euforbia, la ruta, il titimalo, l'aconito napello, l'anacardio, l'oleandro, l'elleboro (nelle due varianti bianca e nera), lo psillio e il coriandolo[443]. Il medico pesarese, dal canto suo, aveva riportato pur in un ordine diverso tutte le piante ora ricordate, avendo però in più: il corniolo, l'esula, il coloquintide, il ciclamino, il cocomero asinino, la nigella sativa, la bellavedova, la catapuzia, la sardonia, il vischio, l'aconitum lycoctonum, l'ortica, il croco, il sagapeno e la brionia[444].

---

443   Cfr. PONZETTI Ferdinando, *Libellus de Venenis*, cit., liber II, tractatus VII capita I-II-III, tractatus VIII capita I-II-III, tractatus IX caput VI oppure PONZETTI Ferdinando, *Libellus de Venenis*, in ARDOINI Santo, *Opus de Venenis*, cit., pp. 548-551.554. I nomi in latino impiegati da Ponzetti sono: «Scamonea, Scilla agrestis, Mezereon, Laureola, Cocognidium, Staphilagria, Euphorbium, Ruta agrestis, Tithymalus, Napellus, Anacardus, Oleander, Elleborus (albus et niger), Psyllium, Coriandrum».

444   Cfr. ARDOINI Santo, *Opus de Venenis*, cit., pp. 142-183. I nomi in latino impiegati da Ardoini sono: «Scebran, Agaricus, Colocynthis, Cyclaminus, Cucumer asininus, Nigella mala, Hermodactylus, Cataputia, Apium risus, Viscus, Aconitum lycoctonum,

VELENI INOCULATI DA ANIMALI

Accanto alle diverse sostanze venefiche di natura vegetale, anche quelle derivate dagli animali avrebbero offerto un'ampia scelta a un eventuale avvelenatore del XVI secolo. Il buon medico di corte, anche in questo caso, non poteva in nessun modo ignorare i sintomi e le cure da mettere in atto.
Il veleno ricavato dalla canterella è sicuramente quello che provocava il maggior terrore nell'ambiente di corte del Rinascimento. Con questo nome nel corso del Cinquecento si individuavano due sostanze completamente differenti, sebbene ambedue estremamente pericolose per la salute umana. Paolo Giovio, attento – ma non sempre preciso – osservatore della sua epoca, parla del «*cantaridum venenum*» in relazione a papa Alessandro VI. Dopo avere accennato agli omicidi perpetrati da Cesare Borgia contro vari esponenti della famiglia Orsini, egli scrive

> [e]t in quel medesimo giorno a ciò deputato, Battista Orsino Cardinale fu fatto morire in Castel Santo Angelo da Papa Alessandro con veleno di cantarelle. Ma non molto tempo favorì la fortuna questo ribaldo [Cesare Borgia], il quale spiantava il sangue della nobiltà italiana, et aspirava al Regno d'Italia; perciochè invitato dal papa suo padre a cena in Belvedere, vi bevve il veleno, il quale era stato apparecchiato per dare ad alcuni ricchissimi Cardinali, che cenavano seco, havendo il bottigliere cambiato disavedutamente i fiaschi. Ma non potendo Alessandro reggere alla furia del veleno, sopravisse Cesare alla morte del padre, et alla sua miseria[445].

Questo sembrerebbe il veleno prediletto dai Borgia per eliminare definitivamente gli avversari più scomodi[446]. In riferimento a un altro omicidio commesso da Alessandro VI, quello di Cem, fratello del Sultano ottomano Bayezid II, lo stesso Giovio aveva scritto che il Papa

> [h]aveva fato mettere una polvere velenosa ne' zuccheri, quali il Turco usava in tutte le bevande. Era questa una polvere di mirabile bianchezza da ingannare ognuno, et di sapore ancho non molto spiacevole, la quale non con molto terribil forza opprimeva gli spiriti vitali subito come fanno i veleni subitani, ma pian piano entrava per le vene con mortal tardanza vi lavorava; con la qual polvere poi dicevasi che Alessandro s'haveva levato dinanzi alcuni cardinali ricchi, et finalmente avvelenato se stesso essendosi disavedutamente scambiato il fiasco del vino[447].

Sulla base dei due passi questa dovrebbe quindi essere la forma del «*cantaridum venenum*»: una polvere bianca insapore. Questa sintetica descrizione, tuttavia non si addice pienamente al semplice estratto della canterella[448], quanto più a «un preparato a base di arsenico [anidride arseniosa[449]]»[450] dalla preparazione segreta. Il prelato comasco, in ogni caso, descrivendo il veleno dei Borgia, impiegò questo termine non per un'ipotetica ignoranza personale, ma perché l'uso dell'epoca aveva affibbiato al pericoloso miscuglio borgiano questo nome. Con ogni probabilità, però, esso non aveva nulla a che fare con le sostanze ricavate dagli insetti omonimi. Canterella, in effetti, è anche il nome popolare di un insetto verde lucente che la tradizione latina preferisce chiamare cantaride (*Lytta vescicatoria*). A quest'ultima, Ardoini, Ponzetti e Cardano fecero riferimento quando introdussero la trattazione di questa sostanza velenosa e specifica. La cantaridina, polvere «grigio-marrone punteggiat[a] di verde brillante»[451] estratta dalle zampe e dalle ali

---

Urtica, Crocus, Sagapenum, Bryonia».
445   GIOVIO Paolo, *Historiarum Sui Temporis Tomus Primus*, in officina Laurentii Torrentini Ducalis Typographi, Firenze 1550, p. 124. D'ora in avanti citeremo sempre da GIOVIO Paolo, *La prima parte dell'historie del suo tempo. Tradotte per M. Ludovico Domenichi*, per Lorenzo Torrentino impressor ducale, Firenze 1551, p. 414.
446   Cfr. ZUCCHI Luca, *«Di veleni che ragioni?»*, cit., p. 242.
447   GIOVIO Paolo, *La prima parte dell'historie del suo tempo*, cit., pp. 87-88.
448   Soprattutto la mancanza di dolore dopo l'assunzione di questo veleno è in aperto contrasto con la sintomatologia descritta da tutti gli autori. L'avvelenamento in questo caso era sempre associato con dolori molto forti. Si veda più sotto.
449   Cfr. MARI Francesco – BERTOL Elisabetta, *Veleni. Intrighi e delitti nei secoli*, Casa Editrice le Lettere, Firenze 2001, p. 26.
450   ZUCCHI Luca, *«Di veleni che ragioni?»*, cit., p. 238.
451   Ivi, p. 243.

dell'insetto, era «ritenuta senza ben fondate ragioni, un efficace afrodisiaco»[452].

La presunta proprietà afrodisiaca dell'estratto di cantaridi faceva sì che l'uso di questa sostanza fosse ampiamente diffuso all'interno delle corti rinascimentali. In effetti, come scriveva Cardano, l'assunzione di dosi anche minime di cantaridina provoca una difficoltà a orinare, perdite di sangue durante la minzione e bruciore; inoltre dolore allo stomaco, e un ascesso nella zona del ventre con un rigonfiamento simile a quello provocato dall'idropisia[453]. Questi sintomi, diversamente declinati anche da Ardoini e da Ponzetti, sono dovuti alla natura altamente tossica e ustionante della cantaridina, che infiamma i tessuti interni degli organi. Nonostante la gravità e la pericolosità dell'intossicazione da cantaride, gli avvelenamenti involontari erano senz'altro frequenti, e il medico di corte non poteva non conoscere sintomi ed eventuali cure per questa sostanza.

Le proprietà miracolose attribuite alle più svariate sostanze e materie non sembrano aver risparmiato nessuna pianta o animale. Accanto a queste, la medicina, o forse meglio dire la mitologia dei secoli passati, non ha mancato di attribuire proprietà magico-curative anche a cose inesistenti. Un caso certo emblematico di questa specifica attitudine è il caso del rospo (*Bufo bufo*), animale diffusissimo e certamente conosciutissimo nelle campagne di tutta Europa. Fin dal medioevo si riteneva che il rospo producesse nel suo capo una pietra in grado di curare numerose malattie: ad esempio si riteneva che essa curasse le indigestioni, l'erisipela, i rigonfiamenti del seno durante la gravidanza, i calcoli renali; essa poteva anche avere poteri anticoncezionali e salvava dai morsi degli animali velenosi[454]. Il legame di questa pietra con il mondo della magia e della superstizione appare immediatamente quando si considera che essa «sarebbe stata distribuita alle donne gravide, ai bambini e alle bestie sotto sortilegio»[455]. Inoltre, il reperimento di questa particolare pietra dai vasti poteri necessitava, per il suo funzionamento futuro, di un metodo di raccolta astruso e complesso, che non ne danneggiasse l'intima qualità magica[456]. L'anatomia successiva ha completamente escluso l'esistenza di una qualsiasi pietra nel capo del rospo. L'effettiva inesistenza non ha però escluso che, nel corso dei secoli XVI-XVII, diversi autori si siano diffusi nella descrizione delle miracolose proprietà di questa pietra inesistente. Girolamo Cardano, nel settimo libro del *de Subtilitate*, indicava con estrema chiarezza quale potesse essere l'origine di questa pietra e della relativa leggenda a suo carico: egli scrisse infatti, riferendosi agli studi di Antonio Musa Brasavola, che «la pietra *borax* [...] si trova [...] nella testa di un vecchio e grosso rospo. Brasavola riferisce che l'ha trovata nella testa di un rospo, ma che è piuttosto un osso che una pietra. [...] È l'osso della testa, come dice Brasavola, che s'ispessisce e s'ingrandisce nel tempo»[457].

Con ogni probabilità, la natura particolarmente densa di uno specifico osso frontale del rospo ha tratto in inganno gli osservatori meno acuti dei secoli precedenti, i quali – probabilmente sorpresi di rinvenire una pietra nel capo di un animale – gli hanno attribuito ogni sorta di capacità e proprietà. Anche Ardoini, dal canto suo, riferì dell'importanza della pietra: essa si sarebbe trovata in diversi colori e si diceva avesse molte virtù[458]. L'interesse di Ardoini per la pietra *borax* si riduceva a non più di una fugace citazione, per lasciar ampio spazio, invece, alla trattazione dell'intossicazione alimentare provocata dall'ingestione delle carni del rospo. Senz'altro, nel mondo delle corti rinascimentali, la conoscenza pseudo-esoterica delle proprietà della pietra del rospo faceva di essa un oggetto agognato e desiderato per i motivi più disparati. Il pericolo di ingerire carne di rospo invece era probabilmente strettamente legato all'abitudine di mangiare le rane.

---

452   Ivi, p. 244.

453   Cfr. CARDANO Girolamo, *De venenis libri tres*, cit., p. 63: «Cantharides faciunt difficultatem meiendi, et fit mictus sanguinis, et aestus, et dolor in ventriculo, et abscessus in partibus ventris cum tumore simili hydropi [...]».

454   Cfr. FORBES Thomas Rogers, *Lapis Bufonis: the Growth and Decline of a Medical Superstition*, in *Yale Journal of Biology and Medicine*, Anno XLIV-45, Academic Press, New York-London 1972, pp. 143-144. Per un dettagliato elenco delle malattie curate dalla pietra del rospo.

455   Ivi, p. 144.

456   Cfr. ivi, pp. 144-145.

457   Si cita qui dalla traduzione francese CARDANO Girolamo, *De la subtilité, et subtiles inventions, ensemble les causes occultes, et raisons d'icelles*, par Guillaume le Noir, rue S. Iaques à la Rose blanche couronnée, Paris 1556², p. 145 :«La pierre borax [...] est trouvee [...] en la teste d'un vieil et grand crapaut. Brasavolus refere qu'il a trouvé en la teste du crapaut, mais que c'est plus tost un os, qu'une pierre. [...] [C]'est l'os de la teste, comme dit Brasavolus, qui se condense, *et croiss (sic!) par succession de tems*». La parte in parte corsivo si distacca dal testo latino. Cfr. CARDANO Girolamo, *De Subtilitate*, NENCI Elio (ed.), Franco Angeli, Milano 2004, Tomo I, p. 653. Si confronti anche BRASAVOLA Antonio Musa, *Examen omnium simplicium*, cit., pp. 799-800.

458   Cfr. ARDOINI Santo, *Opus de Venenis*, cit., p. 232: «[L]apis qui diversorum colorum reperitur, et dicitur multas habere virtutes».

La presenza di rane sulle ricche tavole signorili era probabilmente un fatto abbastanza diffuso nell'Italia del XVI secolo, ma la capacità di conoscere le diverse specie diveniva un fatto rilevante, poiché si sapeva che alcune potevano essere tossiche. Ardoini individuava, rifacendosi in gran parte ad Avicenna, quattro specie di rane: verde lacustre, rossa marina, gialla campestre e una che vive fra i rovi[459].

Nel capitolo corrispondente Ponzetti trattava soltanto delle rane verdi, definendole le più pericolose[460]; diversamente il medico pesarese accomunava come egualmente dannoso qualunque tipo di rana.

Le conseguenze, sia nel caso in cui fossero state ingerite, sia nel caso in cui fossero state assunte in altro modo[461], non erano dissimili da quelle derivanti dal consumo di carne di rospo. I sintomi erano un colorito generalmente tendente al giallognolo, gonfiore del ventre, come negli idropici, paralisi, difficoltà respiratoria; e alcune volte spasmo, nausea, vomito, bruciore alla gola e alla bocca, annebbiamento della vista, vertigini, *et cetera*[462]. L'avvelenamento da carne di rana, ben lungi dagli intrighi di corte, era causato sovente da un'intossicazione alimentare del tutto involontaria, che – in ogni caso – il capace medico di corte doveva sapere trattare.

Le mode gastronomiche delle ricche corti rinascimentali potevano, del tutto involontariamente, provocare alcuni casi di avvelenamento, che il medico di corte doveva essere pronto a riconoscere e curare.

Il caso delle rane è senz'altro emblematico, ma Ardoini indicava all'interno della sua opera anche altri animali, che avrebbero potuto essere fonte di un'intossicazione alimentare. In particolare egli sottolineò la pericolosità dei pesci definiti freddi, che sono posti tra i veleni dalla tradizione medica, ad esempio da Avicenna. Ma non tutti i pesci freddi vanno considerati in questo modo, perché l'esperienza mostrava che alcuni, sebbene mangiati tutti i giorni, non provocano alcuna lesione al corpo.

Quindi bisognava restringere il campo ai soli pesci freddi, umidi e grassi, in particolar modo quelli che vivono in acque ferme e stagnati, che non venivano cotti subito dopo essere stati pescati, ma rimanevano uno o due giorni e poi venivano il più delle volte arrostiti; immediatamente coperti dopo la cottura e lasciati per altri uno o due giorni in luoghi freddo-umidi prima di essere mangiati. Erano soprattutto anguille e tinche e altri pesci simili, che venivano preparati in questo modo, portando con sé una putrefazione e una velenosità nociva per la salute umana[463].

Per Ardoini, quindi, la pericolosità di questi pesci non è da ricercarsi nella loro natura, quanto piuttosto nella maniera di conservare e di consumare le carni di questi pesci, che dovevano certo essere spesso presenti sulle ricche tavole signorili, soprattutto dell'Italia settentrionale. Ai fini concreti del medico che ha l'incarico di preservare la salute del signore, le conseguenze di un'intossicazione alimentare per cattiva conservazione e preparazione, non differisce da un avvelenamento, e in entrambi i casi il suo pronto intervento poteva significare la salvezza o la morte.

---

459   Cfr. ivi, p. 229 : «[R]ana lacualis [...] viridis; [...] rana marina [...] rubea; [...] rana frequenter in rubo moratur; [...] rana citrina [...] in campis».

460   Cfr. PONZETTI Ferdinando, *Libellus de Venenis*, cit., liber II, tractatus IX, caput IV oppure PONZETTI Ferdinando, *Libellus de Venenis*, in ARDOINI Santo, *Opus de Venenis*, cit., p. 553.

461   Cfr. ARDOINI Santo, *Opus de Venenis*, cit., p. 229.

462   Cfr. ibidem: «[C]onsequentia earum assumptionem seu deglutiantur seu qualitercumque aliter assumantur, sunt obfuscatio coloris ad citrinitatem tendens, [...], tumefactio ventris, velut tumefit in hydropico, mollificatio, difficultas anhelitus, et quandoque spasmus, [...] nausea, vomitus, adustio in gutture et ore, tenebrositas oculorum, vertigo [...]».

463   Cfr. ivi, p. 233: «Connumerantur autem ab autoribus inter venena, non intelligentibus absolute de omnibus piscibus frigidis, quia falsum esset nobis, ut si loquar, quotidie utentibus ipsis absque aliqua laesione; verum intelligunt de piscibus natura frigidis, humidis et viscosis, praecipue aquarum stantium et stagnorum non exercitatis, qui primo ante eorum decoctionem steterint occisi per unum vel duos dies, postea decocti et praecipue assati fuerint, et statim post cooperti seu soffocati, deinde repositi in loco humido vel humoroso frigido, et post eorum repositionem per unum vel duos dies fuerint comesti; de quorum numero sunt anguillae, tenchae, et consimiles acquirentibus ipsis exinde quendam putrefactionis seu venenositatis modum; propter quem ex eorum assumptione sequunturr accidentia infrascripta».

VELENI MINERALI

Sebbene i veleni di origine vegetale e animale rimangano l'interesse principale dei lavori di Ardoini, Ponzetti e Cardano, non per questo la trattazione delle sostanze tossiche di derivazione minerale può essere lasciata in secondo piano: «Mentre nell'antichità e in gran parte del medioevo predominano i veleni di origine animale e, ancor più, vegetale, intorno alla fine del XIV secolo iniziano ad affermarsi le sostanze minerali, che conquistano una definitiva supremazia nel Rinascimento»[464].

La grande diffusione dell'utilizzo di alcuni minerali particolarmente tossici all'interno delle corti obbligava i medici a conoscere dettagliatamente anche questa parte della tossicologia. A questo proposito non meraviglia che Santo Ardoini dedicasse un'ampia parte del suo trattato proprio ai veleni di natura minerale, occupandosi – con la solita dovizia di particolari – di una grande varietà di sostanze.

Al contrario, la sostanziale omissione della materia da parte di Ferdinando Ponzetti lascia il lettore quasi allibito, dato il contrasto evidente tra questa mancanza, e la trattazione minuziosa dei veleni di origine vegetale e animale.

La sostanza venefica con cui Ardoini apriva la propria trattazione sui minerali velenosi è l'arsenico.

La scelta non è certo causale, ma è dovuta al fatto che «[o]rmai – e per quattro secoli – l'arsenico dominerà la scena del crimine, diventando il veleno più importante dell'Occidente»[465]. Si è già accennato alla probabile natura arsenicale del composto che sarebbe stato utilizzato da Papa Alessandro VI. Il vantaggio dell'uso di questa specifica sostanza era in primo luogo legato alla potenza della sua azione tossica, per cui era necessaria una quantità veramente piccola di veleno per uccidere un uomo («dai cinque ai cinquanta m[illigrammi]»[466]). A questo si aggiunga la facilità di conservazione per periodi molto lunghi, la sua somiglianza con alcuni prodotti utilizzati per la preparazione dei cibi, e poi soprattutto il suo non risultare percepibile al gusto, cosa che lo rendeva facilmente occultabile negli alimenti. Questi e altri motivi giustificano l'immenso interesse per l'arsenico mostrato nel Rinascimento. Ardoini, seguendo Avicenna, nella sua trattazione distingueva tre distinte forme di arsenico: il primo bianco (di questo tipo era l'arsenico sublimato che si otteneva dall'orpimento o arsenico giallo per sublimazione), quest'ultimo rappresentava la seconda forma d'arsenico, a cui si aggiungeva quella di colore rosso[467]. Comunemente, quando il riferimento all'arsenico è senza ulteriore specificazione, il riferimento implicito si intende all'arsenico sublimato[468]. Nel linguaggio della chimica moderna l'arsenico sublimato bianco assume il nome di «anidride arseniosa o triossido di arsenico (As_4O_6)»[469].

Gli effetti dell'avvelenamento da arsenico, prima della morte, erano facilmente camuffabili con «i sintomi causati [...] dalla dissenteria bacillare o amebica e di altre malattie allora endemiche, tutte genericamente note come "febbri"»[470], e pertanto tale avvelenamento risultava un'arma pressoché sicura per l'eliminazione di possibili nemici, senza destare troppi sospetti. L'arsenico bianco provocava, secondo la descrizione redatta da Ardoini: sete, forti vampate di calore, paralisi, spasmo, a volte una tosse umida, a volte secca, un forte dolore e ulcere alla bocca, al palato, allo stomaco e all'intestino; e se non s'interveniva tempestivamente il decorso terminava con la morte[471]. Cardano aggiungeva a questa sintomatologia il vomito[472].

È innegabile che, data la grande somiglianza dei sintomi provocati da questo minerale con quelli di molte altre malattie e la rapidità d'azione del veleno, l'assunzione di arsenico risultasse sovente inevitabilmente letale. Il medico di corte poteva certo tentare una cura per arginare gli effetti deleteri del veleno, ma in

---

464   ZUCCHI Luca, *«Di veleni che ragioni?»*, cit., pp. 238-239.
465   MALEISSYE Jean (de), *Storia dei veleni. Da Socrate ai giorni nostri*, cit., p. 206.
466   ZUCCHI Luca, *«Di veleni che ragioni?»*, cit., p. 240.
467   Cfr. ARDOINI Santo, *Opus de Venenis*, cit., p. 98: «Triplex ab auctoribus ponitur esse Arsenicum: quoddam namque est album, et tale est arsenicum sublimatum, quod per sublimationem artificialiter fit ex auripigmento seu arsenico citrino, et arsenico rubeo».
468   Cfr. ibidem: «[Arsenicum sublimatum] plurimum ab auctoribus vocatur arsenicum absolute».
469   ZUCCHI Luca, *«Di veleni che ragioni?»*, cit., p. 239.
470   Ivi, p. 241.
471   Cfr. ARDOINI Santo, *Opus de Venenis*, cit., p. 98-99: «Accidentia assumptionem ipsius sublimati arsenici consequentia, sunt sitis, aestuatio fortis, paralysis, spasmus [...], et aliquando tussis humida, et aliquando tussis sicca, et dolor fortis, et ulcera oris, et palati [...], et stomachi, et intestinorum, et nisi cito succurratur, aliquando mors».
472   Cfr. CARDANO Girolamo, *De venenis libri tres*, cit., p. 61: «Arsenicum vomitum movet [...]».

questo caso le speranze di riuscita erano veramente ridotte. Ardoini ad ogni modo fece un'ampia rassegna di tutte le possibili cure proposte soprattutto dai medici arabi. L'arsenico sublimato bianco era ricavato tramite un processo artificiale da una variante naturale del minerale arsenioso: dall'orpimento e dal realgar. Essi altro non sono se non l'arsenico giallo e quello rosso di cui si è già detto. Relativamente a questi Ardoini notava che l'orpimento e l'arsenico rosso erano estratti direttamente dalle miniere, e quindi non ottenuti con procedimenti artificiali, e informava che solitamente quelli migliori venivano importati dalle regioni orientali[473].

Il vocabolo latino *auripigmentum* (da cui l'italiano orpimento) richiama l'utilizzo che di questa sostanza si faceva in ambito artistico: da esso si ricavava una tintura giallo-lucente.

Per quanto concerne gli effetti sulla salute in caso d'ingestione, Ardoini tendeva ad accomunarli a quelli dell'arsenico sublimato bianco, mentre Cardano, pur riconoscendo la natura identica dei sintomi, ribadiva che l'orpimento agiva molto più «violentemente»[474].

La terza tipologia arsenicale che Ardoini individuava è quella dell'arsenico rosso, altrimenti chiamato realgar o risigallo[475].

Gli effetti e le caratteristiche peculiari di questa variante di arsenico non differiscono di molto dall'orpimento e dai suoi derivati sublimati, l'unica distinzione significativa si trova nel caratteristico colore rosso acceso. Vi era poi una forma

▲ Ritratto di Avicenna, incisione realizzata da Georg Paul Busch e conservata presso la Österreichische Nationalbibliothek

dal colore misto fra giallo e rosso che veniva importata dalla Germania e che veniva chiamata *terraltum*.[476] Questa specifica variante non è altro che una commistione chimica di orpimento e realgar, che presenta caratteristiche cromatiche di ambedue le tipologie di arsenico. La pericolosità e la predilezione rinascimentale per l'arsenico bianco sono, inevitabilmente, legate alle sue caratteristiche peculiari di essere insapore, solubile, e facilmente camuffabile a differenza degli altri tipi dalle forti caratterizzazioni cromatiche e dalla forma minerale difficilmente utilizzabile. Il medico di corte, necessariamente, doveva avere una buona conoscenza dell'intera materia sebbene la sua attenzione dovesse poi, in un qualche modo, focalizzarsi sul temibile arsenico bianco, al quale – in effetti – anche Ardoini dedicò molto più spazio all'interno della sua opera.

---

473   Cfr. ivi, p. 100: «Auripigmentum [...] et similiter arsenicum rubeum sunt, sicut ex minera terrae extrahuntur, non aliter artificiata, et bona ex eis communiter trasportantur ex partibus orientis».

474   CARDANO Girolamo, *De venenis libri tres*, cit., p. 61: «Et eadem facit arsenicum citrinum seu croceum, sed vehementius».

475   Cfr. ARDOINI Santo, *Opus de Venenis*, cit., p. 101.

476   Cfr. ivi, pp. 100-101: «Ex partibus Alemaniae communiter transportatur minerale quoddam, quod vocatur Terraltum coloris permisti ex citrino et rubeo».

Dopo avere trattato dell'arsenico e delle sue varianti, Ardoini si soffermava lungamente su un'altra sostanza assai dannosa: l'argento vivo. Con questo termine, la chimica rinascimentale definiva quello che oggigiorno si preferisce chiamare mercurio. In realtà, i nomi attribuiti, nel corso dei secoli, al mercurio sono molteplici: argento vivo, argento acquoso (legato allo stato naturale in cui il mercurio si trova a temperatura ambiente), *Hydragyron*, *Azoth* (ermeticamente legato all'alchimia medievale)[477]. Questa sostanza altamente tossica, forse per le sue specifiche e anomale qualità, fu fin dall'antichità impiegata come panacea per i più disparati mali[478].

Questa particolare circostanza è testimoniata dal grande spazio ad essa dedicato nei testi di Dioscoride, di Galeno, di Rhazes, di Alberto Magno e di molti altri medici medievali. Non deve pertanto stupire che Ardoini su questo tema utilizzasse a piene mani la lunga tradizione sull'argomento. In realtà il medico pesarese si è sempre dimostrato molto prodigo di citazioni e rimandi alle opere antiche e medievali, ma nel caso dell'argento vivo questa tendenza appare ulteriormente esasperata.

Il mercurio veniva qui distinto in quattro diverse varianti[479]: la prima rinvenibile in natura senza modificazioni, le altre tre ottenibili mediante alcuni procedimenti artificiali. Il mercurio naturale si ricavava principalmente (e già dai tempi di Dioscoride) dal minio o dal cinabro.

Ardoini, contrariamente al suo solito, non fa riferimento solo in modo generico ai procedimenti di ottenimento del mercurio, ma si dilunga nella spiegazione delle pratiche utilizzate attraverso una lunga citazione da Dioscoride, che noi riporteremo qui prendendola dalla traduzione italiana dell'opera dell'autore greco fatta da Pietro Andrea Mattioli:

Il modo di farlo è così. Mettesi in un piatto di terra una conca di ferro, in cui si colloca il Minio, et cuopresi poscia tutto il vaso con un calice illutato con creta; accendivisi poscia sotto il fuoco, et radesi la fuligine che s'attacca al calice, laquale come è fredda, si condensa in argento vivo[480].

Sebbene ampiamente utilizzato con diversi fini, gli effetti deleteri provocati dal mercurio erano ben noti e definiti. Ardoini riportava che l'assunzione per via orale dell'argento vivo purgato, cioè della sostanza ottenuta tramite la procedura sopra ricordata, provocava dolori fortissimi, oltre ad un senso di pesantezza allo stomaco, ai fianchi e all'intestino. Notava inoltre che se non fosse stato espulso col vomito o per deiezione, esso rimanendo a lungo nel corpo avrebbe portato l'intossicato alla paralisi, e a volte avrebbe causato l'epilessia, l'apoplessia e la morte[481].

Cardano affermava invece che l'intossicazione con l'argento vivo avrebbe mostrato più o meno gli stessi sintomi di quella con l'argento, cioè essa provocherebbe un abbondate vomito spumoso, una costipazione del ventre, un ritenzione dell'urina e a volte un'ulcerazione degl'intestini[482].

L'uso del mercurio come strumento di avvelenamento fraudolento era sicuramente difficile, se valutato in rapporto ai veleni di origine arsenicale, ma l'intossicazione con questa sostanza avveniva soprattutto attraverso il largo impiego delle sostanze mercuriali in campo medico, ad esempio nella cura della sifilide[483]. La tossicità del mercurio obbligava ogni medico a prendere delle precauzioni, che in primo luogo consistettero nel non operare direttamente l'applicazione della sostanza sul malato.

In relazione alle altre tre forme di mercurio, ricavate da pietre e minerali mediante particolari processi di sublimazione, precipitazione o bruciamento, Ardoini indicava come sole differenze di rilievo le diverse

---

477 Cfr. FUMAGALLI Marcello, *La chimica ed i metalli come farmaci*, in *NCF – Notiziario Chimico Farmaceutico*, Anno XXXV-9, Nuove Tecniche, Milano 1996.
478 Cfr. ibidem.
479 Cfr. ARDOINI Santo, *Opus de Venenis*, cit., p. 102: «Quadruplex ponitur ab auctoribus fore argentum vivum».
480 MATTIOLI Pietro Andrea, *Il Dioscoride*, cit., libro V p. 475. Cfr. ARDOINI Santo, *Opus de Venenis*, cit., p. 102: «[E]x minio et cinabrio: ubi sic mittitur in cacabum testeum et ferreo cooperculo cooperitur: munitur argilla, et ponitur in foco, et post duas horas aperitur: et quod cooperculo inhaeserit hoc colligitur, quia hoc est argentum vivum».
481 Cfr. ARDOINI Santo, *Opus de Venenis*, cit., p. 102: « Accidentia consequentia assuptionem per os argenti vivi purgati, sunt dolores et torsiones atque gravedo in stomacho in lateribus et in intestinis. Et si diu retinetur quod non egrediatur per vomitum vel secessum, inducit paralysim membris quibus adheret: et aliquando epilepsiam et apoplexiam et mortem».
482 Cfr. CARDANO Girolamo, *De venenis libri tres*, cit., p. 61: «Argenti autem spuma vomitum magnum cit, et alvum adstringit [...], urinam retinet, et quandoque intestina exulcerat. Eadem pene argentum vivum efficit».
483 Cfr. FUMAGALLI Marcello, *La chimica ed i metalli come farmaci*, cit.

procedure di estrazione: il primo era estratto dal suo minerale per mezzo del fuoco[484], il secondo era invece prodotto tramite sublimazione, senza alcuna aggiunta di altre sostanze,[485] l'ultimo era l'argento vivo sublimato insieme ad altro, cioè allume, salnitro e sale comune[486].

Con queste due ultime preparazioni ci si incammina verso il regno dell'alchimia, dove, va ricordato, il mercurio e lo zolfo rappresentavano spesso i principi di tutti gli altri metalli. Queste varianti di mercurio, nella trattazione di Ardoini, non differivano molto per quel che concerne gli effetti provocati sull'organismo umano o gli eventuali impieghi concreti. I suggerimenti e le indicazioni, nonché i copiosi riferimenti alle opere antiche e medievali, forniti nel capitolo relativo al mercurio naturale sono continuamente richiamati anche in questo.

Se le prime due sostanze trattate da Ardoini nel suo capitolo dedicato ai veleni minerali (arsenico e mercurio) erano facilmente reperibili e interessavano da vicino l'ambiente della corte, il prosieguo della trattazione si mostra meno interessante dal nostro punto di vista, poiché si occupa di minerali prevalentemente utilizzati in ambiti e contesti diversi dalle dimore signorili, valga per tutti l'intossicazione da piombo, che dalla nascita della stampa colpirà spesso all'interno delle tipografie. Anche se non va dimenticato che la biacca[487] (*cerussa*), il carbonato basico di piombo, oltre a essere utilizzato nella pittura, era allora usato anche come cosmetico dalle donne, che la usavano «a farsi il viso bianco»[488].

---

484 Cfr. ARDOINI Santo, *Opus de Venenis*, cit., p. 108: «[U]num est illud quod per ignem ex minera eius extrahitur».
485 Cfr. ibidem: «Argentum vivum absque alterius permistione sublimatum».
486 Cfr. ivi, p. 109: «Argentum vivum cum aliorum permistione sublimatum, est argentum vivum insimul cum alumine et sale nitro et sale communi».
487 Cfr. ivi, pp. 118-119.
488 AGRICOLA Giorgio, *De la generatione de le cose, che sotto la terra sono, e de le cause de' loro effetti e nature. De la Natura di quelle cose, che da la terra scorrono. De la Natura de le cose Fossili, e che sotto la terra si cavano. De le Minere antiche e moderne*, per Michele Tramezzino, Venezia 1550, p. 364.

CURE E ANTIDOTI

La "praecognitio" di Ardoini

Il *physicus* di corte, anche quando svolgeva attività che esulavano dalla pratica medica propriamente intesa, doveva sempre essere pronto ad affrontare con cure rapide ed efficaci l'insorgere di ogni possibile emergenza. Nel caso degli avvelenamenti, sia di natura accidentale che provocati intenzionalmente, la rapidità e la prontezza dell'intervento potevano fare la differenza fra la vita e la morte. L'opera del medico, tuttavia, aveva inizio ben prima dell'eventuale avvelenamento, e prevedeva una serie di accorgimenti preliminari finalizzati a evitare l'intossicazione. Il capitolo ottavo del primo libro di Ardoini è interamente dedicato a questo, cioè a come preservarsi dai veleni e dalle medicine che possono causare la morte[489].

Molte erano le precauzioni che il signore della corte avrebbe dovuto prendere per evitare un suo possibile avvelenamento. È innegabile che l'impostazione specifica del capitolo escluda di fatto l'accidentalità dalle cause di assunzione del tossico e prenda in considerazione soltanto i casi colposi e criminali.

Il capitolo è diviso in sei sottosezioni che coincidono con sei consigli ampiamente dettagliati che Ardoini, all'interno della corte, offriva al signore, prima che al medico. In primo luogo, egli consigliava un'adeguata scelta dei servitori[490]; essi avevano, infatti, accesso a tutti i luoghi del palazzo e tutte le pietanze passavano sotto il loro stretto controllo: quante occasioni potevano presentarsi a un servitore per avvelenare il proprio signore. Ecco allora che Ardoini, forse esulando in parte dal suo ruolo di medico di corte, consigliava di scegliere persone che fossero state buone, fedeli, virtuose, e soprattutto timorate di Dio e desiderose della salvezza della propria anima[491]. Certo l'intento è dei più nobili, ma la realizzazione concreta non era sempre facilmente attualizzabile: non tutti gli animi sono immuni al nicodemismo, all'ipocrisia e ai secondi fini.

Per tentare di aiutare nella scelta, allora, il medico pesarese consigliava altresì di scegliere degli inservienti che avessero motivo di aspirare più alla salute del proprio signore che alla sua morte. E questo si otteneva quando essi, valutando il loro utile, si sarebbero aspettati maggiori vantaggi dalla vita del signore, piuttosto che dalla sua morte[492]. Se questi due primi acuti consigli erano dettati da interessi fondamentalmente cortigiani, l'ultima indicazione concernente la scelta del personale ritornava maggiormente nell'alveo della formazione medica dell'autore. In effetti Ardoini indicava come scelta migliore quella di un servitore che in modo costante e accorto avesse esercitato il proprio compito, soprattutto per quanto riguardava i recipienti del cibo necessari alla sua corretta conservazione. Questi dovevano rimanere ben coperti in modo che nessun animale velenoso, all'insaputa dello stesso inserviente, avesse potuto entrarvici contaminando gli alimenti con il proprio veleno. E questo valeva soprattutto per i recipienti del vino, perché gli animali velenosi avrebbero prediletto l'odore del vino[493]. Questa indicazione di Ardoini si muoveva nella direzione della preservazione da un'eventuale intossicazione involontaria, dovuta alla degradazione dell'alimento in seguito al contatto con un animale velenoso. Su questo tema il medico pesarese, come già accennato in precedenza, tornerà con insistenza nella prosecuzione del suo trattato, quando saranno prese in considerazione le intossicazioni dovute al consumo di carni mal conservate. Un'attenzione particolare doveva poi essere rivolta anche agli

---

489 Cfr. ARDOINI Santo, *Opus de Venenis*, cit., p. 7. Il titolo completo del capitolo ottavo recita: «De praeservatione in generali a Venenis et a mortiferis medicinis, qua per os communiter assumuntur: utputa de electione debita ministrorum pro praeservatione a venenis et a mortiferis medicinis: de praecognitione eorum qui intendunt exhibere venenum seu mortiferam medicinam: de praecognitione praesentia venenorum, et de cautela ciborum et potuum et salsamentorum cognitorum excellentium qualitatum et praecipue excellentium saporum et excellentium odorum: de cautela ciborum et potuum et salsamentorum incognitorum et excellentium qualitatum et praecipue excellentium saporum et excellentium odorum extraneorum seu horribilium, et de cautela famis et sitis vehementis, et de praeassumptione seu quacunque alia praemunitione rerum a venenorum et a mortiferarum medicinarum nocumentis praeservantium».

490 Cfr. ibidem: «Primum est electio debita ministrorum».

491 Cfr. ivi, pp. 7-8: «[P]rincipalissimum est, quod ipse sit bonus et fidelis et virtuosus, principaliter timens Deum, et cupiens suae animae sospitatem».

492 Cfr. ivi, p. 8: «Secundum, quod principaliter requiritur ad debitam ministri congruitatem, est quod ipse minister causam habeat optandi salutem domini sui et sperandi maiorem sibi consequi utilitatem vivente domino, quam post mortem».

493 Cfr. ibidem: «Tertium, quod principaliter requiritur ad debitam ministri congruitatem, est assidua et solers ministri ipsius diligentia, praecipue circa omnia vasa conservationi victualim opportuna, ut bene cooperta permaneant, ne forte inscio ministro venenosum aliquod animal subintraret reliquendo ibi venenum, et praecipue circa vasa vinaria, quoniam animalia venenosa maxime diligunt odorem vini».

effetti personali del signore, per evitare che essi venissero maneggiati da mani nemiche, poiché erano stati ritrovati alcuni abominevoli veleni che uccidevano tramite il solo contatto[494].

La seconda indicazione del medico pesarese per evitare di incorrere in un avvelenamento non si allontanava molto dalla prima, sennonché il *focus* d'interesse veniva spostato sul momento in cui il veleno veniva somministrato. Infatti l'aspetto dell'attentatore può essere rivelatore dell'atto, poiché «molti arrossiscono o impallidiscono»[495]. La coscienza dell'avvelenatore smuove, nell'ottica di Ardoini, le corde inconsce più profonde del cuore e il color del viso inevitabilmente trascolora. Se ciò non bastasse, anche l'eloquio è sintomo chiaro delle intenzioni; allora il signore accorto che desiderava evitare spiacevoli conseguenze avrebbe dovuto prendere in considerazione anche le parole della persona di cui diffidava, per esempio se costui avesse usato parole molto più mellifue del solito[496]. Naturalmente queste indicazioni sono tutt'altro che scientifiche, ma si fondano sulla profonda conoscenza reciproca esistente in genere tra l'avvelenatore e il signore della corte; parimenti, proprio a causa della loro natura fondamentalmente soggettiva, esse non assicuravano in alcun modo contro la dissimulazione o la malvagità del cuore[497].

Questi rimedi, per quanto intuitivamente funzionali, non avevano bisogno di un medico, e anzi nelle sue mani queste soluzioni risultavano essere per lo più inutili o inutilizzabili.

---

494 Cfr. ibidem: «Custodiantur etiam diligenter vestes, camisae, sarabulae, lintheamina, et ceteri usuales panni, ne ab inimicorum […] manibus pertractentur: quoniam reperiuntur aliquae nefandae venenorum species interimentes tactu».
495 Ibidem: «[P]lurimi nanque tales aut vultu rubent, aut pallent».
496 Cfr. ibidem: «Considerandi etiam sunt in verbis eorum, utputa si verbis utantur amplius mellifluis consueto».
497 Questo stesso tema è affrontato anche da Ardoini nello stesso capoverso dedicato al colore del viso e alle parole eccessivamente dolci fuori luogo. Si cfr. ARDOINI Santo, *Opus de Venenis*, cit., p. 9.

▲ La morte di Socrate, avvenuta ingerendo una tazza di cicuta, in un'acquaforte di Jean François Pierre Peyron (Rijksmuseum)

La parte centrale e rilevante dell'intero capitolo ottavo sposta la riflessione sulle *praecognitiones* da mettere in atto per evitare l'avvelenamento, dando a tutto l'argomento una dimensione di maggiore oggettività.

Ciò non significa che le soluzioni proposte fossero efficaci o comprovate, ma il chiaro intento è quello di fornire rimedi in sé funzionali, senza fermarsi alla sola valutazione dei rapporti umani e interpersonali passibili di soggettive interpretazioni. I modi per preservarsi dal veleno proposti da Ardoini sono otto e sono dedotti da diverse *auctoritates* a cui il medico pesarese fa ampio riferimento. *In primis*, si può dimostrare la presenza del veleno per mezzo del corno del serpente chiamato ceraste, poiché esso alla presenza del veleno incomincerebbe a trasudare[498]. La ceraste cornuta è un serpente che vive nella sabbia dei deserti e che ha sviluppato, per proteggere gli occhi, due sporgenze tali da assomigliare a delle corna.

Questo rettile, a sua volta alquanto velenoso, non veniva preso in considerazione dal medico pesarese nel capitolo dedicato ai veleni di natura animale, sebbene il suo veleno fosse il più delle volte letale[499]; forse, la scelta di escludere la ceraste dal novero dei veleni è dovuta all'*habitat* naturale della ceraste, il deserto, lontano dalla penisola italica. Con ogni probabilità, la dimensione esotica della provenienza del corno di questo serpente ha favorito l'incremento della leggenda della sua facoltà di saper scovare i veleni essudando.

All'interno delle corti rinascimentali, il commercio di sostanze e materie particolari, a cui venivano attribuite le più disparate proprietà, era fiorente[500] e, sebbene fosse pressoché impossibile imbattersi in un animale vivo, le corna viaggiavano certo per lunghi tragitti, per finire acquistati da ricchi signori timorosi.

Come seconda soluzione Ardoini consigliava di affidarsi alla pietra chiamata prasso, o pietra di serpentino, che ha un colore verde scuro[501]. Questa pietra era ritenuta essere la matrice dello smeraldo[502], e nel suo nome popolare di serpentino già richiamava la sua intrinseca qualità di scovare i veleni nascosti nelle pietanze. Infatti una volta posta sopra la tavola, in presenza di qualsiasi veleno, perdeva subito la sua lucentezza o il suo proprio colore[503]. Questa capacità era posseduta dal serpentino, così come dal corno del ceraste, a causa di una non meglio specificata sostanziale identità qualitativa fra vapori veleniferi e materia pietrosa di cui erano composti. Il riferimento alle *auctoritates* antiche da parte di Ardoini era continuo, sebbene non venga citato in dettaglio a quale autore precipuo si fa riferimento.

La cieca fiducia riposta nelle testimonianze del passato, portavano il medico pesarese a mettere in secondo piano l'esperienza ottenuta tramite un'osservazione diretta, credulità che era sicuramente ampiamente condivisa all'interno delle corti, a cui questi consigli erano principalmente rivolti. La terza *praecognitio* di Ardoini non è, per certi versi, meno astrusa delle altre: egli consigliava di usare un candelabro fatto con il piede destro di un avvoltoio, poiché una candela posta su tale sostegno si sarebbe spenta in presenza del veleno[504].

Questi rimedi preventivi, e soprattutto l'ultimo, sono completamente riconducibili al campo della superstizione, e mostrano un atteggiamento di assoluta fede nel dettato degli autori antichi e medievali, dai quali quasi mai il medico pesarese prese le distanze. La stessa attitudine all'accettazione acritica dell'*auctoritas* si notava anche nei capitoli più specificatamente analitici, anche se in questo caso sembrava prevalere l'interesse per le informazioni prevalentemente descrittive e di tipo quantitativo.

Ardoini non fece quasi mai riferimento alla propria esperienza personale, e nel corpo centrale della sua opera si è servito solo di quelle notizie che paiono maggiormente comprovate dalle fonti antiche. È difficile credere che questi rimedi, fuori da una credulità di natura superstiziosa, potessero funzionare; è altrettanto difficile pensare che il medico di corte potesse usufruire vantaggiosamente di questi consigli per la salvaguardia del proprio signore senza intercorrere in spiacevoli quanto inevitabili fallimenti. Il medico rinascimentale, anche dopo il recupero quasi integrale del *corpus* ippocratico e galenico, non disdegnava ancora di affidarsi all'oroscopo,

---

498   Cfr. ivi, p. 9: «Primum principale positum ab auctoribus ostendens veneni praesentiam est cornu serpentis ab auctoribus nominati cerastes, quod quidem cornu praesentato veneno sudare videtur».

499   Cfr. MATTIOLI Pietro Andrea, *Il Dioscoride*, cit., libro VI p. 62. Il breve capitolo sulla «cerasta» completo di citazione di Dioscoride e di aggiunta e commento dello stesso Mattioli si sofferma sulla descrizione fisica dell'animale e sulla pericolosità del suo veleno.

500   Si confronti il caso emblematico della mandragora: cfr. nota 432.

501   Cfr. ARDOINI Santo, *Opus de Venenis*, cit., p. 10: «Secundum principale positum ab auctoribus ostendere praesentiam venenorum est lapis prassius dictus ab aliquibus lapis serpentinus [...] [qui] habet colorem viridem spissum».

502   Cfr. ibidem: «[M]ater seu domus sive palatium smaragdi».

503   Cfr. ibidem: «[P]ositus supra mensam ex cuiuscumque veneni praesentia virorem seu proprium colorem statim amittit».

504   Cfr. ibidem: «Tertium principale, quod ponitur a quibusdam ostendere veneni praesentiam est pes dexter vulturis facto ex eo candelabro, super quo candela accensa posita ex veneni praesentia [auctoritates] aiunt eius flammam extingui».

all'alchimia, all'astrologia. Il primato dell'esperienza sulla teoria priva di riscontri non aveva ancora affondato le proprie radici negli animi.

Il quarto *remedium* proposto da Ardoini faceva ancora una volta riferimento a un uccello, il *psittacus* (pappagallo), che in presenza del veleno avrebbe dovuto fare sentire la sua *voce* in maniera molto più forte del solito[505]. Quanto la suggestione giocasse un ruolo di primaria importanza nel ritenere valide queste soluzioni è manifesto nel riferimento alle proprietà eccezionali attribuite a un animale non appartenente alla fauna europea. L'esotismo del pappagallo, uccello proveniente dalle remote terre d'Africa, nonché animale parlante, lo rendeva soggetto ideale per l'attribuzione di meravigliose capacità, fra cui anche quella del riconoscimento dei veleni. La plurisecolare tradizione e la particolare *forma mentis* alla base dei bestiari medievali, che attribuivano ai diversi animali facoltà e proprietà specifiche, sono qui ancora in atto. Al pari del corno del ceraste, il pappagallo mostra con evidenza come le lunghe distanze, che i prodotti esotici dovevano compiere per giungere nelle corti europee, contribuissero spesso alle credenze più disparate. Non diversamente, con un'ampia eco magico-superstiziosa, il quinto consiglio del medico pesarese per mostrare la presenza nascosta di un qualsivoglia veleno richiedeva l'uso di una *pietra* ottenuta dal taglio di un *trochisco indico* legata al braccio con un filo di seta. Se questa si fosse mossa, allora vi sarebbe stata una presenza di veleno nella casa, o addirittura si avrebbe avuto una prova del suo ingerimento[506]. La dimensione prettamente superstiziosa di questa procedura si mostra nella sua completezza nel momento in cui Ardoini faceva notare come Albucasis, la sua *auctoritas*, non faccia menzione del braccio da utilizzare, mentre Evax, nel suo libro sulle *Pietre preziose*, fa capire come in questi casi si dovrebbe privilegiare il braccio sinistro, il lato cioè dove si trova il cuore[507]. L'abbondanza di dettagli, quali il filo di seta o il braccio rigorosamente sinistro, ci proiettano all'interno di una logica di pensiero fortemente legata alle pratiche magiche, in cui le presunte qualità intrinseche delle sostanze utilizzate sono tali solo in virtù di alcuni accorgimenti particolari. Il sesto consiglio proposto da Ardoini faceva riferimento a una pietra di cui si era già detto in precedenza[508]. Il medico pesarese faceva riferimento qui al *lapis bufonis*, o piuttosto alle due qualità di esso, che tenute in mano si sarebbero indurite in presenza di veleno[509]. Sull'effettiva esistenza di questa pietra all'interno del cranio dei rospi, come si è visto, Brasavola avanzò seri dubbi. Cardano, rimarcando l'uso che se ne faceva nella cura dei calcoli, aggiunse che anche in questo caso si poteva dubitare delle presunte proprietà[510]. L'opinione di questi due illustri medici non scalfiva tuttavia la fiducia riposta in questa pietra formantesi nella testa del rospo, e non ne diminuiva il desiderio di possesso da parte dei ricchi signori del Rinascimento[511]. Gli ultimi due *remedia* proposti dal medico pesarese si basano su prodotti e leghe derivate dall'oro. *In primis*, Ardoini riteneva necessaria la preparazione di un vaso fatto d'elettro naturale, che contenendo il veleno avrebbe dovuto iniziare a stridere, nello stesso modo in cui stride il salnitro bagnato con l'aceto[512]. Questa stessa convinzione

---

505 Cfr. ibidem: «Quartum principale positum a quibusdam ostendere veneni praesentiam est avis dicta psittacus, id est, papaga, seu papagallus: quae quidem avis, [...], ex veneni praesentia ultra eius consuetudinem valde vociferat et exclamat».

506 Cfr. ibidem: «Quintum principale positum ab auctoribus ostendere veneni praesentiam, est lapis qui fit ex confectione trochiscorum Indicorum, [...] auctoritate Albucasis [...], qui lapis ligatus in brachio filo serico movetur, cum venenum praesens fuerit, aut fuerit in domo, aut comestum fuerit».

507 Cfr. ibidem: «Adverte tamen, quia cum Albucasis non faciat mentionem in quo brachio lapis praefatus portari debeat, iuxta documentum Evax in libro de Lapidibus preciosis, cap. de Lapide epistites, debet portari in brachio sinistro in qua parte cor iacet». Il medico Albucasis, il cui nome completo è Abu al-Qasim Khalaf ibn al-Abbas Al-Zahrawi, visse a cavallo dei secoli X-XI nella Spagna moresca. Evax fu un non meglio identificato re d'Arabia dei tempi di Nerone, famoso per aver lasciato ai posteri un trattato sulle pietre preziose.

508 Cfr. nota 457.

509 Cfr. ARDOINI Santo, *Opus de Venenis*, cit., p. 10: «Sextum principale positum ab auctoribus ostendere veneni praesentiam est lapis bufonis, seu botracis, seu botti, cuius quidem lapidis sunt duo genera: quae si ambo simul includantur praesente veneno manum tangentis adurunt».

510 Cfr. CARDANO Girolamo, *De Subtilitate*, cit., p. 653.

511 Cfr. LEONARDI Camillo, *Speculum Lapidum*, apud Christianum Liebezeit, Hamburg 1713[4], pp. 58-59. A titolo esemplificativo, Camillo Leonardi, nel suo *Speculum Lapidum*, la cui prima edizione data 1502, riporta che il «Borax, Nosa, Crapondinus [sono] sinonimi e sono parimenti pietre estratte dal rospo, delle quali [esistono] due tipi: bianco e questo [è] migliore e rinvenuto raramente; l'altro invece [è] nero, scuro. [...] Contro il veleno hanno [entrambe] un valore mirabile». [«Borax, Nosa, Crapondinus; synonima, sunt ejusdem lapidis qui a buffone extrahitur, cujus duae species, albus et hic melior ac raro repertus: Alter vero niger, fuscus, [...]. In veneno mirabilem virutem (sic!) habent»].

512 Cfr. ARDOINI Santo, *Opus de Venenis*, cit., pp. 10-11: «Septimum principale positum ab auctoribus ostendere veneni praesentiam est vas factum ex electro minerali, quod vas quando venenum mittitur in potu in ipso existenti stridet, sicut stridet nitrum quando infunditur sibi acetum».

riportata già da Plinio, da Alberto Magno e ripresa da Giorgio Agricola e da Girolamo Cardano, si basava su una plurisecolare tradizione, per cui l'elettro, una lega naturale di oro e argento, sarebbe stato in grado di segnalare nel modo anzidetto la presenza di veleno. Allo stesso modo, anche l'ottavo e ultimo consiglio richiedeva una coppa, o una tazza, di oricalco (tipo di ottone), che alla sola presenza di veleno avrebbe cambiato colore[513]. Non diversamente dal vaso in elettro, la coppa d'oricalco, sarebbe riuscita a individuare i veleni presenti attorno a lei. La lunga lista di preservazioni contro i veleni occulti qui sopra elencata affonda pienamente le proprie radici di riferimento nella tradizione medica medievale araba e nella filosofia naturale della Grecia antica, senza disdegnare elementi di alchimia, magia o superstizione popolare; dall'incontro di queste differenti correnti di pensiero sembra emergere una trattazione che, accostando l'oggettività delle scienze antiche alla particolarità dei dettagli di matrice più magico-rituale, fornisce una serie di rimedi, indirizzati più alla credulità del mecenate e signore che al sapere operativo del *physicus* di corte.

Dopo quanto scritto nel corpo centrale del capitolo ottavo, le due sotto-sezioni che seguono si soffermano sulle attenzioni che il signore della corte avrebbe dovuto mettere in atto al momento della consumazione di cibi e bevande[514]. Anzitutto sarebbe stato necessario prestare particolare attenzione a tutti i sapori troppo intensi (dolci, acri, amari e consimili) così come all'odore (buono o cattivo)[515].

I veleni frammischiati agli ingredienti delle elaborate portate delle mense signorili, in alcuni casi, potevano modificare il sapore, se non l'odore delle vivande servite. Certo è che l'abitudine a un utilizzo abbondante di spezie e ingredienti particolarmente saporiti dell'alta cucina rinascimentale poteva rendere alquanto difficile discernere il sapore del veleno da quello degli altri componenti. In più, il Rinascimento conobbe un uso sempre più spropositato di veleni assolutamente insapori e inodori (ad esempio, l'arsenico[516]), facilmente occultabili in pietanze decisamente complesse al gusto. Ciononostante, la prassi precedentemente ricordata poteva, se non nella totalità dei casi, almeno in gran parte di essi preservare dall'avvelenamento.

Tanto più che Ardoini, riprendendo Dioscoride e altre *auctoritates*, consigliava di sciacquarsi sempre diligentemente la bocca con acqua fredda, prima di assumere qualunque cosa, facendo inoltre dei gargarismi e bevendo qualcosa. Questo per mettere in condizione l'organo del gusto di percepire i sapori più distintamente e perfettamente[517].

La penultima indicazione del medico pesarese, non diversamente da quella immediatamente precedente, è un *consilium* dedicato più al mecenate attento che al medico. La medesima attenzione ai sapori e agli odori eccessivamente anomali doveva essere sempre messa in atto. Esistevano infatti veleni che, nascosti nei cibi e nelle bevande in piccole quantità, nell'immediato non causavano sintomi evidenti, ma a lungo andare causavano gravi problemi spesso incurabili[518]. Inevitabilmente l'avvelenamento tramite somministrazione continua di piccole e impercettibili dosi tossiche richiedeva una stretta familiarità con il signore e con i piatti da questi consumati. La riflessione allora sulla qualità dei propri servitori ritornava in questo frangente quanto mai attuale. Il medico di corte capace poteva certo, se informato fin dall'inizio dell'insorgere di alcuni sintomi sospetti, avanzare l'ipotesi di un avvelenamento lento, ma nulla poteva se il proprio mecenate non avesse fatto attenzione e non si fosse reso conto anche della più piccola modificazione del proprio stato di salute.

L'ultima forma di preservazione che Ardoini proponeva è forse quella in cui le capacità e le conoscenze mediche specifiche del *physicus* di corte avrebbero potuto palesarsi in maniera completa. In quest'ultima parte

---

513   Cfr. ivi, p. 11: «Octavum principale positum ostendere veneni praesentiam, est cuppa, seu scyphus factus de aurichalco: cui si venenum appropinquaverit, vel in mensa appositum fuerit in qua fuerit scyphus, seu cuppa praedicta, statim ipse seu ipsa incipit colorem mutare in diversos colores, per lineas multas».

514   Sia la quarta che la quinta indicazione fornita dal medico pesarese si pongono «[p]ro [...] principali utili et opportuno pro praeservatione a venenis et a mortiferis medicinis, videlicet pro cautela ciborum et potuum et salsamentorum cognitorum excellentium qualitatum et praecipue excellentium saporum et excellentium odorum [...]».

515   Cfr. ibidem: «[Advertendum est] excellentem saporem, utputa nimis dulcem, vel nimis acrum, vel falsum, vel nimis acetosum, vel amarum, vel alium consimilem, aut excellentem odorem, sive bonum, sive non bonum».

516   Cfr. p. 124-126

517   Cfr. ARDOINI Santo, *Opus de Venenis*, cit., p. 11: «[Oportet] semper, antequam aliquid prorsus assumat, diligenter cum aqua frigida optima os sibi lavet bene gargarizando et aliquid bibendo, ut denudatis optime membris gustus ab omni re cuiuscumque saporis assumendarum rerum sapores distinctius atque perfectius percipere possit».

518   Cfr. ivi, pp. 11-12: «Sunt namque aliqua venena exhibita cum cibis, vel potibus, vel salsamentis in adeo modica quantitate, quod a principio accidentia eorum fere minime possunt percipi: postea vero per continuum eorum usum faciunt accidentia saeva et aliquoties incurabilia».

▲ Assortimento di piante velenose, immagine conservata presso il Rijksmuseum di Amsterdam

del capitolo ottavo il medico pesarese introduceva l'utilizzo degli antidoti preventivi. Egli infatti invitava alla pre-assunzione di ciò che per sua natura o proprietà potesse preservare l'uomo dai danni del veleno, in modo da evitare che esso agisse in modo sensibile contrastando la sua capacità di ledere l'organismo[519].

Il gran numero di differenti sostanze tossiche e le diverse qualità di ciascuna hanno impedito al medico pesarese di individuare un antitossico universale, e l'hanno obbligato a stilare una lunga lista di eventuali antidoti in rapporto al tipo di veleno. La piena fiducia di Ardoini nei confronti degli illustri e famosi autori del passato[520] si manifesta una volta di più nel lungo elenco di *auctoritates* citate per ogni antidoto.

Il medico pesarese nel corso della sua trattazione, al di là dell'eventuale cura *post veneficium*, riportava per ogni sostanza venefica anche le più adeguate precauzioni da prendere per evitare l'avvelenamento.

Da questa copiosa analisi delle migliori pratiche preventive, il medico di corte poteva trarre numerose interessanti indicazioni. Sulla reale efficacia di queste si possono avanzare molti dubbi, ma è innegabile che l'ambiente di corte credesse in questi rimedi e ne richiedesse l'utilizzo. Il riferimento a pratiche superstiziose e magiche, già presente nell'opera di Ardoini, si riscontra anche nel testo di Ferdinando Ponzetti, indicandoci così un atteggiamento mentale ampiamente diffuso durante il Rinascimento.

---

519 Cfr. ivi, p. 12: «Sextum et ultimum principale praeservans hominem a venenis et a mortiferis medicinis est praeassumptio, seu quaecumque alia praemunitio rerum, quae ex sui natura, vel proprietate praeservant hominem a nocumentis eorum imprimendo talem in ipso qualitatem seu proprietatem, quod venenum seu mortifera medicina nequaquam notabiliter saltem, aut cum difficultate laedit».

520 Cfr. ivi, p. 1.

▲ Incisione di una statua raffigurante Esculapio, il dio greco della medicina, Luca Ciamberlano, Rijksmuseum

LE SOLUZIONI DI PONZETTI

Il secondo libro del *Libellus de Venenis* di Ferdinando Ponzetti s'interessa ampiamente al tema dei rimedi e delle cure da mettere in atto contro gli avvelenamenti. Il lettore a cui di preferenza il cardinale si rivolgeva nel corso della sua trattazione è un «*[t]imens venenari*»[521] ricco e nobile, centro di riferimento di una corte rinascimentale, interessato a tutti i rimedi necessari per poter scampare ai tentativi di omicidio per mezzo di sostanze tossiche, più che a intossicazioni involontarie. Il particolare *status* sociale di Ponzetti, cardinale della Chiesa, lo rendeva al contempo autore e fruitore della sua stessa fatica letteraria.

La posizione di primo piano acquisita dal cardinale nel corso della vita gli permise di accumulare diverse cariche ecclesiastiche con rendite di rilievo, mettendolo così nella condizione del signore rinascimentale, spesso costretto a diffidare di coloro che gli erano vicini[522]. La trattazione di questa materia nell'opera di Ponzetti riprende, per una buona parte, quasi pedissequamente, le *praecognitiones* di Ardoini. Questo però non impedì al prelato napoletano di ampliare e aggiungere i propri rimedi, confutando, laddove necessario, le indicazioni fornite dal medico pesarese, e facendo di tanto in tanto adeguato riferimento alla propria esperienza personale.

In primis, il medico prelato, non diversamente da Ardoini, consigliava di scegliersi servitori fedeli, che nutrissero la speranza di essere ricompensati dal padrone[523]. Parimenti, il paragrafo prosegue con l'invito a risciacquare abbondantemente la bocca con acqua, perché con la bocca lavata la lingua potesse percepire i differenti sapori, per individuare gli eventuali veleni[524]. Oltre al gusto variato delle pietanze, l'attenzione non doveva essere minore per l'odore e per il colore. Se l'olfatto aveva già nella trattazione di Ardoini un ruolo di rilievo, l'attenzione specifica al colore assunto dai piatti consumati sulle mense signorili è prerogativa unica di Ponzetti. L'interesse del medico napoletano si concentra sull'abbinamento fra il colore e la sostanza venefica, che avrebbe potuto per omocromia celarsi sulla tavola. Con convinzione egli asserisce l'importanza di ciò, perché la bianchezza di una vivanda può indicare la presenza dell'arsenico, il colore verde quella dell'oleandro e del napello, il rosso l'uso del cinabro, o del veleno del sangue di qualche animale, mentre il giallo può indicare l'utilizzo del fiele del leopardo[525]. Di queste sostanze Ponzetti aveva fornito una descrizione accurata nel capitolo riservato alla trattazione particolareggiata dei diversi veleni, e in quell'occasione egli aveva indicato anche i rimedi da mettere in atto nel caso d'intossicazione.

Le precauzioni necessarie a evitare l'avvelenamento dovevano estendersi poi, come già in Ardoini, alle vesti. L'attitudine specifica di Ponzetti a non citare espressamente le *auctoritates* a cui faceva riferimento lascia ampio margine all'osservazione e a considerazioni personali. Da qui, ad esempio, la sua riflessione sulla natura del fuoco utilizzato per cucinare i cibi. Infatti Ponzetti invitava a evitare le vivande arrostite con legna frammista a foglie, perché queste avrebbero potuto essere d'oleandro o di napello[526].

In questo lungo capitolo, oltre a sottolineare l'importanza di un'adeguata conservazione di vasi e altri recipienti, per evitare avvelenamenti causati dalla presenza accidentale in essi di animali, si anticipano anche alcuni rimedi vegetali da assumere come cura. Sui *semplici* da usare in caso di avvelenamento, lo stesso Ponzetti ritornerà con più copiose informazioni qualche pagina dopo, nel terzo capitolo del terzo trattato dello stesso secondo libro.

---

521   PONZETTI Ferdinando, *Libellus de Venenis*, cit., liber II, tractatus I, caput II oppure PONZETTI Ferdinando, *Libellus de Venenis*, in ARDOINI Santo, *Opus de Venenis*, cit., p. 530. «Timens venenari» può essere reso come «colui che teme di essere avvelenato».

522   Cfr. CARDELLA Lorenzo, *Memorie storiche de' Cardinali della Santa Romana Chiesa*, nella Stamperia Pagliarini, Roma 1793, Tomo IV, p. 39. Il prelato romano Lorenzo Cardella, facendo riferimento anche ad altre biografie tarde, asserisce che: «Nel sacco di Borbone [il sacco di Roma ad opera dei lanzichenecchi imperiali del 1527] [il cardinal Ponzetti] perdè quelle ricchezze, che ammassato, aveva con tale cupidigia, che erasi renduto poco meno che la favola di Roma».

523   Cfr. PONZETTI Ferdinando, *Libellus de Venenis*, cit., liber II, tractatus I, caput II oppure PONZETTI Ferdinando, *Libellus de Venenis*, in ARDOINI Santo, *Opus de Venenis*, cit., p. 530: «Timens venerari, ante alia curet habere servitores, aut socios fideles, et circumspectos, qui [...] [in] vita patroni [...] sperant remunerari».

524   Cfr. ibidem: «Facta igitur sufficienti degustatione timens, debet lavare os suum aqua, ut sciat melius distinguere cibos venenatos a consuetis. Illa enim simplex cum nullum fere habeat saporem, loto ore disponit linguam, ut possit dijudicare multos».

525   Cfr. ibidem: «Similiter de odore, an sit insuetus, et multo magis colores: quoniam sub albo potest occultari Arsenicum, et sub viridibus herbis oleander et napellus, et sub rubeis cinabrium, aut venenum sanguinis alicuius animalis, et sub citrino fel leopardi et cetera».

526   Cfr. ibidem: «Adhuc caveant ne cibi coquantur cum lignis, quibus sunt commista folia praedictorum [oleander et napellus], praesertim assata».

▲ Ritratto di Dioscoride, André Thévet, Bibliothèque Municipale De Lyon

Un *quamvis dicant*, «per quanto dicano», apre il capitolo che il cardinale dedicò a una pratica anti-venefica alquanto singolare. In sé il rimedio proposto non differisce da molti altri ritenuti assolutamente efficaci durante il Rinascimento, ma certo ci si aspetterebbe una condanna ben più netta nei confronti di una credenza chiaramente superstiziosa.

Nonostante il suo *status* ecclesiale Ponzetti si limitava invece solo a mettere in dubbio la validità di tale rimedio, che consisteva nel portare un anello con un'immagine scolpita della costellazione del serpentario con il capo a destra e la coda a sinistra[527].

Credenze di questo tipo, che come si è visto erano già presenti nell'opera di Ardoini, dovevano essere ampiamente condivise all'interno delle corti rinascimentali. L'alto prelato Ponzetti su questo punto non si distaccava dal comune modo di sentire. Egli sollevava dubbi sulla validità di tale metodo preservativo, ma non condannava il quadro concettuale e il sapere dietro a esso, non discriminando così fra soluzioni fondate su osservazioni dirette di carattere medico-botanico e credenze legate al mondo della magia e della superstizione. La dimensione magico-superstiziosa era allora ancora parte integrante della *forma mentis*, in cui la nuova *ratio* scientifica stava ancora muovendo soltanto i primi passi. La tradizione, le autorità antiche, il sapere medievale si frammischiavano in una riflessione che spesso, almeno nella trattazione di Ponzetti e Ardoini, non giungeva a differenziarsi secondo i canoni della moderna idea di scienza. Non stupisce allora che i riferimenti alla magia o alla superstizione, diversamente declinati e celati, siano alquanto copiosi.

Ritornando all'indicazione fornita dal cardinale, il *modus operandi* dell'anello rimane abbastanza oscuro: che trascolori, che traluca, che cambi forma? A riprova dell'enorme fiducia riposta nelle conoscenze para-scientifiche, l'unico tentativo di spiegazione fornito al lettore affonda le proprie radici ancora una volta nell'astrologia, poiché mette in rapporto la capacità di agire dell'anello con l'osservazione degli angoli formati dall'elevazione della linea equinoziale[528]. Cosicché i dubbi non vengono minimamente dissolti.

---

527   Cfr. PONZETTI Ferdinando, *Libellus de Venenis*, liber II, tractatus I, caput III oppure PONZETTI Ferdinando, *Libellus de Venenis*, in ARDOINI Santo, *Opus de Venenis*, cit., p. 531: «Quamvis dicant quod portare annulum, in quo sit sculpta imago serpentarii, cuius dextra teneat caput, et sinistra caudam, fugantur quaeque venena».

528   Cfr. ibidem: «[Q]uia tamen addunt, quod debeant observari anguli causati ab elevatione aequinoctialis».

Sullo stesso tema, alcune illuminanti informazioni si possono ricavare dai *Commentari a Dioscoride* di Pietro Andrea Mattioli, il quale – nella prima metà del XVI secolo – raccolse diverse informazioni sulla materia tossicologica provenienti dalle *auctoritates* antiche, dai commentatori arabi o dagli autori medievali; le indicazioni da questi fornite sono maggiormente articolate e forniscono quindi maggiori dettagli. Egli scrive:

[v]agliono, secondo alcuni, contra a i mortiferi veleni alcuni sigilli, overamente caratteri, o vogliamo pur dire imagini, o figure portate al collo, o nelle anella nel dito. Et però diceva Alberto nel suo libro delle imagini, che intagliandosi la figura del serpentario con tutte le sue stelle in qual si voglia pietra preziosa, vale maravigliosamente portata addosso contra tutti i veleni. Il perché disse poi Pietro d'Abano haver ritrovato scritto in un libro anticamente stato dei Re di Persia, che facendosi scolpire nella pietra chiamata Hematite un'huomo inginocchiato, cinto d'un serpente, la cui testa tenga egli con la destra, et la coda con la sinistra mano, et farla poscia legare in uno anello di purissimo oro, preserva, portandosi in dito, da ogni mortifero veleno[529].

Nel passo di Mattioli l'attenzione non è quindi rivolta soltanto all'immagine del serpentario, ma anche alla materia dell'anello. Si ritrova qui in atto una convinzione che si era già incontrata in Ardoini: l'oro per sua natura rifugge il tossico.
La tolleranza per la magia e i rimedi di matrice superstiziosa, di cui si è ora parlato, sembra invece venire completamente abbandonata da Ponzetti nel capitolo successivo. Qui, senza citare direttamente alcuna fonte, egli confutava pressoché tutti i rimedi proposti dal medico pesarese per rilevare la presenza di un veleno. Così l'esperienza mostra la non-verità di quanto affermato per il minerale matrice dello smeraldo.
Questo, in presenza di veleno, avrebbe dovuto perdere le sue macchie bianche e rosse, per riacquistarle non appena il tossico fosse stato rimosso[530]. Se qui l'esperienza diretta pareva essere il metro di valutazione, nel caso del corno dell'animale chiamato unicorno[531], la capacità anti-tossica poteva essere negata fondandosi su quanto avevano detto coloro che erano maggiormente periti ed esperti in queste cose.
Essi confermavano che il suddetto corno funzionava solo con alcuni particolari veleni (fra cui il napello o il fiele di leopardo)[532]. L'esperienza diretta (o effettuata da persone considerate esperte e capaci) toglieva credibilità a rimedi che erano stati invece da altri ritenuti più che validi, fondando spesso le proprie opinioni sull'autorevolezza di diverse *auctoritates* del passato. Allo stesso modo il cardinale smentiva anche la valenza antitossica dell'oricalco e dell'elettro. L'atteggiamento qui assunto da Ponzetti non va però considerato come una presa di coscienza della vanità delle spiegazioni di carattere magico, quanto piuttosto come un'eliminazione di ciò che in esse risultava meno difendibile dal punto di vista dell'osservazione diretta. Egli sembra aver voluto collocare le qualità magiche dei materiali o degli oggetti in un contesto diverso, quello astrologico, più difficilmente attaccabile con i mezzi dell'esperienza. Le presunte azioni di un tossico su varie sostanze, così come esposte dal medico pesarese, sono facilmente confutabili, ma nella trattazione di Ponzetti ciò avveniva non in virtù di una loro sostanziale a-scientificità, quanto piuttosto perché tangibilmente inefficaci. La *forma mentis* di Ardoini non fu abbandonata completamente da Ponzetti, che anzi mostrò di dar credito a credenze forse anche più fantasiose di quelle del suo predecessore.
Al di là dei riferimenti all'astrologia o a particolari sostanze per la costruzione di manufatti capaci di salvaguardare il signore della corte dai veleni, Ponzetti fece altresì affidamento a proprietà c capacità possedute da alcuni uomini. Riprendendo storie, leggende e credenze ataviche relative alla cura dei morsi dei serpenti, egli consigliava di rivolgersi a quanti fin dai tempi più antichi in Egitto e in Cipro esercitarono l'arte di curare

---

529 MATTIOLI Pietro Andrea, *Il Dioscoride*, cit., libro VI pp. 12-13. Poco oltre, Mattioli, al pari di Ponzetti, ritiene, «che nel tempo, che si scolpisce cotale [del serpentario] imagine sia necessario osservare alcune costellationi, da cui s'influisca tal virtù [antitossica] nella sudetta imagine».

530 Cfr. PONZETTI Ferdinando, *Libellus de Venenis*, cit., liber II, tractatus I, caput IV oppure PONZETTI Ferdinando, *Libellus de Venenis*, in ARDOINI Santo, *Opus de Venenis*, cit., p. 532: «Multa referuntur de lapide in quo est affixus smaragdus: et intelligitur de illo in quo sunt multae maculae rubeae et albae. Existente enim isto in mensa: si ibidem occulte deferretur venenum, dicunt quod statim maculae occultantur, nec redeunt, nisi illo remoto, quod tamen negat experientia».

531 Ponzetti, nelle righe immediatamente successive, spiega che il corno dell'unicorno, in realtà, coincide con una delle due piccole corna della serpe chiamata Cornuta (cioè la Ceraste).

532 Cfr. ibidem: «Et quae dicuntur de cornu animalis vocati unicorni, quod sudat accedente veneno, non est verum: quia secundum peritiores et expertiores […] accedente napello […] vel felle leopardi […] in istis solum dicitur expertum, statim sudat».

questo tipo di avvelenamento[533]. Nel mondo antico si riteneva che queste persone, chiamate Psilli e Marsi, toccando e succhiando potessero sanare chi era stato morso da un serpente[534]. Secondo Plinio o Varrone[535], «esisteva […] una popolazione […] [la] quale avrebbe avuto la singolare virtù di guarire i morsi degli animali velenosi […] facendo sputare da uno di questi psilli sul capo dei rettili, oppure su la ferita da essi prodotta»[536]. Con l'avvento del Cristianesimo, Psilli e Marsi lasciarono spazio ai «parenti di San Paolo»[537].

Secondo Mattioli quelli «della casa di San Paolo […] sono tutti da Leccia di Puglia [Lecce], o di qualche altro luogo circonvicino e per[ci]ò […] discesi da i Marsi»; ciò non impediva che ci fosse «da guardarsi da costoro, percioché tutto quello che dicono o fanno, è con fraude, con malitia e con inganno»[538].

Le indicazioni riportate da Ponzetti su coloro che erano in grado di guarire miracolosamente dai morsi veleniferi non esulano dalla pura citazione, e lo stesso medico prediligeva dedicare la restante parte del capitolo all'elencazione di diversi rimedi naturali (animali e vegetali) spalmabili o edibili. L'accostamento dei due temi lascia forse intendere che coloro che si presentavano come appartenenti alla *casa di S. Paolo* facevano spesso riferimento a forme alternative di guarigione; certo è che essi potevano essere facilmente collocati fra i ciarlatani. Forse può sorprendere che Ponzetti, il cui fine era quello di istruire il proprio lettore sui veleni e sugli eventuali rimedi, non abbia preso in alcun modo le distanze da questi, contrariamente a quanto con veemenza fece Mattioli[539], ma forse egli nutriva una certa fiducia nelle loro presunte capacità.

Alcune sostanze sono a tal punto letali che rendono inutile qualunque perizia dei medici[540]. Così Ponzetti, laconicamente, introduceva il tema degli accorgimenti specifici da prendere in caso di avvelenamento; egli in precedenza aveva tuttavia già ricordato quali fossero i campi in cui i medici potevano intervenire per sanare i malati. Essi potevano dare un regime per l'aria, il cibo e le bevande, l'evacuazione e l'assunzione di sostanze, il sonno e la veglia, il movimento e la quiete, e per le preoccupazioni dell'animo[541].

Anche nel caso dell'avvelenamento, che si manifesta primariamente con dei sintomi simili a quelli delle malattie, gli accorgimenti da mettere in atto da parte del *physicus* non erano quindi diversi da quelli ora ricordati. L'aria stessa poteva diventare causa di avvelenamento, ed era perciò importante che il malato risiedesse durante la convalescenza in luogo pulito e arieggiato, che non respirasse aria viziata dalla propria respirazione, e che quando avesse fatto freddo l'ambiente fosse riscaldato con legna secca[542].

Allo stesso modo anche le vesti e la biancheria del letto dovevano essere pulite e profumate, e le camicie dovevano venire spesso cambiate[543]. Questa attenzione per indumenti e biancheria ricorda immediatamente il paragrafo in cui Ponzetti, al pari di Ardoini, discuteva dei veleni che agiscono per contatto. Il regime alimentare naturalmente giocava un ruolo di primaria importanza per il medico anche in questo caso, e allora i cibi dovevano essere facilmente digeribili e velocemente assimilabili per ridare forza al malato[544].

---

533 Cfr. ivi, caput V oppure p. 532: «Isti fuerunt […] in partibus Aegypti et Cypri exercuerunt artem sub alio nomine [rispetto a quelli della casa di S. Paolo]».
534 Cfr. ibidem: «Nam quidem tunc vocabantur Psylli, et alii Marsi, qui tangendo et sugendo credebantur liberare morsos a serpentibus».
535 Per un riferimento circostanziato alle opere antiche e alle citazioni si confronti LAPUCCI Carlo, *Tradizioni, San Paolo e i serpenti velenosi*, [http://www.toscanaoggi.it/Cultura-Societa/Tradizioni-San-Paolo-e-i-serpenti-velenosi].
536 PAZZINI Adalberto, *La medicina popolare in Italia: storia, tradizioni, leggende*, Zigiotti-del Bianco editori, Trieste-Udine 1948, p. 123.
537 Secondo la dicitura usata in BLOCH Marc, *I Re taumaturghi. Studi sul carattere sovrannaturale attribuito alla potenza dei re particolarmente in Francia e in Inghilterra*, Giulio Einaudi editore, Torino 1989², p. 232.
538 MATTIOLI Pietro Andrea, *Il Dioscoride*, cit., libro VI p. 52.
539 Cfr. ivi, libro VI p. 16. Il medico senese, molto attento alle truffe attuate da ciarlatani e affini nei confronti di signori troppo creduloni, asserisce che «[l]e cautele poi, e le falsità, che usano quelli, che si chiamano della casa di san Paolo […] me le riserbo a dire quando nel processo scriverò di quei veleni, che lasciano co i morsi, e con le punture diversi mortiferi animali», sottintendendo che questi truffatori mettevano in atto diversi rimedi per diversi veleni.
540 Cfr. PONZETTI Ferdinando, *Libellus de Venenis*, cit., liber II, tractatus III, caput II oppure PONZETTI Ferdinando, *Libellus de Venenis*, in ARDOINI Santo, *Opus de Venenis*, cit., p. 535: «Aliqua sunt adeo letalia, ut nulla peritia medicorum possint corrigi».
541 Cfr. ivi, caput I oppure p. 535: «Medici omnes infirmos regulant aere, cibo, et potu, inanitione et repletione, somno et vigilia, motu et quiete, et accidentibus animae».
542 Cfr. ibidem: «Et quantum ad aerem quisque venenatus debet statui in loco claro et eventabili, ne cogatur iterum inspirare iterum suum flatum ; […] et quando esset frigidus, calefiat cum lignis siccis accensis».
543 Cfr. ibidem: «[V]estes etiam et linteamina in quibus dormiunt, sint munda et fumigata odoribus notis, similiter camisiae saepe mutentur».
544 Cfr. ibidem: «Cibi autem debent habere naturam aptam faciliter digeri, et confortando cito nutrire».

Fra i vari *consilia* riportati dal cardinale, in accordo con Ardoini, vi è quello che l'avvelenato debba bere vino chiaro, non denso, forte, dal buon odore, e fin dall'inizio in grande quantità, affinché possa contrastare il veleno[545].

Se il senso comune permette di accettar le altre indicazioni senza troppe remore, l'ultima sembra non rispondere a nessuna logica comportamentale, salvo poi ricredersi nel momento in cui si collochi l'utilizzo del vino come panacea nella radicata convinzione medica degli umori, nella quale il vino ricopriva un ruolo importante. Accanto a questa serie di rimedi di carattere generale, l'avvelenamento richiedeva però alcuni interventi specifici, che il medico doveva prontamente adottare non appena ci si fosse accorti del pericolo. Nelle fasi iniziali, prima cioè che l'organismo fosse indebolito, e quando il veleno era ancora nello stomaco, si doveva cercare di farlo espellere tramite il vomito; per ottenere questo risultato si era soliti dare acqua dolcificata tiepida con del burro[546].

▲ Immagine raffigurante una pianta di Mandragora (Österreichische Nationalbibliothek)

L'assunzione di burro, o altre sostanze grasse analoghe, era una delle pratiche di primo intervento consigliate anche da Ardoini, che la citava numerose volte. Il conato di vomito provocato semplicemente partendo da acqua e burro può declinarsi in differenti varianti in relazione alla sostanza tossica assunta: infatti si può frammischiare olio di sesamo, estratto di ravanello, semi di ortica, olio di rose, bacche di alloro[547]. Infine, quando il paziente era troppo debilitato, Ponzetti consigliava di procedere con delle fumigazioni di polvere di radici di tormentilla impastata con chiara d'uovo posta sopra una tegola calda[548].

Questa parte iniziale del *Libellus de Venenis* di Ponzetti si conchiude con una serie di capitoli che vogliono fornire alcuni consigli più dettagliati e circostanziati relativamente alla cura e agli antidoti da utilizzare nei singoli e specifici casi di avvelenamento. La stessa materia, in maniera più completa, sarà trattata anche da Girolamo Cardano.

---

545   Cfr. ibidem: «Vinum sit subtile et clarum, potens, boni odoris, et ab in[i]tio in quantitate notabili, ut possit permutare, vel obtundere venenum».

546   Cfr. ivi, caput II oppure p. 535: «Ab initio tamen antequam vires fiat multum perturbatae, et dum venenum est in stomaco, debet educi vomitum: et solet dari aqua mellis tepida cum butyro».

547   Cfr. ivi, caput II oppure pp. 535-536: «[O]le[um] sesamin[um]», «aqua raphani», «aqua decoctionis seminis urticae», «Ole[um] rosace[um]», «bacc[ae] lauri».

548   Cfr. ivi, caput II oppure p. 536: «[C]apiatur pulvis radicis termentillae, seu bistortae cum albumine ovi, et ponantur super tegulam calidam, et fumatur.».

I RIMEDI DI CARDANO

L'intera trattazione del *De Venenis* di Girolamo Cardano appare caratterizzata da una struttura rigidamente organizzata che mette in primo piano una divisione delle sostanze tossiche e dei relativi rimedi seguendo uno schema qualitativo, anziché tipologico o eziologico. Se Ponzetti e Ardoini procedevano compilando lunghi elenchi di sostanze, limitando al minimo i raggruppamenti teorici, diversamente Cardano non indicò le sostanze venefiche singolarmente, ma le accorpò seguendo criteri qualitativi specifici. Allo stesso modo anche i rimedi non avevano lo scopo di contrastare gli effetti propri di ogni singolo tossico, ma si presentano come soluzioni operanti complessivamente, a partire dalle caratteristiche comuni a gruppi di veleni aventi caratteri comuni. Lo spirito erudito di Cardano si manifesta, poi, nel tentativo di fornire un catalogo il più completo possibile degli argomenti trattati. L'andamento della trattazione non impedisce, però, al medico lombardo di prestare particolare attenzione al mondo della corte e dei ricchi signori, interessati oltremodo ai veleni e alle loro conseguenze.

La cura dei veleni è trattata nel terzo e ultimo libro del *De Venenis*[549]; i primi tre capitoli hanno un'impostazione di carattere più generale, mentre dal quarto in poi l'argomento si circostanzia per tipologia di veleno.

Nel primo capitolo, non dissimilmente da Ardoini e Ponzetti, Cardano riteneva necessaria l'assunzione di servitori assolutamente fidati, con particolare riguardo a quelli più giovani rispetto a quelli più anziani. La garanzia migliore sembrerebbe essere data dal circondarsi di persone appartenenti al ceto nobiliare, cosa che i principi conoscono bene[550]. Il capitolo procede poi condensando in poche pagine gli stessi consigli che il medico pesarese e il cardinale avevano già proposto per evitare ogni tipo di avvelenamento[551].

Il secondo capitolo prende invece in esame le cose che difendono dai danni dei veleni[552].

In queste pagine il medico lombardo si soffermava sugli antidoti in generale, con ampie citazioni di molte delle *auctoritates* conosciute, e soprattutto svolgeva un'interessante riflessione sull'uso di sostanze tossiche nella preparazione di alcuni dei più celebri antidoti descritti nella letteratura greca e latina. Il cosiddetto processo di mitridatizzazione assume qui un ruolo centrale e portò immancabilmente il medico milanese a trattare la dibattuta questione della vera composizione dei cosiddetti *alexipharmaca*. In effetti, consultando le diverse testimonianze su questi medicamenti, Cardano dedicherà ben due capitoli del terzo libro a questo tipo di rimedi, cercando di stabilire le differenze sostanziali nelle preparazioni tramandate dall'antichità[553].

Lo stesso medico milanese non potè comunque fare a meno di notare come i componenti di tali rimedi, pur provocando una certa resistenza ai veleni, rimanessero sostanzialmente dei tossici, e quindi di fatto provocassero un accorciamento della vita. L'adagio di Paracelso secondo cui «ogni cosa è un veleno e nulla è senza veleno [e] solo la dose fa sì che una cosa non sia veleno»[554] spiega quale fosse l'attenzione necessaria per il dosaggio delle sostanze che entravano nella composizione di questi antidoti.

Accanto a questi rimedi non manca, anche in Cardano, il richiamo all'uso degli amuleti, che appesi al collo avrebbero indebolito il potere tossico dei veleni[555]. Il *milieu* intellettuale rinascimentale non rinunciava, in alcun modo, alla dimensione magica e sovrannaturale, considerata parte integrante e irrinunciabile della vita.

---

549   Il terzo libro s'intitola *De cura venenorum*.

550   Cfr. CARDANO Girolamo, *De venenis libri tres*, cit., p. 84: «Oportet eum qui se vult custodire a venenis, fidissimos habere famulos, et ancillas, et magis pueros quam iuvenes, et iuvenes quam senes, nisi sint spectatae iam fidei, et nobiles genere. Et ob id Principes, licet huic periculo sint maxime obnoxij, ob nobilitatem eorum quorum opera utantur raro periclitantur».

551   Oltre all'attenzione ai servitori, Cardano raccomanda di fare attenzione ai *familiares*, ai discorsi melensi, tristi o, in genere, fuori luogo; fra le altre cose, il corno della ceraste, l'elettro, l'oricalco, i pappagalli, gli odori e i sapori acri sono altresì citati, dal medico lombardo, come rimedi efficaci per evitare di restare avvelenati.

552   Cfr. CARDANO Girolamo, *De venenis libri tres*, cit., p. 86: «Ea quae nos defendunt a noxa venenorum».

553   All'*alexipharmaca* Cardano dedica i capitoli XXIII-XXIV del terzo libro del *De Venenis* (Cfr. CARDANO Girolamo, *De venenis libri tres*, cit., pp. 123-126). Egli fa riferimento, *in primis*, al testo di Andromaco, poi a Galeno, in seguito a Celso, componendo una sorta di sunto di quella antica, differenziandola dall'*alexipharmaca* in uso nel Rinascimento, frutto di rimaneggiamenti più tardi. La prima consta di cinquantasei rimedi contro i quarantacinque di quella più recente, i quali Cardano cita pedissequamente e compiutamente.

554   PARACELSO (VON HOHENHEIM Theophrast), *Contro i falsi medici. Sette autodifese*, BIANCHI Massimo Luigi (ed.), Editori Laterza, Roma-Bari 1995, p. 36.

555   Cfr. CARDANO Girolamo, *De venenis libri tres*, cit., p. 86: «Sunt amuleta quae collo appensa hebetant venenum: velut ferunt de achate lapide, bezar etiam gestatum, et smaragdum, et lachrymam cervi adversus venena plurimum prodesse crediderim (habet enim rationem) sed et corallium et quaecunque mutantur quia mutant».

L'azione misteriosa del veleno, che uccide senza palesarsi, smuoveva negli animi il rimando a una dimensione dell'impercettibile che non differisce di molto negli effetti da quella della magia e della superstizione.

Non è dunque strano rinvenire, accanto a passi calibrati su un'osservazione più che attenta di cause ed effetti, riferimenti copiosi a credenze di questo tipo.

Intento primario dello studio della tossicologia è quello di conoscere le qualità intrinseche dei differenti veleni per evitarli, e fuggire così le pericolose conseguenze derivanti dalla loro assunzione. Il terzo capitolo del terzo libro di Cardano si sofferma sulla cura generale degli avvelenamenti: esso precede immediatamente la trattazione dedicata alle diverse tipologie di veleno. La prima regola da seguire è quella che stabilisce l'eliminazione del veleno per la stessa via del suo ingresso nel corpo. Sulla base di questa assunzione il veleno ingerito per bocca deve essere espulso tramite il vomito, quello entrato nel nostro corpo con un clistere deve essere evacuato nello stesso modo, mentre il tossico iniettato tramite puntura o morso dovrà essere succhiato fuori[556]. L'eliminazione dell'agente estraneo che ha provocato l'alterazione dello stato fisico di sanità è il primo passo per riottenere la salute perduta. Le sostanze che devono provocare il vomito devono però presentare alcune caratteristiche vantaggiose al bisogno: per eliminare completamente il veleno Cardano consigliava di utilizzare l'*oxymel*[557], o per contrastare gli effetti nocivi del tossico la pietra di bezoar e lo smeraldo[558].

Il più delle volte i rimedi proposti da Cardano non sembrano essere verificati tramite l'esperienza, e spesso il riferimento alla tradizione spingeva il medico milanese a suggerire soluzioni che avevano un fondamento solo nella lettura dei testi del passato. Per Cardano comunque l'espulsione del veleno ingerito era a tal punto necessaria, che per stimolare meccanicamente il conato all'intossicato sarebbe convenuto mettere le due dita più lunghe della mano in gola[559]. Se invece il veleno fosse stato inoculato mediante una puntura o un morso, allora sarebbe stato opportuno succhiare la ferita, facendo però attenzione che chi avesse compiuto questa operazione non avesse ferite in bocca o nelle gengive[560]. Tutto il capitolo, qui presentato solo nelle sue linee fondamentali, è ricco di citazioni dalle fonti più diverse (antiche, medievali, arabe o coeve[561]).

Il corpo centrale della trattazione di Cardano concernente la cura dei veleni fornisce invece le soluzioni più appropriate per ogni diversa tipologia di veleno. Cardano invitava il medico ad agire prontamente non appena si fossero manifestati alcuni segnali tipici dell'azione di una sostanza tossica. La capacità di riconoscere questi segni diventava così uno degli elementi più importanti per il successo della cura. I sintomi dei veleni caldi sono generalmente bruciore agli intestini, senso di calore e infiammazione. I più mortali fra questi provocano inoltre diarrea e dissenteria, per cui gl'intossicati hanno bisogno di sostanze astringenti e di cibi che nutrano e temperino la forza del medicinale[562]. Non si può certo asserire che il rimedio del medico lombardo fosse specificatamente un antidoto, ma converge sulla cura dei malesseri che il tossico ha provocato, arginandone – per quanto possibile – il *modus operandi*. Parimenti, la cura dei cosiddetti veleni freddi, quelli che in effetti operano per putrefazione, si basa sulla quiete del malato, e se le gambe si gonfiano e il capo si fa pesante, sull'applicazione delle ventose fortemente scaldate[563]. Questa specifica indicazione oltre a garantire il miglior funzionamento fisico delle ventose, si pone nell'ottica di un'azione contraria alla natura del veleno.

Pertanto, oltre alle indicazioni generali, i veleni caldi dovranno essere combattuti prediligendo soluzioni che riducano la temperatura corporea, così come – al contrario – i veleni cosiddetti freddi saranno arginati solo

---

556 Cfr. ivi, p. 87: «Communis omnium venenorum intentio est, revocare per eam viam qua corpus nostrum est ingressum: veluti si assumptum fuit per os, vomitus; si per clysterem, clyster alius educens; si ex ictu aut morsu, vulnereve, exsugendo».

557 Cfr. ivi, p. 88: «[U]t venenum eradicet, unde oxymel utiliter additur». Quello che Cardano definisce *oxymel* è un'antica bevanda ricavata dalla mistione di aceto e miele.

558 Cfr. ibidem: «[U]t veneno adversetur: [...] commodissimus erit lapis bezar, atque smaragdus».

559 Cfr. ibidem: «Iuvat et per se multum, duos a pollice primo digitos gutturi immittere».

560 Cfr. ibidem: «Sed si morsus sit, aut ictus, exsugere vulnus oportet. Et qui exsugit non habeat ulcus in ore, nec in gingivis».

561 Sono citati, ad esempio, fra gli altri: Celso, Galeno, Dioscoride, Avicenna e Mattioli.

562 Cfr. ivi, p. 91: «Et calidorum venenorum generaliter exustio interiorum, et ardor, et inflammatio sunt symptomata: sed peculiariter pleraque ex his lethifera, diarrhoeam, et dysenteriam generant: unde astringentibus indigent, et cibis qui nutriant, et temperent vim medicamenti».

563 Cfr. ivi, p. 92: «Pro cura autem venenorum quae frigida vocantur, et vere putrescentia debent appellari: [...] debemus quietem imperare [...] Et cum crura intumuerint, et caput gravatur, cucurbitulae cum multo igne sunt applicandae». La stessa soluzione è paventata, per alcuni veleni specifici, anche in MATTIOLI Pietro Andrea, *Il Dioscoride*, cit., libro VI p. 46: «Sono, [...] valorosissime per tirar fuori [il veleno dalla ferita] le ventose messegli sopra con molta fiamma, accioché più valorosamente tirino».

▲ Incisione raffigurante Girolamo Cardano (Österreichische Nationalbibliothek)

mediante un processo riscaldante. Cardano non si limitava poi a riproporre rimedi trasmessi dall'antichità, ma anzi proponeva una cura nuova, per mezzo della quale tutti quelli che fossero stati prontamente trattati si sarebbero salvati. Si tratta di un elisir, di cui esistono innumerevoli composizioni, ma che era comunque di facile preparazione: essa richiedeva l'utilizzo di vino di malvasia, miele, ruta, maggiorana e numerosissime spezie di origine orientale, che opportunamente tritate e unite con il vino dovevano essere lungamente mescolate (per 40 giorni) e poi distillate. Sia il primo prodotto della distillazione, che il secondo, maggiormente denso, venivano usati come antidoto[564].

Da questo passo si potrebbe immaginare un Cardano pratico dell'arte della distillazione, tecnica fondamentale dell'alchimia, ma il medico milanese, nel capitolo dedicato ai veleni che nuocciono attraverso la sostanza, spiegava come andasse inteso questo riferimento alla preparazione dell'elisir.

Egli non volle mai imparare le pratiche principali di quell'arte, ma bensì le considerò semplicemente con la ragione, individuandone i principi, e da questi ne dedusse cose meravigliose, utili per la cura degli avvelenamenti[565].

Ciò avrebbe potuto portarlo a una profonda conoscenza dei veleni e dei modi atti alla loro fabbricazione. Egli tuttavia non proseguì mai i suoi studi in questa direzione.

Il medico milanese si preoccupò di fornire anche una cura per quei veleni che uccidono per mezzo di proprietà occulte[566]: qui Cardano ribadiva che questi veleni si curano impiegando una proprietà contraria, anche se rimane il dubbio che possano darsi proprietà fra loro contrarie come nel caso delle qualità[567].

---

564   Cfr. CARDANO Girolamo, *De venenis libri tres*, cit., p. 93: «Et curatio nostro tempore optima, sed antiquis ignota, ex qua nemo perit, [...]: sit cum elixir vitae. [...] Recipe vini mombasii libras XL, mellis optimi X, rutae, sampsuchi cum seminibus, chelidoniae cum radice, singulorum libram unam: pyretri libram mediam, caryophillorum, utriusque cardamomi, piperis nigri, et longi, cinnamomi electi, gingiberis, ligni aloes, maceris, nucis myristicae, zedoariae salviae cum radice, betonicae, stipitum rorismarini, gentianae, iridis Illyrice, tlaspi, corticis medii fraxini, baccarum iuniperi, spondylii, serpylli, singolorum uncias tres, thuris, myrrhae, benzuin, opopanacis, bdelii, styracis, lalbani, croci orientalis, singolorum uncias duas; baccarum lauri uncias quator, caphurae lib. semi: terantur omnia, et misceantur per 40 dies. Demum destillentur secundum artem, sic ut prima aqua clara colligatur ad usum; secunda, quae feculenta est, ad unctionem locorum arteriarum servetur».

565   Cfr. ivi, p. 95: «Numquam volui discere operationem aliquam, utpote destillarem, adurerem, miscerem, putrefacerem: sed solum omnia ratione concepi, et deductus omnibus ex principiis,[...] ad incredibilia perveni: et ex his perveni ad inventionem auxiliorum».

566   Cfr. ivi, p. 98: «Venenum, quod proprietate sua occulta interimit».

567   Cfr. ibidem: «Relinquitur solum, ut de his dicamus, quae proprietate vim eius comminunt, tamquam contrarium contrario oppositum. Ergo illud in dubium solum revocaretur, an proprietas proprietati possit esse contraria; nam de qualitatibus istud est

Il tema della cura di un tossico mediante lo stesso tossico ritorna qui in primo piano. Egli riconosceva l'enorme difficoltà di operare con proprietà opposte, e – nel finale del capitolo – sembrava prediligere il ricorso incondizionato agli *alexipharmaca*, soluzione universale per molti tipi di malesseri.

Particolarmente interessante è anche il capitolo dedicato agli odori velenosi che feriscono il cervello. Questo organo in generale non può sopportare per lungo tempo ciò che gli è nocivo, e tanto più la causa dell'alterazione è incorporea, tanto maggiore è il rischio di morte, o perlomeno di convulsioni[568].

La volontà di rinvenire una giustificazione, per certi versi, razionale alle convulsioni, attribuendo al cervello (organo ancor oggi fin troppo misterioso) le conseguenze di una sorta di avvelenamento etereo, non riduce in alcun modo l'acume del medico lombardo, ma semplicemente ribadisce la necessità di ulteriori conoscenze medico-scientifiche al Cardano precluse. Tra le cose che producono odori nocivi e da evitare Cardano elencava: i funghi, i recipienti in cui fossero stati dei serpenti, le sostanze in putrefazione, il giusquiamo, l'oppio, la mandragora, la cicuta[569].

Il capitolo che il medico milanese dedicò alla cura dei venefici magici, dei filtri, delle pozioni, si apre con una citazione dallo pseudo-Apuleio (Apuleio per Cardano) relativa al decotto di *leontopodium*, che permetterebbe di vincere l'impotenza maschile[570]. La sterilità o l'impotenza venivano spesso ricondotte a una azione perturbatrice di carattere esterno, spesso dipendente da una volontà espressamente agente contro la naturale capacità di procreare. In questo contesto di pensiero i rimedi erano per lo più di carattere magico-superstizioso. Lo stesso medico milanese si muoveva su tale binario quando consigliava di costruire tre anelli da un pugnale con cui fosse stato ucciso un uomo. Appeso il primo anello al collo, portato il secondo al dito, e collocato il terzo sotto la nuca, si sarebbe riusciti a superare l'impotenza sessuale[571]. In questo caso il presunto rimedio ci appare molto diverso dagli altri antidoti, ma era la materia stessa dei filtri d'amore a spingere Cardano verso tematiche molto distanti da quelle che noi reputiamo essere tipiche della tossicologia o in generale della medicina. L'interesse per questi rimedi s'inserisce certo in una trattazione più ampia, che cerca di esplorare il tema delle malattie considerate legate all'avvelenamento d'amore (dove filtri e pozioni erano ampiamente utilizzati), in cui non mancano quasi mai anche considerazioni sulle erbe con capacità afrodisiache o affini. Lo stupore che il lettore odierno prova nel leggere queste pagine risiede non soltanto nello sforzo profuso dal medico milanese su tali questioni, quanto piuttosto nella loro collocazione tra le parti dedicate alla cura degli altri veleni. Descritte e analizzate in maniera più consona ai nostri canoni di scientificità, queste cure si basano su principi altrettanto fragili, ma pur sempre riferibili al mondo della natura.

Antidoti di questo tipo si trovano anche in questo capitolo dell'opera di Cardano. Così egli consigliava – per superare l'amore eroico – di bere un infuso di polvere di perle e radice di mandragora, così da ottenere in questo modo l'oblio e di non incorrere nel rischio d'impazzire[572]. Questo *consilium*, rispetto a quello immediatamente sopra citato, individuava alcune caratteristiche specifiche di determinate piante, e permetteva al medico che voleva sfruttare questa indicazione di operare secondo parametri scientifici.

Se le piante hanno proprietà magico-terapeutiche, non da meno sono le sostanze di origine animale. Così contro le malìe si potevano usare il sangue dello sparviero, dell'aquila, della colomba, o dormire sotto pelli di lupo, o ancora meglio sotto una coperta di pelle di leone[573]. Tutto il capitolo mostra l'alternarsi tra rimedi naturali e ricette di carattere magico-superstizioso.

Il medico che intendeva agire seguendo le indicazioni fornite nel *De Venenis* non poteva accontentarsi di riconoscere i sintomi dell'avvelenamento, di catalogarli in uno schema rigido e eventualmente curarli; egli

---

manifestum».

568 Cfr. ibidem: «[N]on potest cerebrum externum incommodum diu ferre, et quanto magis est incorporeum, quod detrimentum infert, eo vehementius oportet esse, et statim occidere, aut omnino non occidere, sed convulsionem movere».

569 Cfr. ivi, p. 108: «Non oportet odorari fungos, non capsulam ubi serpentes iacuerint: nocent odore putrida omnia, apollinaris, opium, mandragora, cicuta».

570 Cfr. ibidem: «Ad eos qui cuncumbere nequeunt, Apuleius (si qua fides huic viro adhiberi potest) ita scriptum reliquit: […]».

571 Cfr. ivi, pp. 108-109: «Ad eos qui cuncumbere nequeunt, […]. Ex pugione quo homo sit occisus, tres facies anulos: unum gestabit collo appensum, secundum in digito, tertium cervici subdat». Cardano aggiunge che, per sicurezza, sarebbe utile anche riporre l'intero pugnale sotto la nuca, dimostrando di assegnare a questa credenza grande fiducia («Iuvat, et pugionem ipsum supponere cervicali»).

572 Cfr. ivi, p. 109: «[M]argaritarum pulvis et mandragorae radix saepius ebibita, sic ut oblivionem inducat, non insaniam».

573 Cfr. ibidem: «Item ex succino, sanguine accipitris, et aquilae aut columbae. Et dormire in pellibus lupi, sed longe melius sub culcitra pellis leonis».

doveva anche alcune volte entrare in diretto contatto le sostanze tossiche. Il capitolo diciassettesimo mira a fornire procedure ai medici, affinché essi in queste situazioni potessero operare in sicurezza[574].

In primis, vista l'esistenza di veleni che agiscono tramite il semplice contatto e l'odore, bisognava proteggersi con guanti e otturarsi le narici, evitando di toccare e odorare sostanze sospette[575]. Allo stesso modo, allorché si volesse entrare in stanze, in cui si sospettasse la presenza di veleno, non vi si doveva entrare finché l'aria di esse non fosse stata cambiata[576]. Del tema dei cattivi odori e dei profumi Cardano aveva già ampiamente trattato in precedenza, e qui declinava quella stessa discussione nella direzione della tutela della salute del medico. Infine, come *extrema ratio*, buona norma era di assumere preventivamente una grande quantità di ottima teriaca, o, nel caso non si potesse disporre di questa, di una teriaca media, e solo dopo averla bevuta si sarebbe potuti procedere[577]. Anche nel caso degli avvelenamenti, come in quello delle malattie contagiose, il medico doveva in primo luogo tutelare la propria salute, per poter poi essere utile agli altri tramite l'esercizio della sua arte.

Il libro di Cardano si chiude con alcuni capitoli dedicati ai cosiddetti veleni pestiferi, in cui il medico milanese inserì un'ampia trattazione dedicata alla cura di alcune delle malattie contagiose allora più temute, prima fra tutte la peste bubbonica. L'inserimento di tale materia in un testo di tossicologia, abbastanza strana dal punto di vista della scienza moderna, mostra l'ampiezza di significato del termine *veleno* nel Rinascimento.

Esso non indicava solo un gruppo di sostanze nocive all'organismo umano, ma inglobava un'idea complessa di alterazione delle funzioni vitali, che il pensiero medico del passato poté utilizzare anche per la spiegazione eziologica delle malattie epidemico-contagiose.

---

574   Cfr. ivi, p. 112. Il titolo del capitolo XVII recita: «De modo tractandi venena, sine noxa».
575   Cfr. ibidem: «Armatus sit undique chirotehecis, obstructis naribus […] Et ut denique dicam, suspecta non attingat, nec odoretur».
576   Cfr. ibidem: «Et cubicula sint suspecta, ne quis ingrediatur, nisi perflato loco».
577   Cfr. ibidem: «[P]raeceptum est, ut optimae theriacae magnam quantitatem praesumat: aut si non habet, mediam, ut in succedaneis: post haec bene potus mero accedat». Teriaca ottima e media sono due varianti della teriaca tradizionale: la prima si rifà all'insegnamento galenico, la seconda, invece, è una versione meno ricca in ingredienti di quella classica.

CONLUSIONE

VITE DI MEDICI FRA TOSSICOLOGIA E CORTI RINASCIMENTALI

La figura professionale del *physicus* nel Rinascimento è inevitabilmente differente rispetto a quanto l'immaginario odierno propone del medico attuale. Prima di descrivere una professione, si è voluto dare risalto all'ordito sociale della corte rinascimentale in relazione allo *status* specifico ricoperto dal medico. L'immagine che se ne può delineare è variegata e a tratti complessa. Questo nondimeno permette di osservare alcune costanti, la cui *summa* traccia un'idea composita e sfaccettata di un *milieu* sociale, prima che di un ruolo professionale.

La conoscenza di un'epoca passata è inevitabilmente la commistione fra una lettura diretta dei documenti originali e un'interpretazione delle letture che la storiografia successiva ha lasciato su di essa.

I numerosi saggi sulla medicina del Rinascimento che la storiografia sette-ottocentesca ha tramandato ne hanno tracciato un affresco che non sempre risponde a criteri oggettivi. La ricostruzione storica allora, pur senza escludere *a priori* questa letteratura, deve procedere riscontrando di volta in volta le informazioni tarde con i contenuti dei documenti cinquecenteschi. Quest'ultimi non sempre forniscono quanto desiderato dallo storico, ma spesso permettono di accorgersi che le fonti tarde integrino arbitrariamente e abbelliscano la propria esposizione, per i più svariati fini. Ad esempio, nel filone della storia locale, la biografia di Ludovico Bonaccioli stilata da Lorenzo Barotti è venata di note campaniliste; non diversamente il *Comentario* di Girolamo Baruffaldi sulla vita di Antonio Musa Brasavola tende a descriverlo come una personalità eccezionale, anche perché l'autore della biografia era lautamente ricompensato dai discendenti del medico ferrarese. D'altra parte, la conoscenza anche delle finalità per cui sono composte le opere coeve ai medici è parimenti irrinunciabile. I resoconti di Paolo Giovio, informati ma al contempo arricchiti di elementi narrativi, necessitano di continue precauzioni; allo stesso modo le relazioni di Andrea Ubaldi sulla *querelle* fra il cognato Pontico Virunio e Bonaccioli meritano altrettanto una riflessione sul grado di oggettività delle informazioni riferite. Su tutte le fonti a disposizione per lo studio delle biografie di medici rinascimentali una posizione certamente preminente spetta alle loro opere. Le informazioni provviste direttamente dalle loro parole permettono talora di dirimere non pochi punti oscuri.

La corte rinascimentale non rappresenta soltanto un luogo fisico d'incontro fra diverse personalità, essa è soprattutto a una rete di relazioni e di equilibri delicatissimi. Ogni componente della corte, pur nei limiti del proprio ruolo specifico, ha una sua posizione in relazione ai legami instaurati con gli altri membri.

Così il medico è impegnato primariamente nella cura dei signori, ma non solo.

Il rapporto di fiducia tra medico e paziente, nell'ambiente di corte, sfociava per il *physicus* in un più complesso *status* di cortigiano. Il signore, allora, chiedeva al medico-cortigiano di prendere parte ad ambascerie diplomatiche, di fungere da messaggero in situazioni belliche, di divenire precettore dei giovani signori.

In tutto ciò, i nove medici presi in considerazione hanno vite singolari e vivono in corti diverse.

Le fonti dirette o tarde alla base delle loro biografie non sono omogenee, e se di alcuni si conoscono molte cose, di altri si sa veramente poco. Vi sono tuttavia alcune costanti ricorrenti che permettono di tracciare il profilo ideale del medico rinascimentale.

In primis, la questione economica è un ottimo indicatore per comprendere il ruolo del medico nella corte. Il caso emblematico di Giovanni Manardo e delle sue difficoltà alla corte ungherese dopo la morte di Ladislao II, nonché la disavventura di Leonardo Botallo e le sue insistenti preghiere per essere pagato dalla corona di Francia, mostrano un preciso schema all'interno del quale il medico-cortigiano rinascimentale doveva muoversi. La corresponsione del salario per i servigi resi necessita, in ambedue i casi, dello sfruttamento di equilibri di corte delicati e specifici. È lo *status* di cortigiano, prima che di medico, a permettere di sbloccare i fondi. Senza i rapporti interpersonali intercorrenti fra Manardo e il cardinal Ippolito d'Este, e tra Botallo e la regina madre Caterina de' Medici, con ogni probabilità le richieste di pagamento non sarebbero state evase in maniera completa e presta.

Legato al tema degli emolumenti, di pari rilievo è la concessione di privilegi e cariche per sé e per i propri discendenti. L'appartenenza all'*entourage* del signore e la riconoscenza per i meriti acquisiti poteva assicurare rendite abbondanti per il proprio futuro e per quello della famiglia. Il figlio di Giovanni da Vigo percorse tutte le tappe della carriera ecclesiastica anche in relazione allo stretto rapporto fra il padre e papa Giulio II. Non diversamente l'insistenza di Botallo per l'ottenimento *in perpetuo* della commenda sulla diocesi di St.-Malo a favore del figlio, si muoveva nella direzione di assicurargli una posizione economica agiata in virtù dei suoi rapporti di cortigianeria presso la corte di Parigi. Con l'ottenimento di questi privilegi, il medico e la sua famiglia rinsaldavano i rapporti interni con la corte, da cui dipendevano per la fruizione completa delle rendite assicurate. Il *physicus* non poteva considerarsi soltanto un esperto medico al servizio del signore, ma era parte integrante della sua corte.

Non tutti i medici presi in esame svolgono il ruolo di fisici di corte per tutta la loro carriera. La dimensione accademica rappresentò per alcuni di essi una prerogativa irrinunciabile. Emblematici sono i casi di Alessandro Achillini e di Alfonso Ferri. Ambedue divengono docenti di rilievo, l'uno a Bologna e a Padova, l'altro a Napoli e a Roma. Il medico bolognese venne tenuto in grande conto presso lo Studio cittadino in relazione ai suoi stretti rapporti con la famiglia Bentivoglio, il fisico napoletano invece si dedicò all'insegnamento in concorrenza con il servizio presso la corte pontificia. In ogni caso, la carriera universitaria era un mezzo per mostrare le proprie capacità, agognate presso le diverse corti. Sia che l'insegnamento fosse legato al proprio ruolo all'interno della corte, sia che esso si svolgesse in concorrenza con il lavoro a corte, il rapporto con l'Università non è punto trascurabile. Esso rappresenta infatti il ramificarsi dei rapporti interpersonali tipici della corte anche in contesti diversi.

Su questo articolato sfondo della corte cinquecentesca, la medicina deve fare fronte alle nuove minacce rappresentate da un sapere tossicologico rinnovato. I veleni di natura animale e vegetale, assieme a quelli minerali di più recente utilizzo, si fanno sempre più difficilmente individuabili e il medico di corte non può non saperne riconoscere gli effetti e prescriverne le eventuali cure. Le opere di Ardoini, Ponzetti e Cardano nel panorama della medicina rinascimentale mettono bene in evidenza come la tossicologia fosse oramai, fra XV e XVI secolo, un sapere irrinunciabile per il medico.

L'avvelenamento a corte poteva avere natura accidentale o volontaria. Nel primo caso si trattava spesso di intossicazioni alimentari dovute alla consumo di prodotti mal cucinati, deteriorati o di natura tossica.

Contro questi incidenti i tre autori forniscono prescrizioni di vario genere, attinenti sia alle figure dei servitori, sia alle norme igieniche di conservazione degli alimenti, che alla loro preparazione.

Il *focus* di maggior interesse per i medici cinquecenteschi è però nello studio dei veleni impiegati volontariamente con il fine di arrecare danno al signore. Contro di essi le precauzioni precedenti all'atto dell'avvelenamento non mancano e si riferiscono soprattutto all'attenta osservazione degli atteggiamenti dei servitori e dei cortigiani. In questi passi la riflessione degli autori rileva il *milieu* della corte cui i loro scritti si rivolgono.

Le trattazioni dei tre medici esplorano inoltre i possibili antidoti contro i diversi veleni. Accanto a rimedi di natura *scientifica*, non mancano soluzioni che attingono a piene mani dalla superstizione e dai rimedi popolari medievali. Il giudizio di valore su di essi non è sempre esplicitato e i tre autori tendono talora a prestar fede indistintamente a leggende e credenze senza alcun riferimento.

Quest'atteggiamento dimostra la grande commistione fra elementi di un nuovo pensiero scientifico in formazione e una *forma mentis* tradizionale.

L'immagine che si trae del medico di corte rinascimentale è complessa e articolata. Il suo *status*, il suo ruolo, i suoi incarichi afferiscono a diversi ambiti della vita di corte. La sua carriera, la sua professione, i suoi studi lo portano a essere un cortigiano apprezzato dal signore. All'interno della corte tuttavia non sembra acquisire un ruolo diverso dai molti altri cortigiani. Questo perché l'esperienza totale della corte signorile trasforma in cortigiani prima che in letterati, diplomatici o medici.

BIBLIOGRAFIA

FONTI

ACHILLINI Alessandro, *De elementis libri III*, Ioannes Antonius de Benedictis, Bologna 1505.
AGRICOLA Giorgio, *De la generatione de le cose, che sotto la terra sono, e de le cause de' loro effetti e nature. De la Natura di quelle cose, che da la terra scorrono. De la Natura de le cose Fossili, e che sotto la terra si cavano. De le Minere antiche e moderne*, per Michele Tramezzino, Venezia 1550.
ARDOINI Santo, *Opus de Venenis. A multis hactenus desideratum, et nunc tandem castigatissime editum*, per Henricum Petri et Petrum Pernam, Basel 1562.
ARLUNO Giovan Pietro, *La peste*, DI CIACCIA Francesco – COSMACINI Giorgio (ed.), Terziaria, Milano 1999.
AVICENNA, *Compendium de anima. De mahad, de dispositione, seu loco, ad quem revertitur homo, vel anima eius post mortem. Aphorismi de anima. De diffinitionibus, et quesitis. De divisione scientiarum*, ALPAGO Andrea (ed.), apud Iuntas, Venezia 1546.
BONACCIOLI Ludovico, *Enneas Muliebris ad divam Lucretiam Borgiam Ferrariae Ducissam*, Laurentius de Rubeis, Ferrara 1502.
BOTALLO Leonardo, *De curandis vulneribus sclopetorum tractatus singulares*, ex officina Arnoldi Coninx, Anvers 1583.
BOTALLO Leonardo, *De curatione per sanguinis missionem. De incidendae venae, cutis scarificandae, et hirudinum affigendarum modo*, ex Officina Christophori Plantini, Anvers 1583.
BOTALLO Leonardo, *I doveri del medico e del malato*, CARERJ Leonardo – BOGETTI FASSONE Anita – FIRPO Luigi (ed.), Unione Tipografico-Editrice Torinese, Torino 1981.
BRASAVOLA Antonio Musa, *Aphorismorum Hippocratis et Galeni, Commentaria et Annotationes, in octo libros*, in Officina Frobeniana, Basel 1541.
BRASAVOLA Antonio Musa, *Examen omnium Catapotiorum vel Pilularum, quarum apud Pharmacopolas usus est*, in Officina Frobeniana, Basel 1543.
BRASAVOLA Antonio Musa, *Examen omnium simplicium medicamentorum quorum usus in publicis est officinis*, sub scuto Coloniensi, Lyon 1546.
BRASAVOLA Antonio Musa, *Examen omnium Trochiscorum, Unguentorum, Ceratorum, Emplastrorum Cataplasmatumque, et Collyrium, quorum apud Ferrarienses pharmacopolas usus est: in quinque distinctum tractatus*, apud Iuntas, Venezia 1551.
CALCAGNINI Celio, *Catalogum operum post praefationem invenies, et in calce Elenchum*, in Officina Frobeniana, Basel 1544.
CALCAGNINI Celio, *Epistolarum Criticarum et Familiarum: Libri XVI*, ex Officina Schönfeldiana, Bamberg 1608.
CARDANO Girolamo, *De la subtilité, et subtiles inventions, ensemble les causes occultes, et raisons d'icelles*, par Guillaume le Noir, rue S. Iaques à la Rose blanche couronnée, Paris 1556[2].
CARDANO Girolamo, *De Subtilitate*, NENCI Elio (ed.), Franco Angeli, Milano 2004, Tomo I.
CARDANO Girolamo, *De venenis libri tres*, apud Paulum Frambottum Bibliopolam, Padova 1653.
FERRI Alfonso, *De ligni sancti multiplici medicina et vini exhibitione*, apud Antonium Bladum Asulanum in Campo Florae, Roma 1537.
FERRI Alfonso, *De sclopetorum sive archibusorum vulneribus libri tres. Corollarium de Sclopeti, ac similium tormentorum pulvere. De caruncola sive callo, quae cervici vesicae innascuntur Chirurgis omnibus opusculum imprimis utile*, apud Mathiam Bonhomme, Lyon 1553.
GAURICO Luca, *Tractatus astrologicus in quo agitur de praeteritis multorum hominum accidentibus per proprias eorum genituras ad unguem examinatis*, apud Curtium Troianum Navò, Venezia 1552.
GIOVIO Paolo, *Historiarum Sui Temporis Tomus Primus*, in officina Laurentii Torrentini Ducalis Typographi, Firenze 1550.
GIOVIO Paolo, *La prima parte dell'historie del suo tempo. Tradotte per M. Ludovico Domenichi*, per Lorenzo Torrentino impressor ducale, Firenze 1551.
GIOVIO Paolo, *Elogia Doctorum Virorum ab Avorum Memoria publicatis ingenii monumentis illustrium*, apud Ioannem Bellerum sub insigni Falconis, Anvers 1557.
GIRALDI CINZIO Giovanni Battista, *Commentario delle cose di Ferrara, et de' Principi da Este*, appresso Giovanni Battista e Giovanni Bernardo Sessa, Venezia 1597.
GIRALDI CINZIO Giovanni Battista, *L'uomo di corte: discorso intorno a quello che si conviene a un giovane nobile e ben creato nel servire un gran principe*, MORETTI Walter (ed.), Mucchi editore, Modena 1989.

JONGHE Adriaen (de), *Nomenclator omnium rerum propria nomina, septem diversis linguis explicata, indicans multo quam antea emendatior ac locupletior, omnibus politioris literaturae Studiosis necessarius*, excudebat Egnolphus Emmelius, Frankfurt 1620.
LEONARDI Camillo, *Speculum Lapidum*, apud Christianum Liebezeit, Hamburg 1713.
MAGGI Bartolomeo, *De vulnerum bombardorum et sclopetorum, globulis illatorum, et de eorum symptomatum curatione, tractatus*, per Bartholomeum Bonardum, Bologna 1552.
MANARDO Giovanni, *Epistolarum medicinalium libri viginti*, apud Michaelem Isingrinium, Basel 1549.
MATTIOLI Pietro Andrea, *Il Dioscoride, con la giunta del sesto libro de i Rimedi di tutti i veleni, con la giunta di tutte le figure delle piante, delle herbe, delle pietre et de gli Animali*, appresso Iacomo Roffinello, Mantova 1549. .
MERCURIALE Girolamo, *De Venenis et Morbis venenosis tractatus locupletissimi*, apud Paulum Meietum Bibliopolam pater, Venezia 1584.
ORSELLO Bernardino, *L'assedio di Saluzzo dell'anno 1487 descritto da Bernardino Orsello, cittadino saluzzese*, Tipografia Lobetti-Bodoni, Saluzzo 1831.
PARACELSO (VON HOHENHEIM Theophrast), *Contro i falsi medici. Sette autodifese*, BIANCHI Massimo Luigi (ed.), Editori Laterza, Roma-Bari 1995.
PICO Giovanni Francesco, *Examen vanitatis doctrinae gentium, et veritatis Christianae Disciplinae*, Ioannes Maciochius Bundenius, Mirandola 1520.
PONZETTI Ferdinando, *Libellus de Venenis*, in aedibus Iacobi Mazochii, Roma 1521.
SANUDO Marino, *I Diarii*, BERCHET Guglielmo (ed.), Federico e Marco Visentini Editori, Venezia 1881, Tomo VI.
TIRAQUEAU André, *De nobilitate et iure primigeniorum*, apud Gulielmum Rovillium, Lyon 1573.
VIGO Giovanni (da), *Practica in arte chirurgica copiosa*, Vincentius de Portonariis de Tridino de Monte Ferrato, Lyon 1516.
VIGO Giovanni (da), *Practica*, apud haeredes Iacobi Iuntae, Lyon 1564.
ZAMBOTTI Bernardino, *Diario ferrarese dall'anno 1476 sino al 1504*, PARDI Giuseppe (ed.), Rerum Italicarum Scriptores, Roma 1937, Volume XXIV-7.

LETTERATURA SECONDARIA

ALIDOSI PASQUALI Giovanni Nicolò, *I dottori bolognesi di Teologia, Filosofia, Medicina, e d'Arti Liberali. Dall'anno 1000 per tutto Marzo del 1623*, per Nicola Tebaldini, Bologna 1623.
ALIDOSI PASQUALI Giovanni Nicolò, *Libro quinto delli Antiani, Consoli e Confalonieri di giustizia della città di Bologna, dall'anno 1456 sino al 1530*, per Sebastiano Bonomi, Bologna 1621.
ALVERNY Marie-Thérèse (d'), *Avicenne et les médecins de Venise*, in *Medioevo e Rinascimento. Studi in onore di Bruno Nardi*, Giulio Cesare Sansoni Editore, Firenze 1955.
ALVERNY Marie-Thérèse (d'), *Les traductions d'Avicenne*, in *Avicenna nella storia della cultura medioevale*, Accademia Nazionale dei Lincei, Roma 1957.
ALVERNY Marie-Thérèse (d'), *Anniyya-Anitas*, in *Mélanges offerts à Étienne Gilson de l'Académie Française*, Vrin éditeur, Toronto-Paris 1959.
ARVEILLER Raymond, *Noms de plantes français au XVIème siècle*, in VARVARO Alberto (ed.), *Atti del XIV Congresso Internazionale di Linguistica e Filologia Romanza. Napoli 15-20 Aprile 1974*, John Benjamins Publishing Company, Amsterdam 1977, Volume IV.
BAROTTI Giannandrea, *Memorie istoriche di letterati ferraresi*, nella Stamperia Camerale, Ferrara 1777, Volume I.
BAROTTI Lorenzo, *Memorie istoriche di letterati ferraresi*, per gli eredi di Giuseppe Rinaldi, Ferrara 1793, Volume II.
BARUFFALDI Girolamo, *Dissertatio de poetis Ferrariensibus*, Typis Bernardini Pomatelli, Ferrara 1698.
BARUFFALDI Girolamo, *Comentario istorico-erudito all'iscrizione eretta nel Almo Studio di Ferrara l'anno 1704. In memoria del famoso Antonio Musa Brasavoli*, per Bernardino Pomatelli, Ferrara 1704.
BAYLE Pierre, *Dictionnaire historique et critique*, chez Michel Bohm, Rotterdam 1720. , Tome I.
BEER Sergio, *Le scienze, gli studi e le scoperte nei campi fisico e biologico*, in *Arte, scienza e cultura in Roma cristiana*, Cappelli Editore, Bologna 1971.
BELLONCI Maria, *Lucrezia Borgia: la sua vita, i suoi tempi*, Arnoldo Mondadori Editore, Milano 1939.
BENASSI Stefano, *Un modello europeo: l'insegnamento di Alessandro Achillini*, in ROTONDI SECCHI TARUGI Luisa (ed.), *Rapporti e scambi tra umanesimo italiano ed umanesimo europeo*, Nuovi Orizzonti, Milano 2001.
BENEDICENTI Alberico, *Laudano*, in *Enciclopedia Italiana*, Treccani, Roma 1933.
Biografia Universale Antica e Moderna. Storia per alfabeto della vita pubblica e privata di tutte le persone che si distinsero per opere, azioni, talenti, virtù e delitti, presso Giovanni Battista Missiaglia dalla Tipografia di Alvisopoli, Venezia 1822, Volume VII.
BLOCH Marc, *I Re taumaturghi. Studi sul carattere sovrannaturale attribuito alla potenza dei re particolarmente in

Francia e in Inghilterra, Giulio Einaudi editore, Torino 1989.
BONINO Giovanni Giacomo, *Biografia medica piemontese*, dalla Tipografia Bianco, Torino 1824, Volume I.
BORSETTI Ferrante, *Historia Almi Ferrariae Gymnasii*, Typis Bernardini Pomatelli, Ferrara 1735, Volume II.
BRAMBILLA Giovanni Alessandro, *Storia delle scoperte fisico-medico-anatomico-chirurgiche fatte dagli uomini illustri italiani*, nell'Imperial Monistero di S.Ambrogio Maggiore, Milano 1782, Tomo II [Ristampa Anastatica: Forni Editore, Bologna 1977].
BRONZINO Giovanni (ed.), *Notitia doctorum, sive Catalogus doctorum qui in collegiis philosophiae et medicinae Bononiae laureati fuerunt ab anno 1480 usque ad annum 1800*, Giuffrè Editore, Milano 1962.
Bullettino delle Scienze Mediche della Società Medico-Chirurgica di Bologna, Anno IV-9, Tipografia all'Ancora, Bologna 1858.
BURCI Carlo, *Storia compendiata della chirurgia italiana dal suo principio fino al secolo XIX*, Istituto di Studi Superiori, Firenze 1876 [Ristampa Anastatica: Forni Editore, Bologna 1970].
BUSACCHI Vincenzo, *Giovanni Manardo, maestro e medico di Gianfrancesco Pico della Mirandola*, in *Atti del Convegno internazionale per la celebrazione del V centenario della nascita di Giovanni Manardo (1462-1536). Ferrara, 8-9 dicembre 1962*, Università degli Studi di Ferrara, Ferrara 1963.
CABANÈS Augustin – NASS Lucien, *Poisons et Sortilèges. Les Césars, Envouteurs et Sorciers, les Borgias*, Librairie Plon-Nourrit, Paris 1903. , Volume I.
CABANÈS Augustin – NASS Lucien, *Les poisons employés au seizième siècle*, in *La Revue Scientifique*, Anno XL-2, Bureaux de la Revue Bleue et de la Revue Scientifique, Paris 1903, Tomo XX.
CAPPARONI Pietro, *Profili bio-bibliografici di medici e naturalisti celebri italiani dal sec. XV al sec. XVIII*, Istituto Nazionale Medico Farmacologico «Serono», Roma 1925-1928 [Ristampa Anastatica: Editrice Gela Reprint's, Roma 1984].
CARAFA Giuseppe, *De professoribus Gymnasii Romani, cui accedunt Catalogus Advocatorum Sacri Concistorii, et Bullae Romanorum Pontificum ad idem Gymnasium spectantes*, Typis Antonii Fulgonii apud S. Eustachium, Roma 1751, Volume II [Ristampa Anastatica: Forni Editore, Bologna 1971].
CARDELLA Lorenzo, *Memorie storiche de' Cardinali della Santa Romana Chiesa*, nella Stamperia Pagliarini, Roma 1793, Tomo IV.
CARERJ Leonardo, *Botallo Leonardo astese, medico regio*, Casa Editrice Arethusa, Asti 1954.
CASARINI Arturo, *La medicina militare nella leggenda e nella storia: saggio storico sui servizi sanitari negli eserciti*, Giornale di Medicina Militare, Roma 1929.
CASTELLANI Luigi Francesco, *De vita Antonii Musae Brasavoli. Commentarius historico-medico-criticus ex ipsius operibus erutus*, Giuseppe Braglia, Mantova 1767.
CENCETTI Giorgio (ed.), *Gli Archivi dello Studio Bolognese*, Nicola Zanichelli Editore, Bologna 1938.
CISLAGHI Viviana, *Leonardo Botallo (Asti 1519 - Blois 1588): un «precursore» della moderna deontologia*, in *Biografie Mediche*, Anno I-2, Centro per lo Studio e la Promozione delle professioni mediche, Duno 2013.
COLOMIES Paul, *Italia et Hispania orientalis sive Italorum et Hispanorum qui linguam Hebraeam vel alias orientales exclouerunt vitae*, Sumtibus Viduae Felginerae Formis Stromerianis, Hamburg 1730.
COSMACINI Giorgio, *La Medicina e la sua storia. Da Carlo V al Re Sole*, Rizzoli editore, Milano 1989.
COSMACINI Giorgio, *Ciarlataneria e medicina. Cure, maschere, ciarle*, Raffaello Cortina Editore, Milano 1998.
COSMACINI Giorgio, *Storia della medicina e della sanità in Italia. Dalla peste nera ai giorni nostri*, Editori Laterza, Roma-Bari 2005.
COSMACINI Giorgio, *Il medico e il cardinale*, Editrice San Raffaele, Milano 2009.
DALLARI Umberto, *I Rotuli dei Lettori Legisti e Artisti dello Studio bolognese dal 1384 al 1799*, Regia Tipografia dei fratelli Merlani, Bologna 1888.
DE DONATO Vittorio, *Ardoini, Sante*, in *Dizionario Biografico degli Italiani*, Treccani, Roma 1962, Volume 4.
DELL'ACQUA Gioan Battista, *Giovanni Manardo medico e clinico*, in *Atti del Convegno internazionale per la celebrazione del V centenario della nascita di Giovanni Manardo (1462-1536). Ferrara, 8-9 dicembre 1962*, Università degli Studi di Ferrara, Ferrara 1963.
DE MARTINO Ernesto, *La terra del rimorso. Contributo a una storia religiosa del Sud*, Il Saggiatore, Milano 2009.
DE RENZI Salvatore, *Storia della medicina in Italia*, dalla tipografia del Filiatre-Sebezio, Napoli 1845, Tomo II.
DE RENZI Salvatore, *Storia della medicina in Italia*, dalla tipografia del Filiatre-Sebezio, Napoli 1845, Tomo III.
ELOY Nicolas, *Dizionario storico della medicina*, per Benedetto Gessari, Napoli 1764, Tomo IV.
FANTUZZI Giovanni, *Notizie degli scrittori bolognesi*, nella Stamperia di san Tommaso d'Aquino, Bologna 1781, Tomo I.
FANTUZZI Giovanni, *Notizie degli scrittori bolognesi*, nella Stamperia di san Tommaso d'Aquino, Bologna 1786, Tomo V.
FORBES Thomas Rogers, *Lapis Bufonis: the Growth and Decline of a Medical Superstition*, in *Yale Journal of Biology and Medicine*, Anno XLIV-45, Academic Press, New York-London 1972.
FRANCESCHINI Pietro, *Achillini, Alessandro*, in *Complete Dictionary of Scientific Biography*, Charles Scribner's Sons,

Detroit 2008, Volume 1.
FUMAGALLI Marcello, *La chimica ed i metalli come farmaci*, in *NCF – Notiziario Chimico Farmaceutico*, Anno XXXV-9, Nuove Tecniche, Milano 1996.
GERMANI Giuseppe Mario, *Di Giovanni Manardo medico ed umanista ferrarese e dei Don Ferrante della Medicina e della Storia*, in *La Rassegna di Clinica, Terapia e Scienze affini. Atti e memorie dell'Accademia di Storia dell'Arte sanitaria*, Anno XLI-5, Istituto Nazionale Medico Farmacologico «Serono», Roma 1942.
GILBERT Émile, *Essai historique sur les poisons suivi d'une esquisse sur la Pharmacie au Moyen Age et d'une dissertation sur la manne du désert*, Imprimerie de Feudez Frères Éditeurs, Moulins 1868.
GIORDANO Davide, *Giovanni da Vigo (1450-1525). Per l'inaugurazione di un monumento a Giovanni da Vigo in Rapallo nel IV centenario della sua morte*, in –, *Scritti e discorsi pertinenti alla storia della medicina ed ad argomenti diversi*, Rivista di terapia moderna e di medicina pratica, Milano 1930.
GIUSTINIANI Michele, *Gli scrittori liguri*, appresso di Nicol'Angelo Tinassi, Roma 1667, Volume I.
GLIOZZI Giuliano, *Brasavola, Antonio, detto Antonio Musa*, in *Dizionario Biografico degli Italiani*, Treccani, Roma 1972, Volume 14.
GLIOZZI Giuliano, *Cardano, Gerolamo*, in *Dizionario Biografico degli Italiani*, Treccani, Roma 1976, Volume 19.
GRENGA Giovanna, *Del Monte, Giovanni Battista*, in *Dizionario Biografico degli Italiani*, Treccani, Roma 1990, Volume 38.
GRMEK Mirko Drazen, *Giovanni Manardo e la Croazia*, in *Atti del Convegno internazionale per la celebrazione del V centenario della nascita di Giovanni Manardo (1462-1536). Ferrara, 8-9 dicembre 1962*, Università degli Studi di Ferrara, Ferrara 1963.
GUARINI Jacopo, *Ad Ferrariensis Gymnasii Historiam*, ex Typographia Laurentii Martelli, Bologna 1741, Volume II.
GUBERNATIS Angelo (de), *Matériaux pour servir à l'histoire des études orientales en Italie. Ouvrage présenté le 1er septembre 1876 au Congrès de St-Pétersbourg*, Ernest Leroux-Librairie Loescher, Paris-Firenze-Roma-Torino 1876.
HILL COTTON Juliana, *Manardo, Giovanni*, in *Complete Dictionary of Scientific Biography*, Charles Scribner's Sons, Detroit 2008, Volume 9.
LAMPILLAS Xavier, *Saggio Storico-Apologetico della Letteratura Spagnuola. Contro le pregiudicate opinioni di alcuni moderni Scrittori Italiani*, presso Felice Repetto in Canneto, Genova 1779, Tomo II-2.
LAPUCCI Carlo, *Tradizioni, San Paolo e i serpenti velenosi*, [http://www.toscanaoggi.it/Cultura-Societa/Tradizioni-San-Paolo-e-i-serpenti-velenosi].
LEVI DELLA VIDA Giorgio, *Alpago, Andrea*, in *Dizionario Biografico degli Italiani*, Treccani, Roma 1960, Volume 2.
LUCCHETTA Francesca, *Il medico e filosofo bellunese Andrea Alpago (+1522) traduttore di Avicenna. Profilo biografico*, Editrice Antenore, Padova 1964.
MACCANI Umberto, *Storia della Medicina militare. Leggenda e realtà*, Selecta Medica, Pavia 2008.
MALACARNE Vincenzo, *Delle opere de' medici e de' cerusici che nacquero o fiorirono prima del secolo XVI negli Stati della Real Casa di Savoia*, nella Stamperia Reale, Torino 1786.
MALEISSYE Jean (de), *Storia dei veleni. Da Socrate ai giorni nostri*, COVITO Carmen (ed.), Casa Editrice Odoya, Bologna 2008.
MANDOSIO Prospero, *Theatron in quo maximorum Christiani orbis Pontificum archiatros*, in Typographio Paleariniano, Roma 1784.
MANGETI Giovanni Giacomo, *Bibliotheca Scriptorum Medicorum veterum et recentiorum*, Sumptibus Perachon et Cramer, Genève 1731.
MARI Francesco – BERTOL Elisabetta, *Veleni. Intrighi e delitti nei secoli*, Casa Editrice le Lettere, Firenze 2001.
MARINI Gaetano, *Degli archiatri pontificj*, nella Stamperia Pagliarini, Roma 1784, Volume I.
MARTINIS Bruno, *I fiori degli Dei. Le erbe in magia e medicina*, Edizioni Dedalo, Bari 1999.
MASSON Albert, *La sorcellerie et la Science des Poisons au XVIème siècle*, Libraire Hachette, Paris 1903.
MATSEN Herbert Stanley, *Alessandro Achillini (1463-1512) and His Doctrine of «Universals» and «Transcendentals». A study in Renaissance Ockhamism*, Associated University Press, London-New York 1974.
MAZZARELLO Paolo, *L'erba della regina. Storia di un decotto miracoloso*, Bollati Boringhieri editore, Torino 2013.
MAZZETTI Serafino, *Repertorio di tutti i professori antichi e moderni della famosa Università, e del celebre Istituto delle Scienze di Bologna*, Tipografia di san Tommaso d'Aquino, Bologna 1848.
MAZZUCHELLI Giammaria, *Gli scrittori d'Italia cioè notizie storiche, e critiche intorno alle vite, e agli scritti dei letterati italiani*, presso a Giambatista Bossini, Brescia 1753, Volume I-1.
MAZZUCHELLI Giammaria, *Gli scrittori d'Italia, cioè notizie storiche, e critiche intorno alle vite, e agli scritti dei letterati italiani*, presso a Giambatista Bossini, Brescia 1762, Volume II-3.
MAZZUCHELLI Giammaria, *Gli scrittori d'Italia, cioè notizie storiche, e critiche intorno alle vite, e agli scritti dei letterati italiani*, presso a Giambatista Bossini, Brescia 1763, Volume II-4.
MINIERI-RICCIO Camillo, *Memorie storiche degli scrittori nati nel regno di Napoli*, Tipografia dell'Aquila di Vincenzo

Puzziello nel Chiostro S. Tommaso d'Aquino, Napoli 1844.
MIRANDA Salvador, *The Cardinals of the Holy Roman Church*, [http://www2.fiu.edu/~mirandas/cardinals.htm].
MOJON Benedetto, *Giovanni da Vigo*, in GRILLO Luigi, *Elogi di liguri illustri*, Tipografia dei Fratelli Ponthenier, Genova 1846, Tomo I.
MONTANARI Antonio, *Gli uomini illustri di Faenza*, Conti editore, Faenza 1882, Tomo I-2.
MUCCILLO Maria, *Da Vigo, Giovanni*, in *Dizionario Biografico degli Italiani*, Treccani, Roma 1987, Volume 33.
MUGNAI CARRARA Daniela, *Mainardi, Giovanni*, in *Dizionario Biografico degli Italiani*, Treccani, Roma 2006, Volume 67.
MUSITELLI Sergio, *Storia della Medicina*, ARMOCIDA Giuseppe – BICHENO Elisabeth – FOX Brian (ed.), Jaca Book, Milano 1993.
NARDI Bruno, *Saggi sull'Aristotelismo padovano dal secolo XIV al XVI*, Giulio Cesare Sansoni Editore, Firenze 1958.
NARDI Bruno, *Achillini, Alessandro*, in *Dizionario Biografico degli Italiani*, Treccani, Roma 1960, Volume 1.
O'MALLEY Christian D., *Botallo, Leonardo*, in *Complete Dictionary of Scientific Biography*, Charles Scribner's Sons, Detroit 2008, Volume 2.
OMICCIOLO VALENTINI Rosella, *Le erbe delle streghe nel medioevo*, Edizioni Penne e Papiri, Tuscania 2010.
OSTOJA Andrea, *Giovanni Manardo, medico e umanista ferrarese (1462-1536)*, Camera di Commercio-Industria-Agricoltura, Ferrara 1963.
OSTOJA Andrea, *Notizie inedite sulla vita del medico e umanista ferrarese Giovanni Manardo*, in *Atti del Convegno internazionale per la celebrazione del V centenario della nascita di Giovanni Manardo (1462-1536). Ferrara, 8-9 dicembre 1962*, Università degli Studi di Ferrara, Ferrara 1963.
PAGANI Marino, *Catalogo ragionato delle opere dei principali scrittori bellunesi non viventi*, dalla Tipografia Tissi, Belluno 1844.
PAGANO Antonella, *Ferri, Alfonso*, in *Dizionario Biografico degli Italiani*, Treccani, Roma 1997, Volume 47.
PALAO PONS Pedro, *I misteri dei veleni dall'antichità a oggi*, de Vecchi editore, Milano 2009.
PALMERINI Agostino, *Maggi, Bartolomeo*, in *Enciclopedia Italiana*, Treccani, Roma 1934.
PALUMBO Margherita, *Manardi, Giovanni*, in *Dizionario Biografico degli Italiani*, Treccani, Roma 2007, Volume 68.
PAOLETTI Italo, *Eminenti figure del Rinascimento scientifico italiano: Alfonso Ferri e Bartolomeo Maggi, iniziatori della moderna chirurgia da guerra*, in *Atti del XVIII Congresso Italiano di Storia della Medicina. Sanremo 13-14-15 ottobre 1962*, Società Italiana di Storia della Medicina, Roma 1964.
PAPADOPOLI COMNENO Niccolò, *Historia Gymnasii Patavini*, apud Sebastianum Coleti, Venezia 1726, Tomo I.
PARDI Giuseppe, *Titoli dottorali conferiti dallo Studio di Ferrara nei secoli XV e XVI*, A. Marchi editore, Lucca 1901 [Ristampa Anastatica: Forni Editore, Bologna 1970].
PAZZINI Adalberto, *Storia della Medicina. Dalle origini al XVI secolo*, Società Editrice Libraria, Milano 1947, Volume I.
PAZZINI Adalberto, *La medicina popolare in Italia: storia, tradizioni, leggende*, Zigiotti-del Bianco editori, Trieste-Udine 1948.
PESCETTO Giovanni Battista, *Biografia medica ligure*, Tipografia del Regio Istituto Sordo-Muti, Genova 1846, Volume I.
PILONI Giorgio, *Historia nella quale, oltre le molte cose degne, avvenute in diverse parti del Mondo di tempo in tempo, s'intendono, et leggono d'anno in anno, con minuto raguaglio, tutti i successi della Città di Belluno*, appresso Giovanni Antonio Rampazetto, Venezia 1607.
PODESTÀ Bartolomeo, *Di alcuni documenti inediti riguardanti il suddetto Pietro Pomponazzi lettore nello studio bolognese*, in *Atti e Memorie della Regia Deputazione di Storia Patria per le provincie di Romagna*, Anno VI, Bologna 1868.
PORTAL Antoine, *Histoire de l'anatomie et de la chirurgie*, chez Pierre François Didot le jeune, Paris 1770, Tome I.
PREMUDA Loris, *Maggi, Bartolomeo*, in *Complete Dictionary of Scientific Biography*, Charles Scribner's Sons, Detroit 2008, Volume 9.
RICCIARDI Roberto, *Da Ponte, Ludovico*, in *Dizionario Biografico degli Italiani*, Treccani, Roma 1986, Volume 32.
RIOLAN Jean, *Curieuses recherches sur les escholes en Medecine, de Paris et de Montpelier. Necessaires d'estre sçeuës, pour la confermation de la vie*, chez Gaspar Meturas ruë S. Iacques à la Trinité prés les Maturins, Paris 1651.
SAMOGGIA Luigi, *Manardo e la scuola umanistica filologica tedesca con particolare riguardo a Leonard Fuchs*, in *Atti del Convegno internazionale per la celebrazione del V centenario della nascita di Giovanni Manardo (1462-1536). Ferrara, 8-9 dicembre 1962*, Università degli Studi di Ferrara, Ferrara 1963.
SANGIORGIO Paolo, *Cenni storici sulle due università di Pavia e di Milano e notizie intorno ai più celebri medici, chirurghi e speziali di Milano dal ritorno delle scienze fino all'anno 1816*, da Placido Maria Visaj Stampatore-Libraio ne' Tre Re, Milano 1831.
SCHACHT Joseph, *Ibn an-Nafis. Servetus and Columbus*, in *Al-Andalus*, Anno XXII, Madrid-Granada 1957.
SKULIMOWSKI Mieczyslaw, *Rapporti di Giovanni Manardo con Cracovia*, in *Atti del Convegno internazionale per la celebrazione del V centenario della nascita di Giovanni Manardo (1462-1536). Ferrara, 8-9 dicembre 1962*, Università

degli Studi di Ferrara, Ferrara 1963.
SOPRANI Raffaele, *Li scrittori della Liguria e particolarmente della Maritima*, per Giovanni Calenzani, Genova 1667.
STABILE Giorgio, *Bonaccioli, Ludovico*, in *Dizionario Biografico degli Italiani*, Treccani, Roma 1969, Volume 11.
STERZI Giuseppe, *Il merito di L. Botallo nella scoperta del forame ovale*, in *Monitore zoologico italiano*, Anno XXI, Unione zoologica italiana, Firenze 1910, Volume XXI.
SUOZZI Roberto Michele, *Dizionario delle erbe medicinali*, Grandi Tascabili Economici Newton, Roma 1995.
SUPERBI Agostino, *Apparato de gli huomini illustri della città di Ferrara i quali nelle Lettere, e in altre nobili Virtù fiorirono*, per Francesco Suzzi, Ferrara 1620.
TACCARI Egisto, *Botallo, Leonardo*, in *Dizionario Biografico degli Italiani*, Treccani, Roma 1971, Volume 13.
TAFURI Giovanni Bernardino, *Istoria degli scrittori nati nel regno di Napoli*, nella Stamperia di Felice Carlo Mosca per Giuseppe Severini Boezio, Napoli 1753, Tomo III-2 [Ristampa Anastatica: Forni Editore, Bologna 1974].
TALBOT Charles Hugh, *Vigo, Giovanni da*, in *Complete Dictionary of Scientific Biography*, Charles Scribner's Sons, Detroit 2008, Volume 14.
TARDY Lodovico, *Giovanni Manardo e l'Ungheria*, in *Atti del Convegno internazionale per la celebrazione del V centenario della nascita di Giovanni Manardo (1462-1536). Ferrara, 8-9 dicembre 1962*, Università degli Studi di Ferrara, Ferrara 1963.
THORNDIKE Lynn, *A history of magic and experimental science. The Sixteenth century*, Columbia University Press, London-New York 1941.
TICOZZI Stefano, *Storia dei letterati e degli artisti del dipartimento della Piave*, presso Francesc'Antonio Tissi, Belluno 1813, Tomo I.
TOMASINI Giacomo Filippo, *Gymnasium Patavinum*, ex Typographia Nicolai Schiratti, Udine 1654.
TOPPI Nicolò, *Biblioteca napoletana et apparato a gli huomini illustri in lettere di Napoli, e del Regno. Delle famiglie, terre, città, e religioni che sono nello stesso regno. Dalle loro origini, per tutto l'anno 1678*, appresso Antonio Bulifon all'insegna della Sirena, Napoli 1678.
TROMPEO Benedetto, *Dei medici e degli archiatri dei Principi della Real Casa di Savoia. Ricerche storiche*, Tipografia Nazionale di Gaetano Bianciardi, Torino 1857.
UBALDI Andrea, *Pontici Virunii, Philosophi, Graece, Latineque eruditissimi vita*, typis Iacobi Montij, Bologna 1655.
UGHI Luigi, *Dizionario storico degli uomini illustri ferraresi nella pietà, nelle arti e nelle scienze colle loro opere o fatti principali*, per gli eredi di Giuseppe Rinaldi, Ferrara 1804, Tomo I.
URBAN Vaclaw, *Consulti inediti di medici italiani (Giovanni Manardo, Francesco Frigimelica) per il vescovo di Cracovia Pietro Tomicki (1515-1532)*, in *Quaderni per la storia dell'Università di Padova*, Anno XXI, Editrice Antenore, Padova 1988.
VALERIANI Giovanni Piero, *De litteratorum infelicitate libri duo*, apud Iacobum Sarzinam, Venezia 1620.
VALLIERI Walter, *Giovanni Manardo e Celio Calcagnini*, in *Atti del Convegno internazionale per la celebrazione del V centenario della nascita di Giovanni Manardo (1462-1536). Ferrara, 8-9 dicembre 1962*, Università degli Studi di Ferrara, Ferrara 1963.
VAN DER LINDEN Johannes Antonides, *De scriptis medicis. Libri duo*, apud Ioannem Blaev, Amsterdam 1662.
VERCELLIN Giorgio (ed.), *Il Canone di Avicenna fra Europa e Oriente nel primo Cinquecento. L'Interpretatio Arabicorum nominum di Andrea Alpago*, Unione Tipografico-Editrice Torinese, Torino 1991.
VISCONTI Alessandro, *La storia dell'Università di Ferrara (1391-1950)*, Nicola Zanichelli Editore, Bologna 1950.
VON HALLER Albrecht, *Bibliotheca chirurgica qua scripta ad artem chirurgicam facientia. A rerum initiis recensetur*, apud Johannes Schweighauser et apud Emilius Haller, Basel-Bern 1774, Tomo I.
VON HALLER Albrecht, *Bibliotheca Medicinae Praticae qua scripta ad partem Medicinae Praticam Facientia. A rerum initiis ad a. MDCCLXXVIII recensetur*, apud Johannes Schweighauser et apud Emilius Haller, Basel-Bern 1777, Tomo II.
ZENO Apostolo, *Dissertazioni Vossiane, cioè giunte e osservazioni intorno agli storici italiani che hanno scritto latinamente, rammentati dal Vossio, nel III Libro de Historicis Latinis*, per Giambatista Albrizzi, Venezia 1752, Tomo II.
ZUCCHI Luca, *«Di veleni che ragioni?». I Borgia e il sapere tossicologico rinascimentale*, in BORDIN Michele – TROVATO Paolo (ed.), *Lucrezia Borgia. Storia e mito*, Leo S. Olschki editore, Firenze 2006.

www.ingramcontent.com/pod-product-compliance
Lightning Source LLC
LaVergne TN
LVHW081543070526
838199LV00057B/3763